이재국 교수와 박정국 센터장의

부동산

투자 전략과
세금 전략

이재국 교수와 박정국 센터장의

부동산

투자 전략과
세금 전략

이재국·박정국 지음

추천의 글

부동산 투자는 금융자산과 함께 자산 관리의 핵심축입니다. 특히 부동산은 임대수익과 자산가치 상승이라는 두 가지 성과를 동시에 기대할 수 있는 매력적인 자산입니다. 장기적으로 시장의 흐름에 따라 가치가 변동되지만, 안정적인 현금 흐름과 재산 증식을 가능하게 한다는 점에서 투자자들에게 여전히 중요한 선택지입니다. 그중에서도 주택은 실거주와 투자라는 두 가지 목적을 함께 충족할 수 있어 현명한 포트폴리오 구성에서 반드시 고려해야 할 자산입니다.

이 책은 부동산의 종류별 투자 전략과 세금 전략을 함께 제시하고 있다는 점에서 큰 의미가 있습니다. 시장에는 부동산 투자 서적이 많지만, 투자와 세금을 동시에 깊이 있게 다루는 책은 드뭅니다. 아파트, 단독주택, 전원주택, 점포겸용주택, 재건축·재개발, 꼬마 빌딩, 오피스텔 등 다양한 유형의 부동산별 투자 포인트를 명확히 짚어주면서, 각 단계에서 발생할 수 있는 세금 이슈를 체계적으로 설명하고 있습니다.

하나은행은 2011년 금융권 최초로 상속증여센터를 설립하고, 15년 가까이 손님들의 부동산 세금 전략과 세대 이전을 위한 자산 승계 플랜을 종합적으로 지원해 왔습니다. 특히 가족 사이의 원활한 자산 승계를 통해 자산의 가치를 지키는 유언대용신탁 등을 구성해서 다양한 신탁 솔루션을 함께 제공하고 있습니다. 하나은행 하나더넥스트본부 상속증여센터를 이끌어온 박정국 센터장은 하나은행에서 17년간 근무하면서 수많은 손님의 부동산, 세금 고민을 해결해 온 경험과 노하우를 지닌 전문가입니다.

이 책의 공동 저자 이재국 교수님 역시 20여 년간 학계와 현장에서 부동산 전략과 시장분석을 연구·실천해 온 권위자입니다. 《반지하에서 반포 아파트 입성하기》의 저자이며, 실제 부동산 투자에 대한 성공 경험과 이론을 두루 아우르는 대표적인 부동산 전문가입니다. 두 분 모두 부동산과 세금의 본질을 꿰뚫는 통찰과 실무 경험을 바탕으로, 이 책에 현실적이면서도 전략적인 조언을 담아내셨습니다.

부동산 투자와 세금 문제는 부자들만의 주제가 아닙니다. 지금 이 시대를 살아가는 우리 모두가 생각하고 고민하는 분야입니다. 오랫동안 업계 최전선에서 경험과 지식을 쌓아온 두 분 전문가, 이재국 교수님과 박정국 센터장의 노하우가 독자 여러분께 큰 도움이 되었으면 합니다. 이 책의 출간을 진심으로 축하드립니다.

– 하나은행 하나더넥스트본부 이은정 본부장

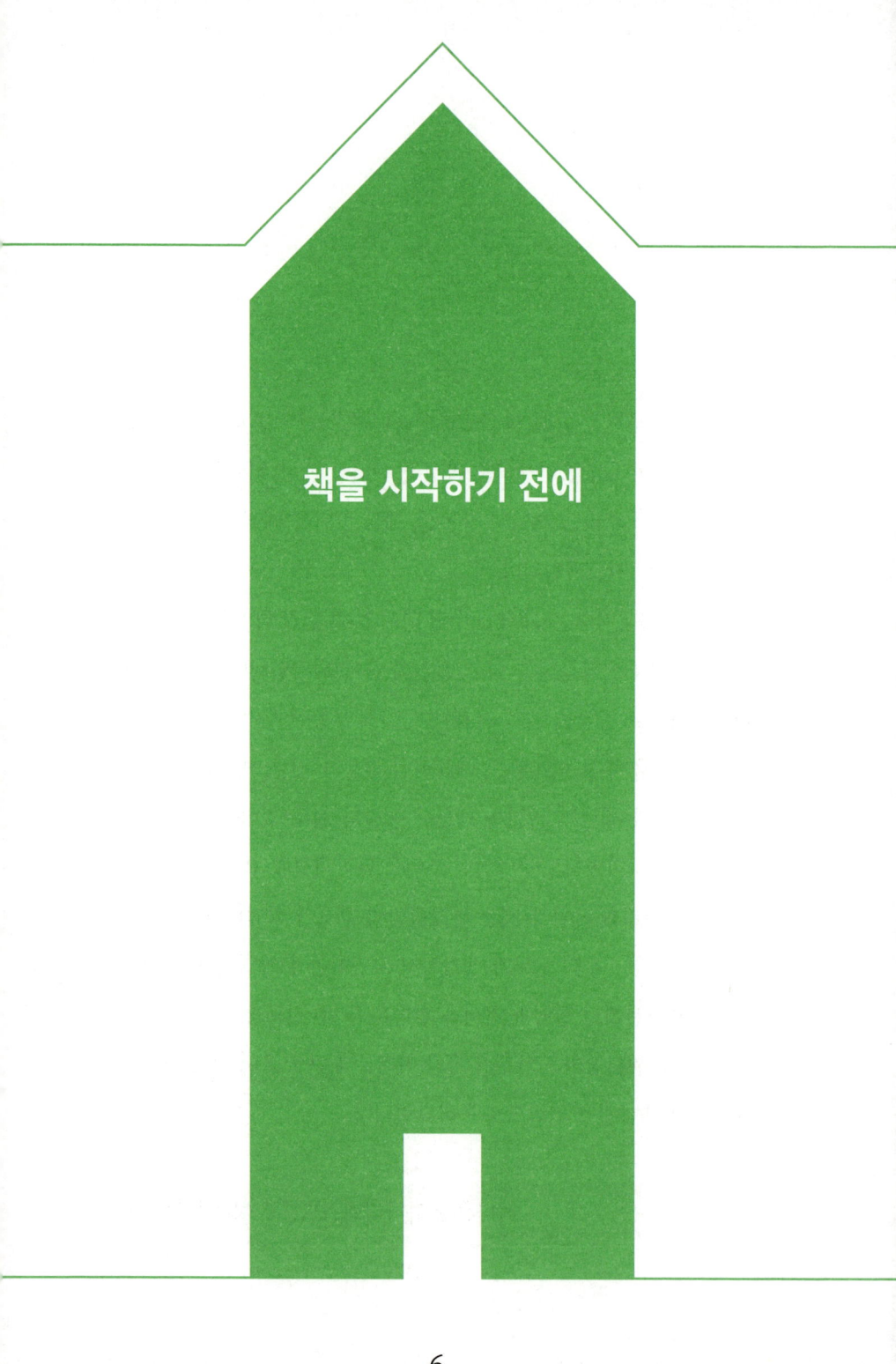

책을 시작하기 전에

이 책은 필자가 오랫동안 수많은 강연과 부동산 투자 상담을 해오면서 경험한 생생한 부동산 이야기를 담고자 했다. 많은 고객과의 상담 사례, 성공과 실패 이야기, 오늘 일어나고 있는 부동산 현장에서의 생생한 이야기를 통해 부동산 재테크 성공 방법과 세금 절세 노하우를 들려주고자 했다.

부동산을 전혀 모르는 분, 부동산을 알고 있으나 부동산 재테크를 하지 못하는 분, 소유하고 있는 아파트의 미래가치가 궁금한 분, 내 집 마련을 어디에 해야 할지 결정하지 못하는 분, 부동산 유튜브 시청으로 부동산 접근이 혼동되는 분, 부동산 투자는 절세 전략이 매우 중요하지만 세금에 대한 지식이 부족한 분, 세금에 대한 두려움이 있는 분에게 조금이나마 도움을 드리고자 이 책을 출간하게 되었다.

파트 1에서는 아파트, 다세대주택 및 연립주택, 다가구주택, 단독주택에 대한 내용을 담았다. 특히 최근 부동산 시장에서는 아파트와 비아파트가 차별화되고 있다. 그래서 아파트 성공 투자 전략과 세금 전략을 중점적으로 다루었다.

파트 2에서는 점포겸용주택, 전원주택, 재건축·재개발, 상업용 부동산에 대한 내용을 수록했다. 특히 신축 아파트에 대한 관심이 높아지면서 투자 수요가 급증하고 가격도 우상향 중인 재건축·재개발 투자 전략과 세금 전략을 중점적으로 다루었으며, 코로나19 때는 풍부한 유동성과 저금리로 관심이 높았지만 지금은 투자자들의 관심에서 멀어진 상업용 부동산 투자의 위험성과 부동산 임대소득 절세 전략을 중점적으로 다루었다.

파트 3에서는 토지거래허가구역 해제와 재지정에 따른 부동산 시장의 변동성과 새 정부의 부동산 시장의 변수 등을 다루어 향후 부동산 시장을 파악하는 데 도움을 주고자 했다.

부동산 재테크에는 왕도가 없다. 하지만 부동산을 어떻게 바라보고 접근하느냐, 즉 투자 마인드에 따라 그 성패가 좌우된다. 부동산 재테크 능력은 그냥 주어지거나 우연히 찾아오는 것이 아니며 운이 좋아 성공하는 것도 절대 아니다. 부동산 재테크에 성공하려면 철저한 분석과 발로 뛰는 노력이 필요하다. 그래서 이 책을 통해 초 단위로 혼란스러운 부동산 시장에서 갈팡질팡하는 사람들에게 부동산을 올바르게 인식하고 현명하게 접근하는 방법을 알려주고자 했다.

끝으로, 부동산과 세금, 세금과 부동산은 부동산 투자에서는 한 몸이다. 부동산 재테크. 세금테크를 하려는 사람들이 이 책의 많은 사례를 자신의 부동산 투자에 활용할 수 있으리라 본다.

한국금융연수원 겸임교수로서 다양한 사례를 경험할 수 있도록 도와주시고 강의 환경을 만들어주신 한국금융연수원 이준수 원장, 김영태 부원장, 김영훈 부원장, 김기형 본부장, 문영성 본부장, 연수운영부 김숙현 부장에게 감사를 드린다. 또한 한국부동산개발협회 김승배 회장, 박영필 전무, 김상용 실장, 성균관대학교 경영전문대학원 박영규 교수, 서경대학교 서기수 교수, 나사렛대학교 이승희 교수, 한국금융연수원 민복기 겸임교수, 경민대학교 미래평생교육대학 이수민 학장, 임호석 원장, 경민대학교 미래평생교육대학 부동산자산관리 CEO과정

원우회 박희철 회장, 김현종 수석부회장, 매일경제 CEO MBA 박갑주 학장, 더빌딩부동산중개법인 이웅렬 대표, 헤럴드경제 건설부동산 성연진 부장, 포인트데일리 박일한 기자, 머니투데이 방송 최남영 기자, 카카오톡 오픈방 쿡스맛동산개발과금융 5,000여 회원님들에게 고마운 마음을 전하며, 부족한 저와 동고동락한 공동집필자 하나은행 상속증여센터 박정국 센터장, 출판 환경의 어려움에도 불구하고 지원과 투자를 아끼지 않은 예문아카이브 정용수 대표님과 편집부 직원들에게 다시 한번 감사를 드린다.

— 2025년 8월 이재국

최근 강남 3구를 중심으로 최고가에 거래된 아파트의 기사를 자주 접하게 된다. 2010년 초반에만 해도 서울과 경기도 아파트의 가격 차이가 크지 않았다. 누구나 열심히 일해서 월급을 더 저축하고 재테크를 잘하면 서울로 이사할 수 있었다. 그러나 10년여가 지난 지금은 보통 직장인의 월급으로 서울 아파트를 사기에 많은 어려움이 있을 수 있다.

이 책은 내 집 마련을 위한 주거용 주택에 대한 투자 방법에서 재테크를 위한 다양한 종류의 부동산 투자에 대한 기본적인 지침을 알려준다. 부동산 투자에 관심이 있는 고객을 상담할 때면 우선 투자에 대한 전략을 묻는다. 어느 지역의 아파트에 투자해야 할까? 전망이 있는 지역은 어디일까? 먼저 부동산 전문가에게 투자에 대한 조언을 받는 것이다. 아파트뿐만 아니라 꼬마빌딩을 포함한 수익형 부동산에 대해서도 위치와 상권, 유동 인구, 주위 거래 가격, 향후 개발 예정 계획 등 다양한 투자 시 유의 사항을 상담받는다.

그다음 문의하는 것이 세금이다. 취득할 때는 어떤 세금이 있으며, 세금에 대한 준비는 어느 정도 해야 하는지, 단독으로 할지 공동으로 할지, 법인 명의로 구입할지, 보유 시 재산세와 종합부동산세는 어느 정도 나오는지, 임대를 하면 종합소득세는 어떻게 계산하고 어느 정도인지, 마지막으로 매각할 때 예상되는 양도소득세는 어느 정도인지를 묻는다. 꼼꼼하게 세금까지 고려한 수익률을 분석하게 된다. 대한민국 부동산 부자의 일관된 특징은 투자 전략뿐만 아니라 세금에 대한 전략도 매우 세심하게 분석한다는 것이다. 특히 1세대 1주택의 경우 다양한 세금 혜택이 있다. 세금 혜택을 받기 위해서 준비해야 할 내용은 어떤 것이 있는지, 꼭 챙겨야 할 것은 무엇인지 살펴봐야 한다.

이 책은 부동산 투자를 할 때 가장 기본이 되는 투자 전략과 세금 전략에 대해 설명하고 있다. 부동산에 투자할 때 반드시 알아야 하는 내용이다. 투자에 대한 기본적인 지침과 취득, 보유, 양도에 대한 전반적인 부동산 세금을 어렵지 않게 최대한 쉽게 설명하고 있다. 부동산 투자를 처음 접한 분들에게 좋은 길잡이가 될 것이다.

최근 인터넷과 유튜브에 다양한 정보가 넘쳐나고 있다. 하지만 다양한 부동산 투자 전략과 부동산 전반에 대한 세금을 일목 요연하게 정리한 자료는 드물다. 이것이 이 책을 집필하게 된 동기이다. 거주용으로 주택에 투자할 때, 임대수익과 자본 차익의 목적으로 주택이나 상업용 부동산에 투자할 때 최소한의 필요 지식은 알고 있어야 올바른 투자를 할 수 있다.

마지막으로, 이 책이 출간될 수 있도록 정성껏 만들어준 예문아카이브 정용수 대표님과 편집부 직원들, 많은 조언과 더불어 부족한 점을 알려주신 하나은행 상속증여센터 세무위원님들, 특히 열심히 이 책을 쓸 수 있게 지원해 준 아내에게 진심으로 감사를 드린다.

－2025년 8월 박정국

CONTENTS

PART 1
일반 주택 투자 전략과 세금 전략

1. 아파트

PART
2
일반 주택 외 투자 전략과 세금 전략

3. 재건축·재개발

4. 상업용 부동산

PART

3

부동산 정책과 부동산 시장 흐름

일반 주택

투자 전략과 세금 전략

부동산은 부동삶이다

아파트는 우리 삶에서 가장 중요하고 큰 투자다. 아파트에 투자할 때 고려해야 할
요소는 육각형 입지로, 교통, 교육, 평지, 브랜드, 대단지, 신축이다.
아파트 투자 시 보유기간, 거주기간, 취득가액, 양도가액, 이사·전입 시점 등 모든
요소가 과세 금액에 영향을 준다. 세금을 절약하는 방법이 재테크의
성공 비결이다.

아파트

투자 전략

드라마 〈나의 해방일지〉와 내 집 마련 전략

왜 많은 사람이 좋은 입지의 편리한 아파트에 관심을 가질까. 인생에서 중요한 요소이기 때문일까. 마땅한 투자처가 없어서일까. 아니면 부동산이 황금알을 낳는 거위이기 때문일까. 부동산에 관심을 가져야 하는 이유는 부동산이 삶의 터전이기 때문이다.

드라마 〈나의 해방일지〉는 서울에서 지하철을 타고 1시간을 넘게 가서 마을버스로 환승해야 하는 산포에서 거주하는 삼 남매 가족과 그들의 이웃 구 씨의 이야기다. 드라마 속 대화에는 추앙, 환대, 해방이라는 단어가 나온다. 드라마는 각자 그리고 함께 해방으로 나아가는 한 걸음을 서서히 보여준다.

〈나의 해방일지〉를 부동산적인 측면에서 바라보면 부동산은 거주하는 곳에서 직장까지 출퇴근에 걸리는 소요 시간에 대한 심리적인 불안감과 주거환경의 불편함에서 해방을 찾고자 하는 것으로 해석할 수 있다. 내 집 마련 전략을 드라마 속에서 찾아보자.

드라마에서는 마지막 지하철을 타지 못한 삼 남매가 서울에서 산포로 가는 힘겨운 모습이 그려지고 동호회 활동과 직장 회식도 다음 날 출근 걱정으로 참여하지 못한다. 거주 지역에서 직장까지의 출퇴근 시간은 주거지를 선택할 때 매우 중요한 요소다. 그러므로 양질의 일자리가 모여 있는 곳에서 교통이 편리한 지역이 매수 수요가 많을 수밖에 없다. 마을버스를 타지 않는 역세권 부동산에 관심을 가져야 한다.

시청 부근의 직장에 근무하며 2호선을 타고 출근하는 두 사람을 비교해 보자. K씨는 시청역에서 다섯 정거장 떨어진 홍대입구역 근처에 살고, L씨는 열한 정거장 떨어진 문래역 근처에 살고 있다. K씨는 직장 가까이 살고 있으나 홍대 전철역을 이용하려면 10여 분이 소요되는 마을버스를 타고 역까지 와야 한다. 반면 L씨는 직장과는 거리가 있지만 전철역이 가까워 걸어서 5분 거리에서 살고 있다. K씨 가족이 마을버스를 이용하는 데 소요되는 비용을 환승요금으로 단순 계산해 보자.

환승 요금 1,000원을 기준으로 4인 가족이 하루에 왕복 이용하고, 주 5일 이용한다고 가정하면 한 달에 마을버스 비용으로 16만 원이 소요된다. 1년이면 200만 원 내외가 교통비로 지출되는 것이다. 여기에 마을버스로 전철역까지 오는 데 소요되는 시간과 스트레스까지 더하면 K씨의 손실은 실제로는 이보다 크다고 할 수 있다.

결국 K씨는 L씨보다 집과 직장이 가깝지만 역과 떨어진 위치에 거주해 실제로는 비용과 시간이 더 드는 셈이다. 즉, 거리도 중요하지만 전철역에서 얼마나 가까운가도 매우 중요하다.

지역 브랜드 가치는 부동산에서 매우 중요한 영역이다. 지역이 주는 이미지가 긍정적인가, 부정적인가, 선호도가 높은가, 낮은가에 따라 아파트의 가치가 좌우된다. 산포에 살고 있는 주인공 창희는 여자 친구에게 촌스럽다는 말을 듣고 헤어질 때 "누가 거기서 살래?"라는 핀잔을 듣고 충격을 받는다. 드라마에 나오는 지역 산포가 주는 이미지가 영향을 미친 것이다.

일상의 대화에서 "집은 어디신가요?" 만나고 헤어질 때 "어디로 가세요"라고 큰 의미 없이 서로에게 물어본다. 그러나 큰 의미 없이 물어보는 대화 속에 무엇인가가 존재하지 않을까. 분명 거주 지역이 주는 이미지가 존재한다. 안타깝게도 서울과 다른 지역의 브랜드 차이로 부동산 가치가 다르게 평가받는 경향이 존재하는 것이 오늘의 현실이다.

아파트 브랜드에서도 차이가 나타난다. 래미안, 푸르지오 써밋, 자이, 아크로 등 유독 대한민국은 아파트 브랜드에 집착한다. 브랜드에 따라 유사한 지역에 있는 아파트도 가격 차이가 크게 발생하는 것이 현실이다. 성공한 사람들이나 부자들이 특정 지역, 특정 브랜드를 소유하고자 하는 심리적 현상이 부동산의 가치에 영향을 주기 때문이다.

🏠 셋째 해방은 불편한 주거환경에서 편리한 주거환경으로의 해방

삼 남매는 비데가 없는 집에서 거주한다. 창희가 이웃 구 씨 집에 비데가 설치된 화장실을 이용하며 행복해하는 장면이 나온다. 더운 여

름날 방에 에어컨이 설치돼 있지 않아 잠을 못 이루는 상황도 전개된다. 좋은 주거환경은 주거의 질을 높인다. 커뮤니티 시설을 갖춘 새 아파트에 관심을 가져야 한다. 단지 내 커뮤니티 시설은 수영장, 피트니스센터, 골프연습장, 빨래할 수 있는 세탁 시설, 독서하는 공간 및 커피와 음료를 이웃하는 주민과 편안하게 마시는 카페 등이 있으며 아파트 단지의 가치와 주거환경의 질을 높여준다.

〈나의 해방일지〉의 해방을 부동산적인 측면에서 3가지로 정리했다. 부동산에 대한 고민, 걱정 등으로 해방감을 느낄 수 없는 어려운 상황에 있더라도, 좋은 입지의 선택, 지역 브랜드의 가치, 아파트 단지의 브랜드 및 단지 내 커뮤니티 시설의 중요성을 깨달으며 한 걸음씩 나아간다면 똑똑한 내 집 마련 전략을 세우면서 풍요롭고 아름다운 부동산에 이를 것이다.

TIP **지하철 노선도를 분석하면 부동산이 보인다**

- 지하철 라인과 지하철역의 위치는 부동산 가치에서 중요한 요소다. 지하철 라인은 서울 지하철, 수도권 광역전철 및 경전철 노선까지 포함하면 24개의 라인이 있다. 24개 라인 가운데 가장 좋은 라인은 9호선과 2호선, 3호선, 신분당선, GTX-A 운정·동탄 등이 있다.

- 서울 부동산 입지의 중심축은 어디일까? 바로 한강 축이라고 할 수 있다. 한강 축은 동서축이다. 동서축으로 연계된 강변북로와 올림픽대로가 있고 지하철 9호선이 있다. 9호선 축에는 병원, 대학, 현대, 삼성, LG, 롯데, 교보, 그리고 많은 증권의 본점이나 금융 관련 회사들이 존재하며 업무시설이 집약된 곳을 관통한다. 그러므로 서울의 투자처는 한강과 멀리 떨어진 북쪽과 남쪽보다 한강에 가까운 북쪽과 남쪽이 투자 포인트다.

수도권 라인	구간	수도권 라인	구간
1호선	인천 · 신창 · 연천	경강선	판교 · 여주
2호선	시청~시청	경의 중앙선	문산 · 서울역 · 지평
3호선	대화 · 오금	경춘선	청량리 · 상봉 · 춘천
4호선	오이도 · 진접	수인 분당선	인천 · 청량리
5호선	방화 · 하남 검단산 · 마천	서해선	일산 · 원시
6호선	응암 · 신내	인천 1호선	검단호수공원 · 송도달빛 축제공원
7호선	석남 · 장암	인천 2호선	검단오류 · 운연
8호선	암사 · 모란	공항철도	인천국제공항 · 서울역
9호선	개화 · 중앙보훈병원	김포 골드선	양촌 · 김포공항
신분당선	신사 · 광교	신림선	샛강 · 관악산
에버라인	기흥 · 전대 · 에버랜드	우이 신설선	신설동 · 북한산우의
의정부	발곡 · 탑석	GTX-A	운정중앙 · 동탄

2025년까지 서울 시내 신설·연장 예정 노선	
신설	▲신림선 ▲동북선 ▲면목선 ▲서부선 ▲우이신설연장선 ▲목동선 ▲위례신사선 ▲위례선 ▲GTX
연장	▲9호선 4단계 연장

다주택자 세금 규제로 똘똘한 한 채 전략이 필요

　다주택자가 주택을 취득할 때는 취득세가 중과세율이 적용돼 부과하고, 보유기간 중에도 과다한 종부세를 부과한다. 처분에는 양도세를 중과했다. 다주택자가 됐을 때 얻을 수 있는 이익보다 손실을 더 크게 해 실수요자가 아닌, 투자용으로 집을 사려는 수요를 줄이고자 하는 의도였다. 이렇게 강력하게 다주택자를 압박하자 기존의 다주택자들은 집을 처분해야 했다. 이때 다주택자는 양도차익이 적은 저가 주택을 처분하는 것이 양도차익이 많은 고가 주택을 처분하는 것보다 절세 효과와 자산 관리에 유리했다. 그로 인해 저가 주택을 처분하려는 매도자가 늘고, 반대로 고가 주택을 사려는 매수자가 늘어나는 현상이 발생했다. 다주택자 취득세 중과로 똘똘한 집 1채 선호가 가속화되면서 입지가 좋은 서울의 주요 지역이 무섭게 오르고 있다.

▎다주택자 취득세 중과세율

구분	지역	현행
1주택	전 지역	1~3%
2주택	조정 지역 비조정 지역	8%* 1~3%
3주택	조정 지역 비조정 지역	12% 8%
4주택 이상·법인	전 지역	12%

* 일시적 2주택(1세대 1주택자가 종전 주택 양도 전 다른 주택 취득한 경우) 제외

가격이 상승하면 수요량이 감소하는 수요의 법칙에 반하는 재화를 베블런재라 부른다. 사치재 또는 명품 등이 이에 해당하는데 이러한 재화는 가격이 비쌀수록 소비가 증가하는 경향이 있다. 이러한 과시 욕구를 반영한 소비 현상이 베블런 효과(Veblen's effect)다.

최근 높은 금리의 영향 등으로 서울 지역에 미분양이 발생하는 침체기를 거쳤다. 그러나 침체기에도 100억 원 대 이상 초고가 주택 거래가 지속적으로 이뤄지고 있다. 3.3㎡당 1억 1,500만 원에 공급해 최고 분양가 기록을 경신한 광진구 포제스 한강은 주거전용면적 84㎡ 가격이 32억~44억 원에 분양했지만 완판돼 이슈가 됐다. 최근 한국부동산원과 국토교통부 실거래가 자료에 따르면, 7월 17일 기준 2024년 상반기 아파트 매매 거래는 총 23만 5,255건으로 전년 동기 20만 3,437건 대비 16% 늘었다. 상반기 전국에서 가장 높은 가격에 거래된 아파트는 서울 용산구 한남동 나인원한남으로 조사됐다.

2023년 상반기에 전용 240㎡가 110억 원에 거래되며 최고가 아파트에 이름을 올렸던 한남더힐은 2024년에 같은 타입이 120억 원에 거래돼 2024년 상반기 고가 거래 2위, 강남구 압구정동 현대 6, 7차 전용 245㎡는 3월 115억 원에 거래돼 고가 거래 3위에 올랐다. 해당 타입의 직전 거래는 3년여 전인 2021년 4월인데, 80억 원에서 3년 만에 35억 원이 올랐다.

| 서울 아파트 2024년 상반기 Top 3

순위	서울	단지명	전용면적	실거래가	거래시기
1	용산구 한남동	나인원한남	273㎡	200억	6월
2	용산구 한남동	한남더힐	240㎡	120억	4월
3	강남구 압구정동	구현대 6,7차	245㎡	115억	3월

서울 아파트값 양극화 지수 역대 최대

KB부동산 통계에 따르면 고가 아파트와 저가 아파트의 격차가 확대되고 있다. 통계 분석 결과 2025년 4월 기준 서울 아파트 5분위 배율은 6.0으로 전월 5.8보다 더 올랐다. 최근 서울 아파트값 5분위 배율은 2008년 통계 집계 시작 이후 연일 최고치를 경신 중이다.

아파트값 5분위 배율은 5분위(집값 상위 20% 평균)를 1분위(집값 하위 20% 평균)로 나눈 값이다. 집값 격차를 확인할 수 있는 대표적인 지수로 만약 이 배율이 6.0이라면 5분위 아파트 1가구로 1분위 아파트를 6가구 살 수 있다는 의미다. 서울 아파트 5분위 배율은 2024년 3월 5.0을 넘어선 이후 1년 1개월 만에 6.0을 돌파했다. 앞서 이 배율이 4.0에서 5.0이 될 때까지 걸린 시간은 2년 8개월이지만 5.0에서 6.0으로 오르는 데는 1년 1개월밖에 걸리지 않았다. 아파트값 양극화가 더욱 가속화되고 있다는 뜻이다.

서울의 5분위(상위 20%) 아파트 평균 가격은 2025년 4월 기준 29억 5,043만 원으로 집계됐다. 이는 전월 기록한 28억 2,912만 원보다 1억 2,000만 원 이상 오른 수준이다. 반면 4분위 아파트는 14억

4,008만 원으로 전월 대비 3,000만 원 올랐고, 3분위 아파트는 10억 1,155만 원으로 전월 대비 약 900만 원 오르는 데 그쳤다.

지역별 실거래가 최고가 아파트
(국토교통부 2025년 1월 2일~2월 21일 기준)

지역	실거래가	단지명
서울	135억	아크로서울포레스트(60평)
	109억	한남더힐(91평)
	102억	나인원한남(88평)
경기·인천	38.0억	판교푸르지오그랑블(51평)
	28.2억	과천푸르지오써밋(47평)
	27.5억	로얄팰리스(88평)
충북·충남	11.7억	신영지헬시티1차(59평)
	10.0억	힐스테이트청주센트럴2차(48평)
	9.7억	천안불당지웰더샵(39평)
대전·세종	23.5억	스마트시티2단지(67평)
	23.4억	스마트시티5단지(68평)
	17.5억	크로바(47평)
전북	12.0억	서부신시가지아이파크(56평)
	9.1억	전주에코시티데시앙(50평)
	8.7억	에코시티더샵3차(46평)
광주	18.7억	상무센트럴자이(56평)
	15.4억	벨루미체첨단(55평)
	13.6억	중앙공원롯데캐슬시그니처(52평)
전남	9.6억	나주역자이리버파크(52평)
	8.5억	트리마제순천2단지(55평)
	7.9억	신영웅천지웰2차(43평)

지역	실거래가	단지명
강원	9.2억	춘천삼부르네상스더테라스(34평)
	7.7억	하우스디시그니처98(42평)
	7.1억	힐스테이트 원주레스티지(50평)
경북	6.4억	힐스테이트 환호공원1블럭(42평)
	6.4억	힐스테이트 환호공원2블럭(42평)
	6.1억	옥계현진 에버빌(59평)
대구	23.7억	두산위브 더제니스(69평)
	16.1억	수성SK리더스뷰(62평)
	15.9억	힐스테이트만촌역(52평)
울산	13.8억	신정롯데킹덤(67평)
	11.9억	문수로2차아이파크1단지(44평)
	11.0억	문수로2차아이파크2단지(39평)
경남	16.0억	창원중동유니시티1단지(56평)
	12.4억	창원롯데맨션(45평)
	10.1억	창원용지더샵 레이크파크(34평)
부산	33.0억	더블유(63평)
	26.7억	현대베네시티(70평)
	23.8억	해운대두산위브더제니스(74평)
제주	14.6억	오라이동 위파크제주2단지(50평)
	9.1억	오라이동 위파크제주2단지(33평)
	8.5억	아라일동 아라아이파크(39평)

경기도에서는 판교와 과천, 분당에서 30억 원을 초과하는 거래가 3건 있었다. 이들 지역은 서울 강남 접근성이 좋은 신축 아파트 밀집 지역이라 선호도 높은 고급 주거지로 자리 잡았다. 경기도에서 가장 높은 가격에 거래된 아파트는 판교의 대장주로 꼽히는 성남시 분당구 백현동 판교푸르지오그랑블 전용 139㎡가 5월 38억 5,000만 원에 거래됐다. 해당 타입의 과거 최고가는 2022년 1월 39억 1,000만 원이었다.

2위는 과천시 중앙동 과천푸르지오써밋으로 5월 전용 151㎡가 38억 2,000만 원에 팔렸다. 이곳은 재건축 사업 진행으로 일대가 신축 주거단지로 변화돼 주목받는 지역이다. 3위는 성남시 분당구 정자동 파크뷰로 전용 199㎡가 6월 35억 9,000만 원에 거래됐다. 인천광역시에서는 상위권 안에 드는 3개 단지가 모두 송도국제도시에 위치한다. 인천의 강남으로 불리는 송도국제도시는 국제학교 등 학군과 생활 인프라가 잘 갖춰진 1공구 위주로 상위권을 차지했다.

▌경기도, 인천 지역 아파트 2024년 상반기 Top 3

순위	경기도	단지명	전용 면적	실거래가	거래 시기
1	성남시 분당구 백현동	판교 푸르지오 그랑블	139㎡	38억 5,000만	5월
2	과천시 중앙동	과천 푸르지오써밋	151㎡	38억 2,000만	5월
3	성남시 분당구 정자동	파크뷰	199㎡	35억 9,000만	6월

순위	인천광역시	단지명	전용 면적	실거래가	거래 시기
1	연수구 송도동	송도자이 하버뷰2단지	273㎡	35억 5,000만	5월
2	연수구 송도동	송도자이 크리스탈오션	171㎡	29억 324만	6월
3	연수구 송도동	힐스테이트송도 더스카이	175㎡	27억 5,503만	4월

'파노플리 효과'는 1980년대 프랑스의 철학자이자 사회학자인 장 보드리야르가 만든 개념이다. 보드리야르는 소비자가 물건을 구매하는 행위에는 그 사람의 이상적 자아가 반영된다고 봤다. 인간은 누구나 명품 브랜드로 시선이 끌릴 수밖에 없다는 것이다. 그리고 이런 심리는 같은 상품 소비자로 예상되는 집단과 자신을 동일시하는 현상으로 이어진다고 했다. 에르메스, 샤넬 등 명품을 가지고 있는 것만으로 자신을 이런 명품의 주요 소비계층과 동급으로 느낀다는 것이다. 서울 강남 아파트 열풍도 마찬가지로 해석할 수 있다. 자신과 비슷한 계층이라고 여기는 사람들이 강남에 모여들면 자신도 강남에 집을 사고 싶어지는 것이다.

향후 신축과 구축, 고가 주택 강세와 저가 주택 약세, 수도권 강세와 지방 약세, 서울의 한강에 면하는 지역과 한강에 면하지 않는 지역의 양극 현상이 지속될 것으로 예상되기 때문에 선호도가 높은 지역 내에서 똘똘한 한 채를 선택하는 것이 바람직하다.

우리 동네 TOP 10 아파트에 주목하라

한국부동산원 홈페이지 부동산 테크에서 지역별 아파트를 분석한 '우리 동네 TOP 10'은 해당 지역의 주요 부동산 정보를 담은 자료로, 주로 아파트 매매 거래 현황, 가격 변화, 인구 통계 등을 분석해 보여준다. 특정 지역의 부동산 시장 동향을 파악하고 싶을 때 유용하다.

서울특별시

서울특별시 TOP 10 아파트는 전국 아파트 TOP 10과 동일하다. 전국에서 3.3㎡(평당) 가격이 가장 비싼 아파트가 서울에 집중되어 있다. 서울 지역에서도 나인원한남이 있는 용산구, 재건축을 앞두고 있는 압구정동이 속해 있는 강남구, 주거전용면적 84㎡(분양면적 34평형)가 72억에 거래된 래미안 원베일리 아파트(거래계약일 2025.6.27)가 있는 서초구만 TOP 10 아파트에 속한다. 25개구 가운데 3개구만 TOP 10에 해당된다.

2025년 7월 14일 기준 매매 가격(3.3㎡)		단지 TOP 10	시세
서울특별시 평균	3,618만 원	1. 현대14차	1억 8,700만 원
전국 평균	1,553만 원	2. 현대13차	1억 8,050만 원
최고 서울시	3,618만 원	3. 아크로 서울포레스트	1억 7,500만 원
최저 경상북도	546만 원	4. 나인원한남	1억 7,080만 원
		5. 현대 4차 저층	1억 7,040만 원
		6. 신현대9차	1억 6,900만 원
		7. 현대5차	1억 6,800만 원
		8. 신현대 11차	1억 6,700만 원
		9. 신현대 12차	1억 6,420만 원
		10. 현대 2차	1억 6,400만 원

경기도

경기도 TOP 10 아파트는 31곳의 시군 가운데 과천시와 성남시 분당구 2곳이 TOP 10에 해당되는 아파트 단지다. 경기도 지역도 지역별 양극화가 심화되어 있다.

2025년 7월 14일 기준 매매 가격(3.3㎡)		단지 TOP 10	시세
경기도 평균	1,612만 원	1. 주공10단지연립	8,982만 원
전국 평균	1,553만 원	2. 주공10단자	8,024만 원
최고 서울시	3,618만 원	3. 판교푸르지오그랑블	7,294만 원
최저 경상북도	546만 원	4. 과천푸르지오써밋	6,695만 원
		5. 과천자이	6,632만 원
		6. 과천위버 필드	6,592만 원
		7. 센트럴파크푸르지오써밋	6,349만 원
		8. 주공5단지	6,329만 원
		9. 봇들마을 8단지	6,029만 원
		10. 봇들마을 7단지	5,999만 원

부산광역시

부산광역시는 15곳의 구와 기장군으로 구분된다. 16곳의 영역 가운데 해운대구에 있는 트럼프월드센텀 아파트단지가 가장 높은 3.3㎡당 4,220만 원이다. 부산광역시 평균 1,100만 원보다 무려 4배가 높은 가격이다. 부산광역시도 지역별, 단지별 양극화를 보인다. TOP 10 아파트는 해운대구, 남구, 수영구, 진구, 동래구에 위치하고 있다. 특히 아파트 단지 가운데 바닷가 조망인 광안대교의 뷰에 대한 가치가 높은 더블유아파트단지의 선호도가 매우 높다.

2025년 7월 14일 기준 매매 가격(3.3㎡)		단지 TOP 10	시세
부산광역시 평균	1,108만 원	1. 대우트럼프월드센텀	4,220만 원
전국 평균	1,553만 원	2. 더블유(W)	4,083만 원
최고 서울시	3,618만 원	3. 동원	3,894만 원
최저 경상북도	546만 원	4. 대우월드마크센텀	3,878만 원
		5. 남천자이	3,648만 원
		6. 삼익비치	3,519만 원
		7. 대우트럼프월드 마린	3,485만 원
		8. 마린시티자이	3,467만 원
		9. 범전시영	3,418만 원
		10. 사직롯데캐슬더 클래식	3,198만 원

TOP 10 아파트　　**대구광역시**

　　대구광역시는 중구, 동구, 서구, 남구, 북구, 달서구, 수정구, 달성군, 군위군으로 구성되어 있다. TOP 10 아파트는 모두 수성구에 있으며

2025년 7월 14일 기준 매매 가격(3.3㎡)		단지 TOP 10	시세
대구광역시 평균	1,029만 원	1. 힐스테이트범어	4,092만 원
전국 평균	1,553만 원	2. 빌리브범어	3,735만 원
최고 서울시	3,618만 원	3. 한도	3,561만 원
최저 경상북도	546만 원	4. 만촌자이르네	3,509만 원
		5. 범어센트레빌	3,485만 원
		6. 빌리브범어 120	3,331만 원
		7. 범어목련	3,302만 원
		8. 태왕아너스	3,272만 원
		9. 경남타운	3,171만 원
		10. 범어에스케이뷰	3,132만 원

범어동, 만촌동, 황금동에 위치하고 있다. 수성구는 대구 주요 업무지구이자 중심 도심이며 학군이 좋아 교육열이 높은 학부모들에게 선호도가 매우 높다.

TOP 10 아파트　　　**인천광역시**

인천광역시의 TOP 10 아파트는 모두 인천광역시 연수구 송도동에 위치하고 있다. 교육, 상권, 교통 인프라 모두를 갖춘 입지다. 송도 신도시 아파트 네임에는 송도와 더샵 브랜드가 들어 있다. 다른 지역에 비하여 아주 특별한 특징이다.

2025년 7월 14일 기준 매매 가격(3.3㎡)		단지 TOP 10	시세
인천광역시 평균	1,152만 원	1. 더샵 송도센트럴파크 3차	3,727만 원
전국 평균	1,553만 원	2. 송도 더샵파크애비뉴	3,311만 원
최고 서울시	3,618만 원	3. 송도 센트럴파크 푸르지오	3,299만 원
최저 경상북도	546만 원	4. 더샵 송도프라임뷰 25BL	3,196만 원
		5. 송도 더샵 퍼스트파크 F15BL	3,137만 원
		6. 송도 더샵 퍼스트파크 F14BL	3,015만 원
		7. 송도 더샵 퍼스트파크 F13-1 BL	2,942만 원
		8. 더샵 송도프라임뷰 20BL	2,844만 원
		9. 더샵 센트럴파크 1차	2,776만 원
		10. 송도 더샵 하버뷰13단지	2,709만 원

광주광역시

    광주광역시는 동구, 서구, 남구, 북구, 광산구로 구성되어 있다. TOP 10 아파트 가운데 서구 농성동에 위치한 빌리브트레비체를 제외하고는 광주의 대치동이라 불리는 남구 봉선동에 TOP 10 아파트가 모여 있다.

2025년 7월 14일 기준 매매 가격(3.3㎡)		단지 TOP 10	시세
광주광역시 평균	887만 원	1. 한국아델리움2단지	2,878만 원
전국 평균	1,553만 원	2. 한국아델리움1단지	2,801만 원
최고 서울시	3,618만 원	3. 봉선동 제일풍경채 엘리트파크	2,653만 원
최저 경상북도	546만 원	4. 쌍용스윗닷홈	2,627만 원
		5. 빌리브트레비체	2,433만 원
		6. 더쉼 2단지	2,403만 원
		7. 더쉼 1단지	2,375만 원
		8. 봉선 3차 한국아델리움	2,284만 원
		9. 봉선 2차 남양휴튼	2,264만 원
		10. 포스크더샵	2,243만 원

대전광역시

    대전광역시는 서구 둔산동에 위치한 크로바, 목련 아파트가 학군과 생활 인프라가 좋아서 TOP 10 아파트에 속한다. 유성구 도룡동에 있는 스마트시티 단지는 대전엑스포, LG에너지솔루션, SK이노베이션 연구소 등을 갖추고 있는 대전의 랜드마크 단지이며, 도룡에스케이뷰는 대덕연구단지에 인접하여 선호도가 높다.

2025년 7월 14일 기준 매매 가격(3.3㎡)		단지 TOP 10	시세
대전광역시 평균	1,026만 원	1. 크로바	3,435만 원
전국 평균	1,553만 원	2. 도룡에스케이뷰	3,040만 원
최고 서울시	3,618만 원	3. 대전아이파크시티2단지	2,855만 원
최저 경상북도	546만 원	4. 스마트시티2단지	2,854만 원
		5. 로덴하우스	2,820만 원
		6. 스마트시티5단지	2,782만 원
		7. 도룡포레미소지움	2,747만 원
		8. 목련	2,694만 원
		9. 트리풀시티레이크포레	2,484만 원
		10. 대전 아이파크시티 1단지	2,451만 원

TOP 10 아파트   **울산광역시**

울산광역시는 중구, 동구, 남구, 북구, 울주군으로 구성되어 있다.

2025년 7월 14일 기준 매매 가격(3.3㎡)		단지 TOP 10	시세
울산광역시 평균	913만 원	1. 문수로대공원에일린의 뜰	2,819만 원
전국 평균	1,553만 원	2. 대공원 한신휴플러스	2,773만 원
최고 서울시	3,618만 원	3. 문수로2차 I PARK 2단지	2,638만 원
최저 경상북도	546만 원	4. 문수로2차 I PARK 1단지	2,634만 원
		5. 신정수필아파트	2,605만 원
		6. 대공원월드메드리앙	2,438만 원
		7. 대공원롯데인베스가 1단지	2,382만 원
		8. 문수로 I PARK 2단지	2,278만 원
		9. 대현더샵	2,264만 원
		10. 더샵번영센트로	2,240만 원

태화강이 위치하고 학군이 좋은 남구에 위치한 신정동, 옥동, 야음동에 TOP 10 아파트가 모두 모여 있다.

제주특별자치도

최근 제주특별자치도의 아파트 가격은 큰 폭으로 하락하고 있다. 이유는 단순한 경기 침체만이 아니다. 제주만의 구조적 문제와 외부 환경의 변화가 복합적으로 작용하고 있다. 외지인 비중이 2020년 47%에서 2024년 25% 이하로 하락하고, 아라동, 서귀포 혁신도시 등지에 공급과잉으로 인해 준공 후 미분양 비율이 전체의 60% 이상으로 나타났다. 악성 미분양이 많은 단지는 가격 하락 압력이 매우 높은 시장이다.

2025년 7월 14일 기준 매매 가격(3.3㎡)		단지 TOP 10	시세
제주도 평균	1,268만 원	1. 이도이동 주공 1차	3,707만 원
전국 평균	1,553만 원	2. 이도이동 주공 2차	3,023만 원
최고 서울시	3,618만 원	3. 이도이동 주공 3차	2,932만 원
최저 경상북도	546만 원	4. 노형2차 아이파크	2,644만 원
		5. 대림 이편한세상 2차	2,517만 원
		6. 한화	2,410만 원
		7. 대림 이편한세상 1차	2,408만 원
		8. 노형 해모루엔	2,380만 원
		9. 현대 아이파크	2,266만 원
		10. 도남해모로리치 힐아파트	2,156만 원

제주특별자치도는 서귀포시(3.3㎡ 평균 1,021만 원)에 비해 제주시 (3.3㎡ 평균 1,390만 원)가 아파트 평균 가격이 높다. 제주도에서 TOP 10은 모두 제주시에 있으며 1, 2, 3등은 모두 재건축을 앞두고 있는 이 도이동에 있는 주공 1차, 2차, 3차 아파트가 차지하고 있다.

TIP

- 내 집 마련 전략은 선호도가 높은 지역 내에서 대장 아파트 '똘똘한 1채' 를 찾아야 한다.
- 다주택자 취득세 강화로 똘똘한 아파트 1채 소유 현상이 이어지면서 아파트 시장의 양극화는 심화될 것이다.

부동산에 관심을 가지자

당연한 말이지만 부동산 관련 정보에 관심을 가져야 한다. 금융권에 근무하는 Y부장은 재개발, 재건축, 분양 정보, 개발 이슈 등 부동산 관련 기사가 나오면 그 기사 내용을 메모하고 분석하는 습관이 있다. 많은 사람이 무관심하게 지나갈 때 한 걸음 앞서 나갈 수 있다.

최근 부동산 앱을 보는 사용자가 점점 늘어나고 있다. 발품을 팔기 전에 스마트폰에서 부동산 앱을 다운받아 매물 현황과 가격을 파악하자. 아날로그 문화에서 디지털 문화에 익숙한 투자자들이 부동산 투자에 각종 앱을 적극 활용하고 있는 것이다.

매매나 전세, 월세 등 집을 구할 때는 공인중개소 대신 직방, 다방, 호갱노노 등 앱을 먼저 접속해 본다면 많은 물건의 정보를 순식간에 파악할 수 있고 직접 현장에 가지 않고도 매물의 모습과 환경을 한눈에 파악할 수 있다. 부동산 계산기 앱을 활용하면 복잡한 세금과 수수료 등도 금방 계산할 수 있다. 실거래가는 물론 취득세, 양도소득세, 증여세, 중개 수수료를 바로 산출할 수 있고, 투자를 원하는 물건의 수익률도 바로 계산할 수 있다.

부동산에 대한 관심과 좋은 습관을 이어가기 위해서는 내 집 마련의 꿈을 항상 간직해야만 가능하다. 부동산 시장은 빠르게 변화하고 있다.

구체적인 목표를 세우자

K씨는 45세가 됐지만 아직 내 집을 마련하지 못했다. 현재 직장 생활이 불안정하거나 수입이 적어서가 아니라 내 집 마련의 목표가 자주 바뀌기 때문이다. K씨는 필요한 자금을 모두 모아 투자하려고 한다. 필요 자금을 모은 후에 투자하는 것이 가장 안전하고 바람직한 방법처럼 보이기 때문이다. 그러나 부동산 가격이 상승하는 국면에서는 자금을 모으는 동안 투자하려는 집값이 올라서 다시 자금을 모아야 하는 상황이 반복될 수밖에 없다. 또한 자금을 모으는 동안 시간이 흐르면서 좀 더 좋은 지역, 좋은 아파트에 욕심이 생기게 되고 그러면 또다시 자금을 모아야 하는 악순환이 반복될 수밖에 없다.

내 집을 마련하기 위해서는 목표를 세우고 자신에게 맞는 투자 시점, 자산 규모, 대출 규모, 대상 지역, 아파트의 규모 등의 대상 상품, 구입 방법 등의 계획을 세워서 부동산에 구체적으로 접근해야 한다. 그리고 자기 자신에 맞는 부동산 투자의 로드맵을 세우자.

이사의 불편함을 감수하고 월세에 살아라

귀찮게 이사 가지 않고 한곳에서만 살면 얼마나 좋을까. 그러나 내 집 마련과 부동산 재테크를 위해서는 이사를 해야 한다. 어린 시절 많은 시간을 같이한 초등학교 친구는 25년째 신촌 부근의 연립주택에서, 사업을 하는 중학교 친구는 20년째 종암동 아파트에서, 고등학교 친구는 대학 졸업 후 수원에 있는 삼성과 인연을 맺으면서 30년째 수원에서 살고 있다. 한곳에 오래 사는 것이 재테크의 걸림돌이라고만 볼 수는 없지만 이 친구들은 한곳에 너무 오래 살면서 다른 지역의 변화나 새로운 아파트의 트렌드에 무관심했다. 반면 결혼 10년 차인 K씨는 결혼 이후 주소지를 여섯 곳이나 옮겨 다닌 끝에 얼마 전 대치동에 아파트를 장만했다. 내 집 마련을 위해 필요하다면 잦은 이사도 감수해야 한다. 물론 많은 불편함과 어려움이 따르겠지만 감내하지 못하면 내 집 마련은 멀어지고 긴 시간이 걸릴 수밖에 없다. 이사를 힘들다고 생각하거나 두려워하면 안 된다.

TIP
- 부동산 투자에 관심을 가져야 한다.
- 내 집 마련에 대한 목표를 설정하자.
- 몸테크를 감수하자.

투자의 원칙을 지키면 부동산 투자에 실패하지 않는다

부동산 투자가 처음인 사람들은 어떻게 시작해야 할지 몰라 두려워하고, 부동산 투자에 경험이 있는 사람들도 투자의 방향성을 잃고 고민하는 경우가 많다. 이럴 때 나침반 역할을 하는 기준이 있다면 좋은 길잡이가 될 수 있을 것이다.

육하원칙은 비단 글쓰기뿐만 아니라 부동산 투자에서도 유용한 나침반이 될 수 있다. 육하원칙에 입각해 부동산에 투자하는 것이 성공의 지름길이다.

원칙 1 Why 왜

일반적으로 투자의 목적은 경제적인 자유와 독립을 누리기 위해서지만 조금 더 구체적으로 거주의 목적인지, 임대 목적인지, 노후를 위한 투자인지, 자녀를 위한 투자인지 등을 구분해야 한다. 묻지마 투자는 투자 이후에 큰 실망을 안겨줄 수 있다.

원칙 2 What 무엇을

투자 목적이 정해졌다면 무엇을 선택해야 할지 고민해야 한다. 일반적으로 선호도가 높은 아파트는 비싸기도 하고 매물을 구하기도 어렵지만 안정된 가격 유지와 환금성이 좋다. 관리처분계획인가·고시가 난

재건축 단지는 투기과열지구 내에서 조합원 지위 양수가 제한돼 매물이 귀하고 이주비만을 안고 매입해야 하므로 초기 투자 금액이 많이 드는 단점이 있지만 향후 새 아파트가 되면 가격 상승을 기대할 수 있다. 대지 지분이 넓은 30년 된 재건축아파트와 뉴타운·재개발 지역의 조합원 지분투자는 진행 여부가 많은 변수라는 단점을 가지고 있지만 미래가치가 높다는 장점이 있다. 모든 부동산 상품마다 장단점이 있다. 무엇보다 자기에게 맞는 부동산 상품을 고르는 것이 중요하다.

| 원칙 3 | **How 어떻게** |

적정 매수 가격을 설정하라. 부동산 상승장에서는 최고점 대비 5%가 올라도 추격 매수하고 부동산 하락장에서는 최고점 대비 -30%로 내리면 저가에 매수한다는 설정이 필요하다. 적정 매수 가격에 맞는 자금이 필요하다. 기존에 투자된 자금은 상당 기간 고정화되기 때문에 어떻게 자금을 운용하느냐에 따라 투자 성과에 큰 차이가 있다. 유의할 점은 여유자금을 가지고 투자해야 한다는 점이다. 무리한 대출은 가계에 큰 부담이며 부동산 불황 시 자금 압박을 받는다. 반포자이와 상계주공9단지 사례를 살펴보면 명확하게 알 수 있다.

▌ **최고가 대비 5% 상승 이후에도 상승하는 반포자이(34평형) 사례**

계약일	동/층	가격
25.06.14	6층	48억 원
25.03.12	130동/7층	44억 2,500만 원
25.03.08	2층	42억 5,000만 원
25.03.04	15층	43억 원

계약일	동/층	가격
25.03.01	24층	44억 원
25.02.28	16층	40억 원
25.02.27	22층	42억 원
25.02.26	21층	43억 8,000만 원
25.02.25	25층	41억 원

▎최고점 대비 25~30% 전후 하락 후 상계주공 9단지(21평형) 사례

계약일	동/층	가격
25.04.10	1층	4억 3,000만 원
25.04.09	1층	4억 1,800만 원
25.04.09	14층	4억 7,000만 원
25.04.05	4층	4억 9,000만 원
25.03.29	915동/4층	4억 5,800만 원
25.03.26	3층	4억 7,500만 원
25.03.22	3층	4억 6,000만 원
25.03.19	15층	4억 8,500만 원
25.03.18	14층	4억 6,500만 원
25.03.12	923동/3층	4억 8,500만 원
25.03.06	907동/3층	4억 7,800만 원

원칙 4   # When 언제

부동산 투자는 타이밍이다. 언제 살 것인가, 언제 팔 것인가가 가장 중요하다. 부동산 가격은 수시로 변하기 때문에 같은 부동산이라도 매도 시기에 따라, 매수 시기에 따라 수익률이 크게 차이가 난다. 매도와 매수 시점은 부동산 시장의 흐름이나 부동산 경기 등을 통해 분석해야 한다. 낮을 때 사서 높을 때 팔라는 당연한 격언이 있듯, 가격 하락이 멈출 경우 매입을 적극 고려해야 한다. 투자 기간도 정해야 한다. 부동산 투자 후 환금이 필요한 시기가 있으므로 단기적(1~2년) 투자를 할 것인지, 중기적(3~5년) 투자를 할 것인지, 장기적(6~10년) 투자를 할 것인지를 결정해야 한다. 특히 일시적 1가구 2주택 비과세 요건과 장기보유특별공제를 적용받기 위해서는 앞서 투자한 주택은 3년 이내에 매도 전략을 가지고 있어야 한다.

원칙 5   # Where 어디서

자신의 투자 조건이나 투자 목적 등에 알맞은 부동산을 찾는 것은 쉬운 일이 아니다. 투자 지역을 선정할 때 무엇보다도 중요하게 고려해야 할 기준은 그 지역의 발전 가능성이다. 개별 단지보다는 해당 지역의 발전계획과 미래의 모습을 상상해야 한다. 투자 지역은 첫째도 둘째도 셋째도 입지가 중요하다. 입지의 선택 기준은 자주 강조하는 학군, 역세권, 편의시설, 조망권 등이다. 최근에는 한강변이 주목받고 있다. 한강변 주변의 구반포, 압구정동, 잠실 일대의 재건축과 한남뉴타운 사업 및 성수전략정비구역의 추진으로 변화에 대한 기대값이 다른 지역보다 매우 높다.

▌한강변을 주목하라

원칙 6 ─────── ## Who 누가

　혼자 투자할 것인지 함께할 것인지를 따져야 한다. 적은 자금으로 투자 시기를 놓치거나 무리한 대출에 따른 이자 부담감에 허덕이는 것보다는 공동으로 자금을 모아 투자하면 위험 부담도 줄일 수 있고 수익률도 높일 수 있다.

　향후 육하원칙을 기준으로 투자한다면 반드시 성공한다고 말하기는 어렵지만 실패 확률을 최소화할 것이다. 내 집을 마련할 때 프로세스 없이 투자하면 힘들고 지칠 수 있다. 그러면 잘못된 선택을 할 확률이 높아진다.

> TIP
> • 부동산 시장에서 묻지마 투자는 매우 위험하다.
> • 육하원칙을 기본으로 부동산에 투자하자.

선호도가 높은 지역에서 아파트 단지의 RR을 찾아라

부동산은 비슷해 보이지만 개별성이 강하다. 각각의 부동산은 동일한 것이 존재하지 않는다. 대단지 아파트의 경우, 동별 위치에 따라 가격 차이가 생각보다 크다. 지하철역에서 가까운 동과 먼 동, 조망, 방위에 따라 같은 동도 층수에 따라 가격 격차가 크다. 그렇기에 같은 아파트라도 단지 내에서 RR(Royal Royal)을 찾아야 한다.

🔍 아파트 브랜드에 관심을 가져라

아파트 단지 특성보다 건설사 브랜드를 강조하고 브랜드에 따라서 가격 차이가 많이 나는 곳은 전 세계적으로 대한민국뿐이다. 2000년을 전후해 래미안 브랜드가 등장하면서 건설사마다 아파트 단지의 명칭을 브랜딩하기 시작했다.

특정 브랜드를 소유하고 거주하려는 심리 때문에 부동산 시장에서는 브랜드 가치가 낮은 아파트보다 브랜드 가치가 높은 로열 브랜드의 아파트를 매수하는 현상이 나타났다. KB부동산시세에 따르면 경남 창원시 성산구 가음정동 일원 대우건설의 창원 센텀 푸르지오 전용면적 84㎡는 7억 9,000만 원 내외의 가격 형성을 보이고 있으나 이 단지와 맞닿아 있는 한 중소건설사의 브랜드 아파트는 동일 면적에 5억 4,800만 원이었다. 브랜드 파워가 낮은 아파트 단지보다 로열 브랜드 단지의 가격이 10% 이상 차이가 났다.

이제는 몇 층짜리면 몇 층이 로열층이라는 식의 공식은 없다. 단지에서 가장 조망권이 좋고 많은 사람이 선호하는 곳이 바로 로열동이고 로열층이다. 아파트 거실에서 산, 강, 공원, 골프장 등을 바라볼 수 있다는 것은 즐거움이자 편안함이다. 부동산 시장에도 조망권이 가능한 한정판 한강변 아파트 단지의 희소성이 인정되면서 하늘 높은 줄 모르고 가격이 치솟고 있다. 한강변 아파트가 부동산 가치의 랜드마크 대장주로 등극하고 있다. 한정판 나이키의 가치가 높은 것과 같다.

서울부동산정보광장에 따르면 반포동 아크로리버파크 주거 전용면적 84㎡가 2018년 8월 기준 30억 원에 매매돼 최고가를 기록했으며, 2021년 11월 한강 조망이 가능한 아파트로 45억 원(11층)에 거래되며 역대 최고가를 기록했다. 그러나 한 달 후인 2021년 12월에 한강 조망이 어려운 아파트는 종전보다 5억 2,000만 원 떨어진 39억 8,000만 원(8층)에 거래돼 한강뷰에 대한 가격 차이를 실감했다.

2022년 1월 21일에는 한강 조망이 가능한 로열동, 로열층으로 전고점보다 1억 6,000만 원 오른 46억 6,000만 원으로 거래되었고, 2025년 2월에는 54억 7,000만 원에 거래되었다. 한강 조망 여부에 따라 동호수 간 매매가가 10억 원가량 차이가 난다. 통상 한강뷰에 따라 전체 가격에서 20~25% 가격 차이를 보인다. 2023년 8월 입주한 반포동 래미안 원베일리 주거전용면적 84㎡(공급면적113㎡, 34평형)가 2025년 6월 72억에 거래가 되면서 전국을 깜짝 놀라게 했다. 평당 가격 2억이 넘는 금액이다. 한강변의 가치는 측정하기 어려워 보인다.

▮ 한강뷰와 층수에 따른 래미안 원베일리(34평) 가격 격차

계약일	면적(공급)	가격
2025.3.19	113L (13층)	54억 원
2025.3.12	113M (15층)	57억 원
2025.3.8	113L (17층)	60억 원
2025.3.8	113L (109동/33층)	59억 원
2025.3.7	113L (24층)	57억 5,000만 원
2025.3.3	112S/112R (12층)	70억 원
2025.2.28	113L (8층)	66억 5,000만 원
2025.2.22	113L (119동/29층)	55억
2025.2.20	112K (3층)	55억
2025.2.9	113M (108동/7층)	49억 5,000만 원
2025.2.8	113L (117동/27층)	52억 8,000만 원
2025.2.7	113L (3층)	49억

마포구, 용산구, 성동구, 광진구 등이 '마용성광'이라는 신조어까지 만들어내면서 부동산 시장의 다크호스로 등장한 가장 큰 이유도 바로 한강변 프리미엄이다. 한강변 동작구와 강동구, 성동구 주요 단지에서 2025년 4월 기준 실거래가 기준으로 주거전용면적 59㎡(공급면적 25평

| 동작, 강동, 성동, 마포 주요 단지(25평형) 거래 현황

위치	단지명	실거래가격	계약일
동작구 흑석동	아크로리버하임	21억 원	4월 17일
강동구 둔촌동	올림픽파크포레온	21억 원	3월 18일
성동구 옥수동	래미안옥수리버젠	20억 원	3월 13일
성동구 성수동	서울숲리버파크아이포레	25억 원	3월 23일
마포구 염리동	마포프레스티지자이	19억 6,000만 원	3월 31일

자료: 국토교통부 실거래가 공개시스템

형) 거래가 20억 원을 넘어섰다. 동작구 흑석동 대장아파트로 여겨지는 아크로리버하임은 59㎡가 21억 원에 거래되며 신고가를 갱신했고 강동구 둔촌동에서는 전국 최대 규모 대단지(1만 2,032가구)인 올림픽파크포레온이 2025년 1월 23일 59㎡가 20억 5,236만 원에 거래되며 20억 원을 넘어선데 이어 3월 18일에 21억 원으로 또다시 신고가를 찍었다. 그리고 성동구에서는 옥수동 래미안옥수리버젠 59㎡가 2025년 3월 13일에 20억 원에 거래돼 최고가를 새로 썼다.

커뮤니티를 갖춘 아파트 단지에 관심을 가져라

최근에는 삶의 질 향상이 중요시되면서 거주 공간인 아파트 역시 단지 내에 피트니스, 사우나, 독서실 등 커뮤니티 시설이 갖춰지고 있다. 지하에 멀티창고와 더 넓은 주차 공간을 두는 등 새로운 개념의 아파트 단지에 대한 선호도가 높아지면서 아파트 시장의 새로운 강자로 등장하고 있다.

커뮤니티 시설을 갖춘 아파트 단지와 커뮤니티 시설이 미약한 단지의 거주 평가에서 양극화 현상은 가속될 것이다. 소중한 내 집 마련시 똘똘한 한 채를 만들기 위해서는 망설이고 주저하지 않고 빠르게 의사결정을 하는 것이 성공의 비결이다. RR은 비싸다. 비싸지만 내 집 마련을 위한 로열 지역, 로열 브랜드, 로열동, 로열층에 대한 강한 믿음이 필요하다.

> **TIP | 미래가치가 있는 아파트 취득 전략**
> - 관심 지역에서 대장 아파트를 찾아라.
> - 브랜드 파워가 있는 아파트를 찾아라.
> - 커뮤니티 시설을 갖춘 아파트를 찾아라.

부동산 투자의 성공과 실패

부동산을 바라보는 적극적인 투자 마인드와 소극적인 투자 마인드에 따라 성공과 실패에 큰 차이가 난다. 일반화하기는 어렵지만 금융권에 종사하는 분들은 부동산에 소극적인 마인드를 가지고 직업적인 특성상 공격적으로 대출받아 무리하게 투자하지 않고 안정된 성향으로 접근한다. 그래서인지 금융인들을 상담할 때는 다소 과감하고 신속하게 결정하도록 유도한다.

 과감한 투자의 성공 사례

2호선 라인에 직장이 있는 맞벌이 은행원 M씨가 시차를 두고 2014년, 2017년 두 번의 상담과 두 번의 투자로 잠실 입성에 성공한 사례가 있다. 2014년 상담은 전세가율이 70%가 넘는 시점에서 전세를 안고 투자하면서 레버리지효과를 최대한 살린 사례다. 출퇴근이 용이하고 자녀 교육과 연계한 학군을 고려하고 있어 내 집 마련을 잠실 내 초중고등학교가 있는 단지의 주거전용면적 59㎡(25평형) 아파트를 추천하자 바로 전세를 안고 매수를 실행했다. 매매 가격 7억 5,000만 원 내외 전세 가격 6억 내외로 실투자 금액은 1억 5,000만 원 내외였다. 초기 투자 금액이 적게 들면서 내 집 마련을 한 케이스다.

그리고 2017년 두 번째 상담은 2014년 5월에 매수한 아파트가 가격도 상승하고 비과세 요건을 채우면서 주거전용면적 84㎡(33평형)와 1억 5,000만 원 내외로 금액 격차가 줄어들자 과감하게 같은 단지 내에서 4인 가족의 주거 공간을 위해서 상향 평형으로 갈아타기를 제안했고 주저하지 않고 바로 실행에 옮기면서 33평형으로 빠르게 안착할 수 있게 돼 거주의 만족과 가격 상승까지 두 마리 토끼를 잡았다. 2024~2025년에도 핵심 지역으로 과감한 선택을 한 투자자들은 웃었다.

성공을 위해서는 변화에 두려움이 없는 적극적인 마인드를 가지고 순간순간의 선택에 대한 결단력을 가져야 한다.

🔍 소심한 투자의 실패 사례

2018년 금융인 L과장은 자녀가 초등학교에 입학하면서 자녀 교육과 연계된 내 집 마련 상담을 의뢰했다. 투자 금액을 고려해 거주하고 있던 중랑구 면목동에서 노원구 중계은행 사거리 부근으로 변화를 권하면서 여러 단지의 정보와 향후 미래가치를 상세하게 상담한 적이 있다. 그러나 L과장은 부족한 투자 금액 조달 문제와 매도와 매수에 대한 두려움으로 주저하다가 타이밍을 놓치고 말았다. 현재는 가격 격차가 벌어져서 중랑구에서 노원구로 가려고 해도 가지 못하는 상황이 됐다.

다른 사례로, 2019년 5월 서대문구 가재울 뉴타운 34평형에서 거주하는 금융인 K팀장은 출퇴근이 불편해 교통이 편리한 신촌역, 이대역, 아현역 부근 신축 아파트로 갈아타기를 시도했고, 34평형을 매도하기로 했지만 매수 대상 단지의 34평형 가격이 높아 25평형을 추천했다. 그러나 거주 공간이 줄어드는 불편함 때문에 결국 실행하지 못했고 현재는 가격 격차가 벌어져서 25평형으로 가려고 해도 가지 못하는 상황이다.

선호도가 낮은 지역(하급지)에서 선호도가 높은 지역(상급지)으로, 교통이 불편한 지역에서 교통이 편리한 지역으로, 비역세권에서 역세권으로, 구축에서 신축으로 변화를 고려할 때는 내 것을 약간 손해 보는 전략과 과감한 투자 마인드가 필요하다. 소극적인 마인드가 있는 사람들은 적극적인 마인드를 가져보는 것이 좋을 것이다.

연령대별 내 집 마련 접근법을 생각하자

불확실한 부동산 시장에서는 연령대별로 적절한 투자 전략을 세우는 것이 중요하다. 연령대에 따라 부동산을 보는 눈이 다르고 자금 능력에도 차이가 나기 때문이다. 특히 평균 수명이 길어지고 은퇴 시기가 낮아지는 고령화사회로 접어들면서 젊은 시절 내 집 마련과 자산관리의 중요성은 새삼 강조할 필요가 없다.

20대 후반에서 30대 중반, 결혼 후 월세 또는 부모와 살아라

내 집 마련을 어떤 방법으로 언제 시작하느냐는 여러 가지 의견이 있을 수 있지만 우선 결혼과 동시에 시작되는 것은 두말할 필요가 없다. 나 혼자 살기도 힘들어 결혼은 꿈도 꾸지 못한다고 하는 분들이 있다. 그러나 여건만 된다면 결혼은 일찍 해야 한다. 결혼하기 전보다 결혼 후에는 가정을 이루면서 책임감과 의무감이 높아진다. 백지장도 맞들면 낫다는 말이 있지 않은가. 내 집 마련의 시작은 결혼이다. 결혼과 함께 책임감이 생긴다.

금융회사에 입사한 동기 두 명의 사례를 보자. 2016년 결혼한 30대 중반의 P씨는 결혼 후 적극적으로 부동산에 관심을 가졌고 신혼부부 특별공급으로 둔촌동 올림픽파크포레온 주거전용면적 49㎡(공급면적 75㎡, 23평형) 아파트에 당첨되어 분양가 8억 5,000만 원을 열심히 모으며 2024년 12월 입주했다. 현재 20억 원 내외의 가격을 형성하고 있다. 반면 30대 중반의 B씨는 미혼인 상태에서 부동산에 관심도 없어 신혼부부 특별공급이 무엇인지도 모른다. 여유자금으로 비트코인에 투자해 손실을 보면서 힘들어하고 있다. 30대 중반부터 자산 규모의 차이가 시작된다.

특히 신혼부부가 빠른 시간에 재테크에 성공하려면 거주 비용을 최대한 줄여야 한다. 무엇보다 전세든 내 집 마련이든 가장 많은 돈이 들기 때문이다. 집 문제를 해결하려면 부모와 함께 사는 것이 가장 좋다. 만약 사정이 여의치 않다면 조금 무리가 되더라도 집을 장만한 뒤 전세를 주고 전세보다 저렴한 전세를 다시 얻어서 살거나 월세로 살아야 한다. 월세는 전세보다 거주 비용이 일시적으로 더 들지만 월세를 살아야 종잣돈으로 내 집을 마련할 수 있다.

30대 후반에서 40대 중반, 과감하게 부동산에 접근하라

30대 후반에서 40대 중반 시기에는 수입이 어느 정도 궤도에 오르고 자녀 교육비도 비교적 적게 들어가므로 여윳돈을 과감하게 투자해 자산을 늘려야 한다. 인생은 머뭇거릴 여유가 없다. 여윳돈이 있다면 입지가 좋은 재건축·재개발 사업단지와 개발 계획이 예상되는 지역, 수도권 광역 급행열차(GTX) 노선이 들어가는 곳, 지하철이 연장되는 지역과 지하철역이 신설돼 공사 중인 지역에 과감하게 투자해 자산을 늘리는 것이 바람직하다.

50대는 30~40대를 거치면서 많은 경험과 인생의 경륜이 쌓이는 시기다. 그만큼 모든 일에 신중하고 조심스럽다. 부동산 투자도 적극적이지 못하고 소극적인 경우가 많다. 그러나 50대가 더 적극적으로 부동산에 투자할 필요가 있다. '50플러스 인생 설계 과정'에서 자산 관리 영역의 부동산을 강의하면서 연수생 가운데 평생 처음으로 부동산 강의를 들었다며 부동산에 눈을 뜨게 돼 고맙다고 하는 분, 청약통장도 없는 상태에서 전세로 거주하면서 내 집 마련에 관심이 전혀 없었는데 이제부터는 내 집 마련 전략을 세워야겠다는 분, 이런 강의를 1년 전에만 들었어도 좋았을 것이라고 아쉬워하는 분들이 많다. 대부분 강의를 듣고 부동산을 바라보는 시각이 많이 바뀌었다고 말한다. '50플러스 인생 설계 과정' 이후 적극적인 마인드로 접근한 금융인 H씨는 2017년 5월 관리처분계획인가 고시 직전에 둔촌동 올림픽파크포레온 34평 입주권을 10억 원 내외로 투자해 내 집 마련에 성공하기도 했다. 현재는 27억 원 내외에 거래되어 투자 시점 10년도 되지 않은 상태에서 17억 원 이상 가치 상승이 발생했다. 늦었다고 생각할 때가 가장 빠르다. 아직 남은 인생은 충분하다. 지금 시작하라.

50대 후반에서 60대 이후, 매월 수입을 고려하라

　나이가 들수록 유동자산의 비율을 높이는 것이 현명하다. 굳이 고정자산을 보유하고 싶다면 환금성이 높은 투자 방법을 택해야 한다. 관리하기 쉽고 환금성이 높은 부동산은 자체 부동산 가격의 상승이 적더라도 그만한 가치가 있고, 그 가치는 나이가 들수록 더욱 커진다. 유동적 부동산이란 환금이 쉬울 뿐 아니라 관리가 용이하고 매달 일정한 임대료가 나오는 부동산을 말한다. 매달 임대료가 나오면 은퇴 이후에 규모의 경제를 이어가기가 수월하다. 수익형 부동산인 점포 상가나 단지 내 상가, 다가구주택 등 수익이 많지는 않아도 매월 일정하게 임대 수입이 들어오는 물건이 중요하다. 점포 투자 시에는 주변 상권을 잘 파악해 투자 가치를 따져보아야 한다.

　인생은 길고도 짧다. 이래도 한세상, 저래도 한세상이라지만 세상에 태어난 이상 무언가를 남기고 가야 하지 않겠는가. 그것이 큰 점이 되느냐 오점이 되느냐는 자신에게 달려 있다. 다시 출발점으로 돌아가라. 상황에 맞는 투자 전략을 세워 실천에 옮겨보라.

TIP
- 연령별 투자 마인드를 설정하면 자신에 맞는 맞춤형 부동산 투자에 성공할 수 있다.
- 거주(live, residence)와 투자(buy, invest)를 구분해야 부동산 투자에 성공할 수 있다.

세금  전략

상업용 부동산과 달리 주택 세금은 아주 다양하고 복잡하다. 주택을 취득할 때 가장 먼저 접하게 되는 세금이 취득세다. 취득세만 하더라도 다른 물건과 다르게 다양한 취득세율이 적용된다. 또한 취득 방법에 따라 각각 다른 세율을 적용한다. 특히 다주택자의 경우 지역, 취득 원인, 취득 시기 등에 따라 취득세율이 상당히 차이가 날 수 있다. 꼭 전문가와 상의해서 취득세가 어느 정도인지 파악할 필요가 있다.

주택 보유에 대한 세금으로는 재산세와 종합부동산세가 있다. 종합부동산세는 3주택 이상을 보유한 자에게는 중과세율을 적용한다. 직접 거주하는 주택이 아닌 경우 월세나 전세를 둘 텐데, 임대하면 임대료에 대해서 매년 5월에 종합소득세 신고를 해야 한다.

마지막으로 주택을 양도할 때는 양도소득세를 납부해야 한다. 주택의 양도소득세 중 1세대 1주택에 대한 세금 혜택이 아주 중요하다. 수익률에 결정적인 영향을 미친다. 2주택 이상인 경우라도 예외적으로 1주택자 양도소득세 혜택을 받는 경우가 있다. 이 부분은 집중적으로 살펴볼 필요가 있다. 1세대 1주택 혜택을 받는지 받지 않는지에 따라 10배 이상 세금 차이가 나는 경우도 있다.

지금부터 부동산 세금에 대해 풀어보자. 크게 주택과 상업용 부동산으로 구분하고, 부동산 물건별로 구분해 각각 특징적인 세금에 대해서 언급할 예정이다. 주택 중에서는 아파트가 가장 많은 사람들이 관심을 가지는 물건이다. 대중적인 아파트를 예를 들어 주택 투자 시 발생하는 세금을 전반적으로 살펴보고 주택 유형별로 세금을 정리해 보자.

부동산 취득 시 내는 취득세

부동산, 회원권, 차량, 기계 장비, 항공기, 선박 등 일정한 자산을 취득할 때는 취득세를 신고하고 납부해야 한다. 취득세는 부동산을 취득한 날로부터 60일 이내에 신고하고 납부해야 한다. 취득세는 지방세이므로 부동산이 소재한 지역의 시, 군, 구청에 신고한다.

부동산 계약을 하고 잔금을 지급하는 날, 법무사를 통해 소유권이전등기를 하면서 한 번에 진행한다. 잔금을 지급했는데 등기를 미룰 수 없기 때문이다. 법무사에게 취득세와 법무사 수수료, 인지세, 채권매입금액 등을 입금하면 등기 업무를 진행하면서 대신 납부해 준다.

과거에 취득세는 개인별 보유 주택 수로 세율을 적용했다. 2020년 1월 1일 이후 취득분부터는 세대별로 주택 수로 계산해서 세율을 적용했고, 2020년 8월 12일 이후 취득분부터는 세대별, 지역별로 다른 세율을 적용한다. 현재는 함께 살고 있는 가족(세대란 표현을 사용) 전체가 보유하고 있는 주택의 수로 계산을 하고 조정 지역에 위치 여부에 따라서 취득세율이 달라진다.

가령, 나와 함께 살고 있는 부인과 자녀가 현재 몇 주택을 소유하고 있느냐다. 내가 1채, 부인이 1채이면 현재 1세대 2주택을 소유하고 있다. 이번에 새로 취득하는 주택이 강남구 주택(조정 지역)이면, 새로운 주택을 취득함으로써 1세대 3주택자가 되기 때문에 1세대 3주택 조정 지역 주택의 취득세율을 적용받는다.

> **[용어 설명] 조정 지역**
>
> 정부에서 주택에 대한 세금을 중과하기 위해 고시한 지역이다. 현재는 서울특별시 강남구, 서초구, 송파구, 용산구가 해당된다.

취득세는 얼마나 낼까?

취득세는 취득 당시 가액을 기준으로 계산한다. 매매는 구입 금액에 취득세율을 곱해 계산한다. 주택을 매매로 취득하면 취득 금액과 전용면적에 따라 다른 세율을 적용한다. 또한 취득세를 납부할 때 농어촌특별세와 지방교육세를 함께 납부해야 한다. 무주택자가 강남의 40평 아파트를 취득할 때 간혹 취득세만 계산해 3%만 생각하는데 이는 잘못된 계산이다. 농어촌특별세(0.2%)와 지방교육세(0.3%)까지 함께 계산해야 취득에 관련된 세금 전체를 계산할 수 있다. 구입 금액이 40억 원이라면 전체 세금은 1억 4,000만 원(40억 원 × 3.5%)이다.

취득 당시 12억 원 이하 주택을 생애 최초로 구입 시 소득 기준의 제한 없이 200만 원 한도 내에서 취득세를 면제한다(2025년 12월 31일까지).

▎주택 매매 시 세율

구분		취득세 등 (농특세, 지방교육세 포함) 세율(%)
국민주택규모 이하 (전용 85㎡)	6억 원 이하	1.1
	6억 원 초과~9억 원 이하	1.11~3.29 (가액에 비례해 적용)
	9억 원 초과	3.3
국민주택규모 초과 (전용 85㎡)	6억 원 이하	1.3
	6억 원 초과~9억 원 이하	1.31~3.49 (가액에 비례해 적용)
	9억 원 초과	3.5

* 취득 당시 12억 원 이하 주택을 생애 최초로 구입 시 소득 기준 제한 없이 200만 원 한도 내에서 취득세를 면제함

▎생애 최초 주택 취득자에 대한 취득세 감면

구분		내용
주택 가격		12억 원 이하
감면 한도	300만 원	① 공동주택(아파트 제외): 전용면적 60㎡ 이하이고 취득가액 6억 원(비수도권 3억 원) 이하
		② 도시형 생활주택: 전용면적 60㎡ 이하이고 취득가액 6억 원(비수도권 3억 원) 이하
		③ 호수별 전용면적 60㎡ 이하인 다가구주택: 취득가액 6억 원(비수도권 3억 원) 이하
	200만 원	위 ①~③을 제외한 주택

이 밖에도 일정 요건을 충족한 출산·양육 주택, 지방 미분양주택, 임대를 위한 소형주택, 인구감소지역에 소재하는 주택 등에 다양한 취득세 감면이 있다.

┃ 주택 매매 시 세율(국민주택규모 이하의 경우)

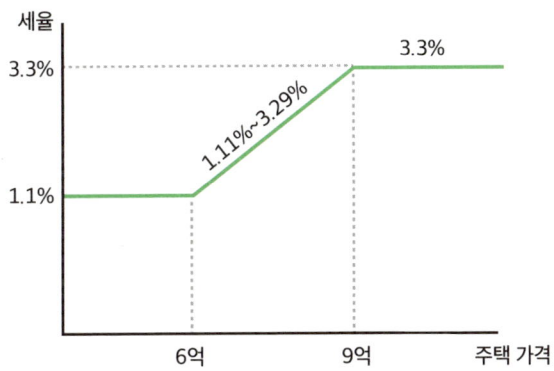

다주택자라면 취득세는 얼마나 낼까?

　새로운 주택을 취득함으로써 다주택자가 되는 경우 취득세율이 중과된다. 이때 새로 취득하는 주택이 조정 지역인지 여부가 아주 중요하다. 기존에 보유하고 있는 주택이 조정 지역인지 비조정 지역인지는 중요하지 않다. 기존 주택의 지역은 전혀 관계없고 추가로 취득하는 주택이 조정 지역인지에 따라 세율이 결정된다.

　1주택을 보유한 1세대가 주택을 추가로 취득할 경우 신규 주택이 비조정 지역에 소재하면 1.1~3.5%를 적용한다. 만약 신규 주택이 조정 지역에 소재하면 9%(전용 25평 이하는 8.4%)의 세율을 적용한다.

　2주택을 보유한 1세대가 주택을 추가로 취득할 경우 신규 주택이 비조정 지역에 소재하면 9%(전용 25평 이하는 8.4%)의 세율을 적용한다. 만약 신규 주택이 조정 지역에 소재하면 13.4%(전용 25평 이하는 12.4%)의 세율을 적용한다.

3주택을 보유한 1세대가 주택을 추가로 취득할 경우 조정 지역에 관계없이 13.4%(전용 25평 이하는 12.4%)의 세율을 적용한다.

법인이 주택을 취득하는 경우에는 기존에 보유하고 있는 주택 수에 관계없이 13.4%(전용 25평 이하는 12.4%)의 세율을 적용한다. 다만, 공시가액 1억 원 이하의 주택 등 중과 배제되는 주택은 기본세율을 적용한다.

▌다주택자의 주택 취득 시 세율

구분	취득세 등(농특세, 지방교육세 포함) 세율(%)
① 조정 2주택 　사례: 1주택을 소유하고 있는 자가 조정 지역에서 주택을 추가로 취득 시 ② 일반 3주택 　사례: 2주택 소유자가 비조정 지역에서 주택을 추가로 취득 시	9 (국민주택 8.4)
③ 조정 3주택 　사례: 2주택을 소유하고 있는 자가 조정 지역에서 주택을 추가로 취득 시 ④ 일반 4주택 　사례: 3주택을 소유하고 있는 자가 비조정 지역에서 주택을 추가로 취득 시 ⑤ 법인이 주택을 취득	13.4 (국민주택 12.4)

무주택자가 주택 2채를 구입한다고 가정해 보자. 조정 지역에 1채(20억 원, 전용 30평), 비조정 지역에 1채(20억 원, 전용 30평)라고 한다면 취득 순서에 따라 다른 취득세율이 적용된다. 비조정 지역의 주택을 먼저 구입하면 3.5%의 세율이 적용된다. 그다음 조정 지역의 주택을 구입하면 9%의 세율이 적용된다. 만약 조정 지역의 주택을 먼저 구입한다면 3.5%의 세율을 적용하고 그다음 비조정 지역의 주택을 구입하더라도 3.5%의 세율이 적용된다. 구입 순서에 따라 취득세율이 달라진다.

상속이나 증여로 주택을 취득하면 기준 금액은?

상속인 경우에는 시가표준액을 기준으로 계산한다. 증여의 경우 시가로 인정된 가액(매매 사례가액, 감정가액 등)을 기준으로 하고, 공시가격이 1억 원 이하인 부동산(시가인정액과 시가표준액 중 선택 가능)과 시가인정액을 산정하기 어려운 경우에는 시가표준액을 기준으로 한다.

> **[용어 설명] 시가표준액**
>
> 정부에서 재산세, 종합부동산세 등 세금을 부과하기 위해서 고시하는 가액이다. 실제 시세보다는 많이 낮은 것이 일반적이다. 토지는 공시지가, 아파트는 공동주택공시가격, 단독주택은 개별주택공시가격으로 부른다. 이를 지방세에서는 시가표준액으로 부르고 다른 세법에서는 기준시가(일상에서는 공시가격이라는 용어를 사용)라고 하는데, 거의 비슷하다고 봐도 무방하다. 인터넷에 '부동산공시가격알리미'를 입력하면 사이트에 들어갈 수 있고 개별 주소를 입력하면 조회가 가능하다.

일반적으로 증여를 할 때 아파트는 유사매매사례가액을 적용하고 고가의 상가는 감정을 받아서 세무서에 증여세 신고를 해야 한다. 이런 유사매매사례가액과 감정가액을 취득세에는 시가인정액이라고 부른다.

아파트는 같은 평수에 거래된 것들이 많기에 증여세 신고를 할 때 유사매매사례가액으로 신고한다. 취득세도 유사매매사례가액을 기준으로 계산한다. 다만, 최근 거래된 가액이 갑자기 급등한 경우 감정평가를 받아 금액을 좀 더 낮출 수 있다면 감정평가를 받아 증여세 신고를 하는 경우가 있다. 감정평가금액이 있으면 증여세 신고 시 가장 우선된다. 취득세도 감정가액이 있으면 1순위로 적용한다.

시가인정액으로 적용받기 위해서는 적용 기준일이 평가 기간 내에 있어야 한다. 감정가액을 적용하는 경우 감정가액 산정 기준일이 증여계약일 전 6개월부터 증여계약일 후 3개월까지 있어야 한다. 유사매매사례가액을 적용하는 경우 매매계약일이 증여계약일 전 1년부터 취득세 신고·납부 기한의 만료일까지 계약된 아파트의 사례가 있어야 한다.

| 증여 취득 시 시가인정액의 적용 기준일과 평가 기간

구분	적용 기준일	평가 기간
해당 부동산의 감정가액	가격산정일	증여계약일 전 6개월~ 증여계약일 전 3개월
유사 부동산의 매매사례가액	매매계약일	증여계약일 전 1년~ 취득세 신고·납부 기한 만료일

상속이나 증여로 주택 취득 시 세율은?

주택을 상속으로 취득하면 세율은 3.16%(국민주택은 2.96%)다. 가령, 시세 15억 원(공시가격 10억 원) 아파트를 상속으로 취득하면 취득과 관련된 세금은 3,160만 원이다. 만약 무주택자인 상속인이 취득하면 특례세율인 0.96%의 세율을 적용한다.

공동으로 상속받는 경우에는 지분이 가장 큰 자를 기준으로 판단한다. 지분이 가장 큰 자가 무주택자이면 상속주택 전체에 대해서 0.96%를 적용해 세금을 계산하고 각자 지분비율을 나누어 납부한다. 가령, 시세 15억 원(공시가격 10억 원) 아파트를 장남이 51%, 차남이 49%로 공동상속하고 장남이 무주택자이면 주택 전체에 대해서 0.96%를 적용한다. 취득 관련 세금은 960만 원(10억 원 × 0.96%)이다.

960만 원을 각자 지분비율로 나누어 납부한다. 지분이 가장 큰 상속인이 2인 이상인 경우 해당 상속주택에 거주하는 자, 최연장자 순으로 판정한다. 장남과 차남이 50%씩 공동상속하고 상속주택에 거주하는 자가 없으면 장남이 연장자이므로 장남이 무주택자이면 상속주택 전체에 0.96%를 적용하고 세금을 각각 반씩 납부한다. 참고로 주택을 상속받는 경우에는 중과세율을 적용하지 않는다.

▎주택 상속 취득 시 세율

구분		취득세 등(농특세, 지방교육세 포함) 세율(%)
상속으로 인한 취득 (공시가격 기준)	주택을 상속	3.16(국민주택은 2.96)
	무주택자가 주택을 상속	0.96

증여로 취득하면 세금이 복잡하다. 매매로 취득하는 경우에는 취득하는 자의 세대 기존 주택 수를 계산해 취득세율이 결정되는데, 증여로 취득하는 경우에는 증여자의 세대 주택 수에 따라 취득세율이 결정된다. 또한 증여하는 주택이 조정 지역에 소재하느냐의 여부에도 영향을 받는다.

우선 증여하는 주택이 조정 지역에 소재하고 시가표준액이 3억 원 이상인 경우 13.4%(12.4%) 적용된다. 다만, 1세대 1주택자가 배우자나 직계존비속에게 증여하는 경우 4%(3.8%)의 세율을 적용한다. 만약 사위나 며느리에게 증여하면 중과세율을 적용한다.

참고로 주택을 신축하는 경우에는 다주택자와 관계없이 3.16%(국민주택은 2.96%)를 적용한다. 즉, 개인이 대지를 매입해 신축하는 경우에는 중과세율을 적용하지 않는다.

주택 증여 등 취득 시 세율

구분	취득세 등(농특세, 지방교육세 포함) 세율(%)
일반적인 증여, 유증	4(국민주택은 3.8)
주택 외(상가, 토지 등) 증여, 유증	4
비조정 지역의 주택 증여, 유증	4(국민주택은 3.8)
시가표준액 3억 원 미만인 주택 증여, 유증	4(국민주택은 3.8)
시가표준액 3억 원 이상의 조정 지역 주택 증여	13.4(국민주택은 12.4) 단, 1세대 1주택자가 배우자나 직계존비속에게 증여하는 경우 4(국민주택은 3.8)
원시취득(신축)	3.16(국민주택은 2.96)

TIP | **상속·증여 취득세 핵심 포인트**

- 상속으로 주택을 취득하는 경우에는 시가표준액에 3.16%(국민주택은 2.96%)를 적용한다.

- 증여자가 1세대 2주택 이상이고, 증여하는 주택이 조정 지역이면서 시가표준액이 3억 원 이상인 경우 시가인정액(유사매매사례가액 등) 또는 시가표준액에 13.4%(12.4%)를 적용한다.

- 1세대 1주택자가 배우자나 직계존비속에게 증여하는 경우 시가인정액(유사매매사례가액 등) 또는 시가표준액에 4%(3.8%)를 적용한다.

부동산 보유 시 내는 재산세

부동산을 보유할 때 내야 할 세금은 재산세와 종합부동산세다. 임대수익이 발생하면 종합소득세도 내야 한다. 임대소득에 대한 종합소득세는 부동산 임대소득 절세 전략 부분에서 별도로 살펴보기로 하고 재산세와 종합부동산세에 대해서 중점적으로 살펴보자.

재산세는 매년 6월 1일 소유자가 세금을 내야 한다

재산세 납세의무자는 과세기준일(매년 6월 1일) 현재 토지, 건축물, 주택, 선박, 항공기를 보유하고 있는 사람이다. 6월 1일은 보유세에서 가장 중요한 날짜다. 매년 6월 1일 현재 부동산을 소유하고 있는 사람이 재산세와 종합부동산세를 납부해야 한다. 6월 1일 전에 부동산의 소유권을 이전하면 그해의 재산세는 내지 않아도 된다.

가령, 매도자가 5월 30일에 소유권을 이전하면 재산세를 내지 않아도 되지만 6월 2일에 소유권을 이전하면 그해의 재산세는 내야 한다. 매도자가 6월 1일에 소유권을 넘기면 어떻게 될까? 6월 1일에 넘기더라도 6월 1일에는 매수자가 소유하고 있는 것이기 때문에 매수자가 재산세를 내야 한다. 소유권 이전은 등기 접수일과 잔금 지급일 중 빠른 날이 기준이다. 일반적으로 잔금 지급하는 날 소유권을 이전하기 때문에 잔금 날짜가 아주 중요하다. 아무 생각 없이 잔금 날짜를 정해서는 안 되니 꼭 기억해 두기 바란다.

재산세의 과세표준은?

　부동산에 대한 재산세는 시가표준액에 공정시장가액비율을 곱해 과세표준을 산정하고 세율을 곱해 산출한다. 주택(주택 건물과 주택 부수토지)의 경우 시가표준액에 60%를 곱해 과세표준을 산정한다. 주택을 제외한 건축물과 부수토지는 시가표준액에 70%를 곱해 과세표준을 계산한다. 아래 표에서 말하는 토지는 주택의 부수토지를 제외한 토지를 말한다. 세법에서 주택은 항상 건물과 부수토지를 합한 것을 주택이라고 부른다. 주택은 시가표준액도 주택 건물과 주택 부수토지를 합산 금액으로 공시한다. 주택 외는 토지 따로 건물 따로 공시한다. 다른 세금에서도 동일하다.

　주택의 재산세는 물건별로 계산한다. 부부가 아파트를 반씩 공동 소유하면 우선 아파트에 대해서 재산세를 계산하고 계산된 재산세를 각각 반반씩 부담한다.

| 재산세 과세 방식 및 과세표준

구분	과세 방식	과세표준 및 세율	
주택(부수토지 포함)	물건별 개별과세	시가표준액의 60%(4단계 누진세율)	
건축물	물건별 개별과세	시가표준액의 70%(차등 비례세율)	
토지 • 종합합산과세 대상 토지 • 별도합산과세 대상 토지 • 분리과세 대상 토지	시, 군, 구별로 인별 합산 (분리과세 대상 토지는 시, 군, 구별로 합산되지 않고 물건별로 계산됨)	종합합산과세 대상 토지	시가표준액의 70% (3단계 누진세율)
		별도합산과세 대상 토지	
		분리과세 대상 토지	시가표준액의 70% (차등 비례세율)

별도합산 대상 토지는 일반적인 상업용 부동산의 부수토지이며, 종합합산 대상 토지는 나대지나 잡종지 등 사업에 사용하지 않는 토지라고 보면 된다. 분리과세 대상 토지는 저율의 재산세를 부과하는 농지나 고율의 재산세를 부과하는 골프장 토지 등이 해당한다.

공시가격(시가표준액) 9억 원의 아파트를 1채 보유하고 있다고 하자. 이 아파트의 재산세를 산정하려면 공시가격에 공정시장가액 비율을 곱해야 한다. 원래 주택의 경우 공정시장가액비율이 60%다. 재산세 과세표준은 5억 4,000만 원(9억 원×60%)이다. 재산세 세율을 적용하면 6,000만 원 이하는 0.1%, 6,000만 원에서 1억 5,000만 원은 0.15%, 1억 5,000만 원에서 3억 원은 0.25%, 3억 원 초과에 대해서는 0.4%를 적용하면 다음과 같이 산정된다.

60,000,000원 × 0.1% + 90,000,000원 × 0.15% + 150,000,000원 × 0.25% + 240,000,000원 × 0.4% = 1,530,000원

재산세 과세표준 및 세율

구분	과세 방식	세율(%)
주택	6,000만 원 이하 (공시가격 1억 원)	0.1
	6,000만 원 초과~1억 5,000만 원 이하 (공시가격 1억 원 ~ 2억 5,000만 원)	0.15
	1억 5,000만 원 초과~3억 원 이하 (공시가격 2억 5,000만 원 ~ 5억 원)	0.25
	3억 원 초과 (공시가격 5억 원 초과)	0.4

구분	과세 방식	세율(%)
건축물	골프장, 고급오락장용 건축물	4
	공장용 건축물	0.5
	그 밖의 건축물	0.25
종합합산과세 대상 토지	5,000만 원 이하	0.2
	5,000만 원 초과~1억 원 이하	0.3
	1억 원 초과	0.5
별도합산과세 대상 토지	2억 원 이하	0.2
	2억 원 초과~10억 원 이하	0.3
	10억 원 초과	0.4
분리과세 대상 토지	전, 답, 과수원, 목장용지 및 임야	0.07
	골프장 및 고급오락장용 토지	4
	그 밖의 토지	0.2

 1세대 1주택자의 재산세 혜택은?

서민의 주거 안정을 위해 공시가격 9억 원 이하의 1세대 1주택자에 대해서는 주택의 세율을 구간별로 0.05%씩 인하해 준다. 또한 1세대 1주택자(공시가격 9억 원 초과 주택 포함)는 공정시장가액 비율도 혜택을 받는다. 매년 약간씩 다르나 2025년 기준으로는 공시가격 3억 원 이하의 주택은 43%, 공시가격 3억 원 초과 6억 원 이하의 주택에 대해서는 44%, 공시가격 6억 원 초과하는 주택에 대해서는 45%를 적용한다.

공시가격(시가표준액) 9억 원의 아파트를 1채 보유하고 있다고 하자. 이 아파트의 재산세를 산정하려면 공시가격에 공정시장가액 비율을 곱해야 한다. 원래 주택의 경우 공정시장가액비율이 60%이나, 1세대 1주택이므로 45%를 곱한다. 재산세 과세표준은 4억 500만 원(9억 원×45%)이다. 1세대 1주택자의 재산세 세율을 적용하면 6,000만 원 이하는 0.05%, 6,000만 원에서 1억 5,000만 원은 0.1%, 1억 5,000만 원에서 3억 원은 0.2%, 3억 원 초과에 대해서는 0.35%를 적용하면 다음과 같이 산정된다.

60,000,000원 × 0.05% + 90,000,000원 × 0.1% + 150,000,000원 × 0.2% + 105,000,000원 × 0.35% = 787,500원

공시가격 9억 원 이하인 1세대 1주택자의 세율

구분	과세표준	세율(%)
주택	6,000만 원 이하	0.05
	6,000만 원 초과 1억 5,000만 원 이하	0.1
	1억 5,000만 원 초과 3억 원 이하	0.2
	3억 원 초과	0.35

* 2026년까지 한시적으로 시행

 재산세는 언제 낼까?

재산세는 매년 7월과 9월에 납부한다. 재산세는 자진 신고하는 세금은 아니고 시, 군, 구청 세무과에서 계산해 납부영수증을 보낸다. 납부영수증을 받아서 납부하면 된다. 주택은 7월과 9월에 반반씩 나누어 납부하고 상업용 부동산 건물에 대한 재산세는 7월에, 부수토지에 대한 재산세는 9월에 납부한다. 납부 기한은 다음과 같다.

▌재산세 납부 기한

구분	납부 기한
주택(건물과 부수토지)	매년 7월 16일~7월 31일(세액의 50%), 9월 16일~9월 30일(세액의 50%)
건물(주택 외)	매년 7월 16일~7월 31일
토지(주택의 부수토지 외)	매년 9월 16일~9월 30일

올해 시가표준액이 전년도 비해서 급격하게 상승한 경우 세금 부담을 완화하고자 세부담 상한이라는 제도를 실시한다. 주택 외 부동산의 재산세 산출세액이 직전 연도의 재산세 상당액 150%를 초과하는 경우 150%에 해당하는 금액을 당해 연도에 징수할 세액으로 한다. 주택의 경우 과세표준상한액이라는 제도를 통해 유사하게 세금 부담을 조정하고 있다.

실제 세금 고지서를 받아보면 재산세만 있는 것은 아니다. 취득세도 농어촌특별세와 지방교육세가 있듯 재산세도 지방교육세, 재산세 도시지역분 등이 있다. 재산세에 부가해 납부하는 세금은 다음과 같다.

▌재산세에 부가되는 세액

구분	세율
지방교육세	납부해야 할 재산세액 × 20%
재산세 도시지역분	재산세의 과세표준 × 0.14%
특정 부동산의 지역자원시설세	시가표준액 × (0.04~0.12%) 6단계 초과누진세율

실제 재산세 계산이 쉽지 않기 때문에 개괄적인 과세 방식에 대해서만 살펴보았다. 서울은 ETAX인터넷세금납부시스템(인터넷에서 서울

이택스 입력)에 들어가서 지방세 정보를 클릭하면 지방세 미리 계산 프로그램이 있다. 여기서 대상 부동산의 종류와 시가표준액을 투입하면 재산세와 지방교육세, 도시지역분 등의 세금을 대략 계산할 수 있다.

사실 재산세는 큰 부담이 아니다. 세율도 높지 않고 시장가액인 시세가 아닌 시세보다 훨씬 낮은 시가표준액을 기준으로 계산하고 여기에 공정시장가액을 다시 곱해 과세표준을 계산하기 때문이다.

TIP | **재산세 핵심 포인트**

- 재산세는 6월 1일 현재 보유자가 내는 세금이다. 취득 시기를 조정해 절세할 수 있다.
- 주택에 대한 재산세는 물건별로 따로 계산한다.
- 1세대 1주택자는 공정시장가액 비율 조정 혜택과 세율에 대한 혜택이 있다.

종합부동산세는 누가 내야 할까?

종합부동산세는 매년 6월 1일 현재 소유자가 납부한다. 재산세와 동일하다. 종합부동산세는 일정 기준 금액을 초과하는 부동산 소유자에게 부과하는 세금이다. 아파트를 매각하는 매도인은 6월 1일 이전에 잔금을 수령하는 것이 좋다. 반면 매수인은 6월 2일 이후에 잔금을 치르는 것이 좋다. 6월 2일에 잔금을 지급하고 소유권이전등기를 한다면 그해의 종합부동산세는 매도인이 부담해야 한다.

과세 대상은 주택과 종합합산토지(나대지, 잡종지 등)와 별도합산토지(일반적으로 상업용 부동산의 부수토지)다. 주택을 소유하고 있거나 상업용 부동산의 토지(별도합산토지) 또는 사업에 사용하지 않는 토지(종합합산토지)를 소유하고 있는 자에게 부과하는 세금이다.

재산세는 세율이 낮아 큰 부담이 없으나 종합부동산세는 상대적으로 세율이 높다. 부동산의 보유 수가 많아질수록 세금이 많아진다. 개인별 또는 법인별로 전국에 있는 과세대상 부동산을 합산해 누진세율로 적용하기 때문이다.

참고로 종합부동산세의 담당은 주민등록상 주소지 관할 세무서이고 재산세는 부동산이 위치한 시, 군, 구청에서 담당한다. 따라서 종합부동산세 문의는 구청 직원이 아닌 국세청 직원인 세무공무원에게 해야 한다.

종합부동산세의 과세표준은?

　우선 사람별로 보유하고 있는 부동산의 공시가격을 합산해 일정 금액을 공제한다. 아래의 주택, 토지에 해당하는 공제금액을 각각 차감한다. 주택은 9억 원(1세대 1주택 단독명의자는 12억 원), 종합합산토지는 5억 원, 별도합산토지는 80억 원을 차감한다.

　아파트를 소유하고 있는데, 공시가격이 9억 원이면 종합부동산세가 없다. 또한 상가를 소유하고 있는데, 토지의 공시가격이 80억 원이라면 종합부동산세가 없다. 마찬가지로 보유하고 있는 나대지의 공시가격이 5억 원이라면 종합부동산세가 없다. 각각 공시가격에 공제금액을 차감하면 과세표준이 0원이기 때문에 종합부동산세가 없는 것이다.

▌종합부동산세 과세 대상 및 공제금액

과세 대상		공제금액
주택	인별 전국 합산	9억 원 (1세대 1주택 단독명의자는 12억 원)
종합합산토지 (나대지, 잡종지 등)		5억 원
별도합산토지 (상업용 부동산의 부속 토지 등)		80억 원

　공시가격에서 일정 금액을 공제한 금액에 공정시장가액비율을 곱해 과세표준을 산정하고 세율을 곱해서 산출한다. 주택은 60% 비율을 곱해서 과세표준을 산정하고 토지는 100%를 곱해서 과세표준을 산정한다.

▍주택분 종합부동산세 과세표준

구분	과세표준
1세대 1주택자 (단독명의)	(주택공시가격 합산 금액 - 12억 원) × 60% → 12억 원 초과 시부터 과세
다주택자	(주택공시가격 합산 금액 - 9억 원) × 60% → 9억 원 초과 시부터 과세

▍토지분 종합부동산세 과세표준

구분	과세표준
종합합산과세 대상 토지	(공시가격 합산 금액 - 5억 원) × 100% → 5억 원 초과 시부터 과세
별도합산과세 대상 토지	(공시가격 합산 금액 - 80억 원) × 100% → 80억 원 초과 시부터 과세

　　종합부동산세는 개인별 과세대상별로 각각 공시가격을 합산해 각각 공제금액 차감 후 공정시장가액 비율을 곱해서 과세표준을 산정한다. 항상 세율을 적용하기 전 금액을 과세표준이라고 한다. 다른 세금도 동일하다.

　　과세표준을 구한 다음 세율을 적용해 종합부동산세를 계산한다. 주택과 종합합산토지와 별도합산토지에 대해서 재산세를 한번 납부하고 또 종합부동산세를 납부하면 이중과세가 아닌지 궁금증이 생기는데, 이중과세가 맞다. 이러한 이중과세를 조정하기 위해서 종합부동산세에 일정 금액의 재산세를 차감한다.

❙ 주택분 종합부동산세 세율

과세 대상	공정시장 가액비율 (%)	과세표준	세율(%)	
			2주택 이하	3주택 이상
주택	60	3억 원 이하	0.5	0.5
		3억 원 초과~6억 이하	0.7	0.7
		6억 원 초과~12억 원 이하	1	1
		12억 원 초과~25억 원 이하	1.3	2
		25억 원 초과~50억 원 이하	1.5	3
		50억 원 초과~94억 원 이하	2	4
		94억 원 초과	2.7	5

❙ 토지분 종합부동산세 세율

과세 대상	공정시장 가액비율 (%)	과세표준	세율(%)
종합합산토지 (나대지, 잡종지 등)	100	15억 원 이하	1
		15억 원 초과~45억 원 이하	2
		45억 원 초과	3
별도합산토지 (상업용 부동산의 부속 토지 등)	100	200억 원 이하	0.5
		200억 원 초과~400억 원 이하	0.6
		400억 원 초과	0.7

재산세와 마찬가지로 종합부동산세도 부가되는 세금이 있다. 납부 영수증을 받아보면 농어촌특별세란 세금이 함께 있다. 종합부동산세 액의 20%에 해당하는 농어촌특별세도 함께 납부해야 한다.

서울 강남에 아파트 2채를 소유하고 있다. 2채 모두 단독명의이고 A아파트의 공시가격은 20억 원, B 아파트의 공시가격은 10억 원이다. 이 경우 종합부동산세를 계산해 보자.

우선 2채의 아파트 공시가격을 합산한다. 합산한 금액이 30억 원이다. 다음으로 공제금액 9억 원을 차감한다. 1세대 1주택 단독명의의 주택을 보유한 자가 아니므로 9억 원을 적용한다. 공제금액을 차감한 금액이 21억 원이다. 21억 원에 공정시장가액 비율인 60%를 곱한다. 이렇게 과세표준 12억 6,000만 원을 산정했다. 과세표준에 종합부동산세 누진세율을 단계적으로 곱하면 산출세액이 나온다. 산출세액에서 재산세 중복 금액을 차감하면 최종적으로 종합부동산세 764만 5,973원으로 계산된다. 종합부동산세에 부가되는 세금이 농어촌특별세이다. 종합부동산세와 농어촌특별세를 합하면 917만 5,167원이 산정된다.

구분	금액(원)	비고
종부세 공시가격 합산	3,000,000,000	A, B의 공시가격 합산
공제 금액	900,000,000	9억 원 공제
종부세 과세표준	1,260,000,000	21억 원 × 60%
종합부동산세 산출세액	10,380,000	3억 원 × 0.5% + 3억 원 × 0.7% + 6억 원 × 1% + 6,000만 원 × 1.3%
재산세 중복분	2,734,027	중복되는 재산세 일정 금액
재산세 중복분 차감 후 종합부동산세 세액	7,645,973	
농어촌특별세	1,529,195	종합부동산세의 20%
납부할 세액	9,175,167	종합부동산세 + 농어촌특별세

종합부동산세를 계산할 수 있는 프로그램이 있을까?

재산세와 마찬가지로 종합부동산세도 세금 계산이 쉽지는 않다. 개괄적인 과세 프로세스만 살펴보고 계산은 국세청 홈택스 모의 계산 서비스 프로그램을 통해서 할 수 있다. 또는 부동산계산기라는 사이트를 통해서 계산할 수 있다. 인터넷포털에 부동산계산기라고 입력하면 쉽게 찾을 수 있다. 공시가격을 투입하면 종합부동산세와 농어촌특별세를 계산할 수 있다.

공동으로 취득하면 종합부동산세 절세 효과가 있을까?

종합부동산세는 부부 합산, 가족 합산을 하지 않고 개인별로 과세한다. 계산은 전부 개인별로 전국의 부동산을 합산해 상기의 공제금액을 차감하고 공정시장가액비율(세법에서 별도의 비율을 정한다)을 곱한다. 그러니 단독으로 취득하는 것보다 공동으로 취득하면 금액이 분산되므로 종합부동산세의 절세 효과가 있다.

주택에 대한 재산세는 물건별로 계산하고 공동으로 소유하고 있다면 재산세를 소유 비율로 나누어 각자 납부할 세금을 계산한다. 즉, 단독으로 하든 공동으로 하든 주택에 대한 재산세 총 세금은 동일하다. 따라서 공동으로 소유하더라도 재산세는 절세 효과가 없다.

법인 명의로 주택을 취득하면 종합부동산세의 불이익은 없을까?

　법인 명의로 취득하는 경우에는 종합부동산세의 세율을 중과한다. 주택 투기를 방지하는 차원에서의 제재로 공시가격에서 기본공제 9억 원 차감하는 것을 적용하지 않는다. 또한 세율도 단일세율로 적용하므로 법인의 종합부동산세 부담이 상당하다.

▌**법인의 주택 보유 시 종합부동세 세율**

구분	세율(%)
2주택 이하	2.7(기본 공제 9억 원 없음)
3주택 이상	5(기본 공제 9억 원 없음)

종합부동산세는 언제 내야 할까?

　종합부동산세는 매년 12월 1일에서 12월 15일까지 주소지 관할세무서에서 집으로 납부영수증을 보낸다. 세무서에서 계산한 세액을 매년 12월 15일까지 납부하면 된다. 납부영수증이 집으로 오면 납부하면 되는데, 직접 본인이 계산해 12월 15일까지 신고하고 납부할 수도 있다. 내야 할 세금이 250만 원을 초과할 경우 6개월 이내에 분납도 가능하다.

▍종합부동산세 납부 기한

구분	납부 기한
원칙: 고지납부	12월 1일~12월 15일에 고지된 세액을 납부
예외: 신고·납부	12월 1일~12월 15일에 납세의무자가 신고·납부
분납	납부할 세액이 250만 원을 초과할 경우 납부 기한 경과 후 6개월 이내에 나누어 낼 수 있음 • 납부할 세액이 250만 원 초과~500만 원 이하일 경우: 250만 원을 초과하는 금액 • 납부할 세액이 500만 원을 초과하는 경우: 50% 이하의 금액

세부담 상한선이란?

공시가액이 전년도 비해 급등하는 경우 세금 부담이 될 수 있다. 이에 부과된 종합부동산세 상당액의 합계액이 직전 연도에 부과된 세액에 일정 금액을 초과하는 경우 없는 것으로 한다. 즉, 당해 연도에 부과할 수 있는 최대 금액인 상한선이다. 현행 세법은 주택과 토지 모두 150%가 상한선이다.

1세대 1주택자의 종합부동산세 혜택은?

1세대 1주택자 단독명의로 주택을 소유하고 있는 경우 다음과 같은 혜택이 있다. 첫 번째, 공제금액을 9억 원을 적용하는 것이 아니라 12억 원을 적용한다. 두 번째, 장기보유에 대한 세액공제와 연령에 따른 세액공제를 적용한다. 세액공제는 산출된 종합부동산세에서 차감하는 것을 말한다. 2가지 세액공제를 합산하면 최대 80%까지 공제를

▍주택 종합부동산세 세액공제

구분	내용
장기보유세액공제	보유기간 5년 이상~10년 미만: 20%
	보유기간 10년 이상~15년 미만: 40%
	보유기간 15년 이상: 50%
노령자세액공제 (만 60세 이상자)	만 60세 이상~65세 미만: 20%
	만 65세 이상~70세 미만: 30%
	만 70세 이상: 40%

* 합해 최대 80%까지 적용함

받을 수 있다. 종합부동산세액에서 장기보유세액공제와 노령자세액공제를 차감해 최종적으로 종합부동산세를 계산한다.

가령 60세가 넘는 분이 20년 동안 아파트를 보유하고 있다면 장기보유세액공제 50%와 노령자세액공제 20%를 적용해 총 70%의 세액공제를 적용한다. 만약 세액공제 전 종합부동산세가 200만 원이라면 장기보유세액공제 100만 원(200만 원 × 50%)과 노령자세액공제 40만 원(200만 원 × 20%)을 합산 총 140만 원의 세액공제를 받을 수 있다. 2가지 세액공제를 적용하면 납부해야 할 종합부동산세는 60만 원으로 줄어든다.

🔍 부부 공동명의 주택인 경우 종합부동산세는 어떻게 계산할까?

종합부동산세는 사람별로 계산한다. 사람별로 주택 공시가격을 합산해 누진세율로 계산하므로 일반적으로 단독명의보다 공동명의가 유리하다. 아파트 공시가격이 18억 원인 주택을 보유하고 있다고 하자.

50%씩 부부 공동명의인 경우 각자의 공시가격은 9억 원이다. 남편의 경우 과세표준은 0원((18억 원 × 50% - 9억 원) × 60%)이므로 납부할 종합부동산세는 없다. 부인도 마찬가지다.

9억 원 공제도 각각 적용하고 누진세율도 각각 적용하므로 일반적으로 공동명의가 유리하다. 다만, 주택의 공시가격이 높은 경우에는 다를 수 있다. 1세대 1주택 단독명의인 경우 장기보유세액공제와 노령자세액공제를 적용할 수 있기 때문이다. 이런 이유로 부부 공동명의라 하더라도 매년 9월 16일부터 9월 30일까지 신청하면 단독명의인 것처럼 종합부동산세를 계산해 부과받을 수 있다. 지분이 높은 자의 단독명의인 것처럼 계산하는 것이다. 다만, 지분이 동일하면 부부 합의에 의해서 한 사람을 지정할 수 있다.

모두 나이가 60세 이상인 부부가 과세기준일 현재 공시가격이 40억 원 아파트를 공동으로 20년간 보유하고 있다고 하자. 공동명의로 종합부동산세를 계산한 경우와 단독명의로 종합부동산세를 신청한 경우 세금 부담을 비교해 보자. 공동명의인 경우 종합부동산세는 남편의 경우 346만 3,200원이다. 부인과 합산하면 총 692만 6,400원이다. 단독명의 종합부동산세 계산을 신청하면 총 461만 3,760원이다. 주택의 공시가격이 높고 보유기간이 오래됐으며, 나이가 60세 이상인 경우에는 꼭 세금 비교를 해야 한다. 예시처럼 공동명의로 하는 것보다 단독명의 종합부동산세 계산 신청을 해 부과받는 것이 절세 효과가 있다.

▌공동명의 시 1인의 종합부동산세

구분	금액(원)	비고
종부세 공시가격	2,000,000,000	40억 원의 50%
공제금액	900,000,000	9억 원 공제
종부세 과세표준	660,000,000	11억 원 × 60%
종합부동산세 산출세액	4,200,000	
재산세 중복분	1,314,000	중복되는 재산세 일정 금액
재산세 중복분 차감 후 종합부동산세 세액	2,886,000	
농어촌특별세	577,200	종합부동산세의 20%
납부할 세액	3,463,200	종합부동산세 + 농어촌특별세

▌단독명의 신청 시 종합부동산세

구분	금액(원)	비고
종부세 공시가격	4,000,000,000	
공제금액	1,200,000,000	1세대 1주택 단독명의 신청
종부세 과세표준	1,680,000,000	(40억 원 - 12억 원) × 60%
종합부동산세 산출세액	15,840,000	
재산세 중복분	3,024,000	
재산세 중복분 차감 후 종합부동산세 세액	12,816,000	
장기보유세액공제	6,408,000	20년 보유 50%
노령자세액공제	2,563,200	60세 20%
세액공제 차감 후 종합부동산세액	3,844,800	
농어촌특별세	768,960	종합부동산세의 20%
납부할 세액	4,613,760	

1세대 1주택을 계산할 때 주택 수에 산입하지 않는 경우도 있을까?

1세대 1주택을 계산할 때 일정 요건을 충족하는 경우 주택 수에서 제외하는 주택이 있다. 주택임대의 활성화를 위해 1주택 외에 법정임대주택(수도권 공시가격 6억 원 이하, 비수도권 공시가격 3억 원 이하 등)을 보유한 경우로 법정임대주택 외의 1주택에 주민등록이 돼 있고 실제 거주하는 경우에는 1세대 1주택으로 본다.

노부모(60세 이상)를 동거봉양하기 위해 세대를 합가하는 경우에는 합가한 날부터 10년 동안, 혼인으로 세대를 합가하는 경우 혼인한 날부터 10년 동안은 각각 1세대로 보아 주택 수를 계산한다. 일시적 2주택인 경우 신규 주택을 취득하고 종전 주택을 신규 주택 취득일로부터 3년 이내에 양도하는 경우 1세대 1주택으로 본다.

또한 아래의 요건을 충족하는 경우 1세대 1주택으로 본다. 합산배제 임대주택을 제외한 상속 주택, 일시적 2주택, 지방 소재 저가 주택 등은 1세대 1주택 판정 시 주택 수에서 제외되나 과세표준에는 합산된다. 즉, 1세대 1주택자의 혜택은 받을 수 있으나 종합부동산세 계산 시 포함된다는 의미다.

❙ 1세대 1주택에서 제외되는 주택

① 법정 상속 주택(기간에 제한 없음): 지분율이 40% 이하이거나 지분율에 상당하는 주택 공시가액이 6억 원 이하(수도권 밖은 3억 원)인 경우
② 일반 상속 주택(상속개시일로부터 5년간 제외)
③ 지방 소재 저가 주택: 공시가격 4억 원 이하이면서 수도권 및 광역시, 특별자치시(광역시의 군, 읍, 면 지역 제외)에 해당하지 않는 지역 소재 주택
④ 1주택과 다른 주택의 부수토지: 1주택(주택의 부속토지만을 소유한 경우는 제외한다)과 다른 주택의 부속토지(주택의 건물과 부속토지의 소유자가 다른 경우의 그 부속토지를 말한다)를 함께 소유하고 있는 경우
⑤ 위 ①, ②의 상속 주택은 여러 채가 있어도 1세대 1주택 판정 시 주택 수에서 제외하나 지방 저가 주택은 1채만 인정된다. 가령, 서울에 1채가 있고 지방 저가 주택이 2채 있는 경우 1세대 1주택 종합부동산세 혜택을 받을 수 없다.
⑥ 일정 요건을 충족하는 비수도권 미분양주택(조특법 98의2) 등이 있는 경우

법정 요건(수도권 공시가격 6억 원 이하, 비수도권 공시가격 3억 원 이하 등)을 충족한 임대주택은 종합부동산세 과세표준에 합산의 대상이 되는 주택의 범위에 포함되지 않는다. 합산배제란 종합부동산세를 과세하지 않겠다는 의미이다.

합산배제 대상인 임대주택 등을 보유한 납세의무자는 해당 연도 9월 16일부터 9월 30일까지 해당 주택의 보유 현황을 관할 세무서장에게 신고해야 한다. 다만, 2018년 9월 14일 이후 조정 지역에서 취득하는 법정주택은 주택임대사업자 등록을 해도 종합부동산세 합산배제(종합부동산세를 과세하지 않음)를 적용하지 않는다. 하지만, 2018년

9월 14일 이후 조정 지역일 때 취득한 주택을 임대사업자 등록을 하여 종합부동산세를 납부하던 주택이 납부 대상연도 6월 1일 현재 조정 지역에서 해제된 경우에는 합산배제(종합부동산세를 과세하지 않음)를 신청할 수 있다[서면부동산2022-5052(2023.03.02.)].

TIP | 종합부동산세 핵심 포인트

- 종합부동산세는 6월 1일 현재 보유자가 내는 세금이다. 취득 시기를 조정해 절세할 수 있다.
- 주택에 대한 종합부동산세는 사람별로 주택의 공시가격을 합산해 계산하므로 일반적으로 단독명의보다 공동명의가 유리하다.
- 1세대 1주택 단독명의자는 공제금액에 대한 혜택과 세액공제에 대한 혜택이 있다.
- 주택이 부부 공동명의인 경우 단독명의 종합부동산세 계산 신청을 고려할 수 있다.

부동산 매매 시 내는 양도소득세

주택을 매매할 때 내야 할 세금이 양도소득세다. 다른 부동산과 달리 주택은 양도할 때 파격적인 세금 혜택을 받을 수 있다. 바로 1세대 1주택자가 주택을 양도하는 경우다. 파산선고로 부동산의 매매, 농지의 교환 등에 해당하는 부동산 매매에 대해서도 양도소득세 비과세 혜택이 있으나 현실적으로 잘 발생하는 거래가 아니다.

주택에 대한 양도소득세는 상업용 부동산의 양도소득세와 거의 동일하다. 양도소득세에 대한 일반적인 내용은 상업용 부동산 부분에서 다루기로 하고 간단히 계산구조를 살펴보면 아래와 같다.

양도가액에서 취득가액을 차감하고 매매 시 발생한 경비 등을 차감해 실제 아파트 매매로 인한 양도차익을 계산한다. 양도차익에서 장기보유특별공제를 차감한다. 장기보유특별공제는 부동산의 특성상 장기간 보유에 대한 물가상승분에 대한 이익이 있으므로 특별히 공제를 해준다. 장기보유특별공제를 차감한 뒤 양도소득금액을 계산하고 기본공제인 250만 원을 차감해 과세표준을 구한다. 항상 모든 세금에서 과세표준은 세율을 적용하기 전 금액이라고 보면 된다. 양도소득세율의 기본세율은 6~45%다. 계단식으로 적용해 양도소득세를 산정한다. 양도소득세에 10%(약식)를 곱한 금액인 지방소득세가 있다. 최종적인 양도에 대한 세금은 양도소득세와 지방소득세를 합한 금액이다.

▌양도소득세 계산 과정

계산구조	주요 내용
양도가액 (-) 취득가액 (-) 필요경비	• 실지거래가액에 의해 계산 • 실지거래가액 또는 환산가액에 의해 계산 • 개산공제(3%) 또는 실제 필요경비

양도차익
(-) 장기보유특별공제
	• 3년 이상 보유한 부동산에 한함
	  - 일반 부동산 매년 2%(30% 한도)
	  - 1세대 1주택인 고가주택 [4% × 보유기간 + 4% × 거주기간]
	  (80% 한도)

양도소득금액 (-) 기본공제	연간 250만 원 공제
과 세 표 준 (×) 세율	기본세율(6~45%), 중과세율
산출세액	
납부할 세액	납부할 세금이 1,000만 원 초과 시 2개월 이내 분납 가능
지방소득세	양도소득세의 10%

▌양도소득세 기본세율(8단계 초과 누진세율)

과세표준	세율(%)	누진공제액(원)
1,400만 원 이하	6	-
1,400만 원 초과~5,000만 원 이하	15	1,260,000
5,000만 원 초과~8,800만 원 이하	24	5,760,000
8,800만 원 초과~1억 5,000만 원 이하	35	15,440,000
1억 5,000만 원 초과~3억 원 이하	38	19,940,000
3억 원 초과~5억 원 이하	40	25,940,000
5억 원 초과~10억 원 이하	42	35,940,000
10억 원 초과	45	65,940,000

1세대 1주택자가 주택을 양도할 경우 2가지 혜택이 있다. 첫 번째, 양도가액이 12억 원 이하일 경우 비과세다. 즉, 세금이 없다는 것이다. 두 번째, 장기보유특별공제 우대 공제이다. 1세대 1주택자가 주택을 양도할 때 양도가액이 12억 원이 초과하면 초과하는 부분에 대해서만 양도소득세가 있고, 장기보유특별공제는 우대 공제를 한다. 각각 요건이 다르다. 이에 주택에 대한 양도소득세는 1세대 1주택자의 혜택을 위주로 보고자 한다.

🔍 주택을 매각할 때 중과세율이 있을까?

보유기간이 2년 이상인 부동산의 경우 8단계 초과누진세율을 적용한다. 단기간 양도를 하면 중과세율을 적용한다. 주택의 경우 중과세율이 굉장히 세다. 1년 미만 보유하고 양도하면 70%의 세율을 적용하고 1년 이상 2년 미만 보유하고 양도하면 60%의 중과세율이 적용된다. 주택분양권의 경우 1년 미만 70%, 1년 이상은 60%의 세율을 적용한다. 주택분양권 전매를 규제하기 위해 2년 이상 보유하더라도 지역과 관계없이 중과세율을 적용한다.

1세대 2주택 이상의 다주택자가 조정 지역(현재는 강남구, 서초구, 송파구, 용산구)의 주택을 양도하면 중과세율이 적용되나, 2026년 5월 9일까지 양도하는 주택에 대해서는 중과세율을 적용하지 않는다. 연장될 가능성도 있다. 표로 요약하면 다음과 같다.

▎보유기간에 따른 양도소득세율

자산 구분	보유기간	세율
주택, 조합원 입주권, 분양권	보유기간 1년 미만	주택 및 조합원입주권: 70%
	보유기간 1년 이상~2년 미만	주택 및 조합원입주권: 60%
	보유기간 2년 이상	기본세율(8단계 초과 누진세율)
	주택분양권(지역 불문)	1년 미만: 70% 1년 이상: 60%
	1세대 2주택에 해당하는 조정 지역 주택	중과세율(기본세율+20%)
	1세대 3주택에 해당하는 조정 지역 주택	중과세율(기본세율+30%)

* 다주택자 중과세율은 2026년 5월 9일까지 양도분에 대해서는 유예(연장 가능성 있음)
* 상속으로 취득한 경우에는 피상속인의 취득일 기준으로 세율을 적용함

 1세대 1주택 비과세란?

양도소득세의 가장 큰 절세는 무엇일까? 세금 자체가 없는 것이다. 이것을 양도소득세 비과세라고 한다. 주택 양도소득세의 최고 절세 포인트다. 일정 요건을 충족하면 세금이 없다. 법문을 그대로 옮겨보겠다.

"양도 당시 거주자인 1세대가 양도일 현재 국내에 하나의 주택(양도가액 12억 원 초과인 고가주택 제외)만을 보유하고 있는 경우로서 당해 주택의 보유기간이 2년 이상(취득 당시 조정 지역의 주택을 2017.8.3. 이후 취득한 자는 2년 이상 거주해야 함)인 경우에는 양도소득세가 과세되지 않는다."

1세대 1주택 양도소득세 혜택은 국내에 거주하는 거주자만 받을 수 있다. 세법상 거주자의 개념은 조금 복잡하지만 일반적으로 국내에 주로 거주하는 사람을 말하고, 해외에 주로 거주하는 사람을 비거주자라

고 한다. 해외에 거주하는 비거주자는 혜택을 받을 수 없고 국내에 거주하는 거주자만 양도소득세 혜택을 받을 수 있다. 미국 LA에 살고 있는 A씨가 서울에 있는 주택을 양도하면 1주택이더라도 양도소득세 세금 혜택을 받을 수 없다.

 ## 1세대 1주택에서 1세대란?

세대란 본인과 배우자가 동일한 주소 또는 거소에서 그들과 함께 생계를 같이하는 가족을 말한다. 이때 가족의 범위에는 본인의 직계비속(자녀의 배우자 포함), 본인의 직계존속, 배우자의 직계존속, 본인의 형제자매, 배우자의 형제자매를 말한다. 가령, 장인, 장모, 처남, 처제, 사위, 며느리까지 포함한다. 그러나 형의 아내(형수), 누나의 남편(매형)은 함께 살고 있어도 1세대의 범위에 포함하지 않는다. 사례를 보자.

❙ 1세대의 범위

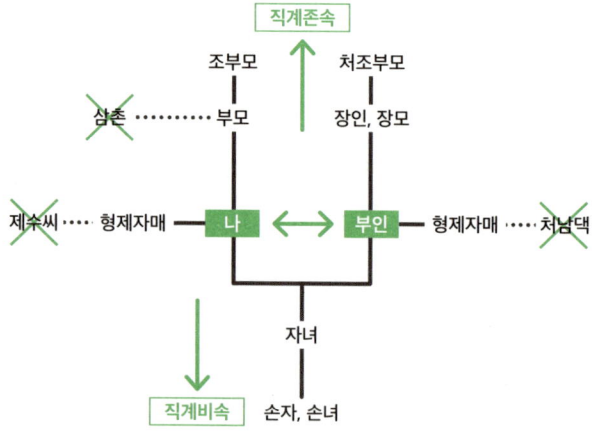

94

Q. 나와 아들 내외는 내 집에 함께 살고 있다. 내가 집이 1채, 며느리가 1채 있다. 며느리 집을 팔 때 1세대 1주택 혜택을 받을 수 있는가?

A. 주택을 파는 며느리 기준으로 세대 주택 수를 계산해야 한다. 며느리의 입장에서 보면 나는 아들의 직계존속이다. 즉, 며느리 기준으로 자기 배우자의 직계존속 주택도 포함해야 하므로 1세대 2주택이다. 혜택이 없다.

Q. 나는 형과 함께 형수의 집에 살고 있다. 내가 집이 1채, 형수가 1채 있다. 내 집을 팔 때 1세대 1주택 혜택을 받을 수 있는가?

A. 주택을 파는 내 입장에서 형수는 세대의 범위에 포함하지 않는다. 1세대 1주택이다. 혜택이 있다.

세대의 범위에 몇 가지 주의해야 할 점이 있다. 가령, 양도소득세 절세를 위해 위장 이혼하는 경우가 있다. 부부가 각각 1채씩 소유해 1세대 2주택인 경우 세금 혜택이 없으니 이혼해서 각각 1세대 1주택으로 만드는 것이다. 이 경우 법률상 이혼을 했으나 실제로 함께 살고 있는 것이 밝혀지면 같은 세대로 보아 1세대 2주택으로 적용한다. 이혼만 하면 모든 것이 해결된다는 식의 절세 상담은 매우 위험하다. 또한 세대의 범위에는 취학, 질병의 요양, 근무상 또는 사업상 형편으로 일시적으로 퇴거한 사람도 포함한다.

🏠 1세대를 구성하기 위한 요건은?

단순히 주민등록상 주소를 옮기면 세대가 분리되는 것은 아니다. 1세대를 구성할 수 있는 요건이 있다. 다음 요건을 충족하고 실제 이사를 해 따로 산다면 별도 세대로 인정된다. 독립된 세대를 이루려면 결혼해서 배우자가 있어야 한다. 다만, 배우자가 없어도 1세대를 이룰 수 있는데, 가령 30세 미만(만 나이를 말함. 세법에서 나이는 항상 만 나이를 기준으로 함)이고 독립된 생계를 유지하는 경우 배우자가 없어도 1세대가 될 수 있다.

양도소득세에서 세대 분리의 요건은 생각보다 까다롭다. 많은 사람이 놓치는 부분인데, 세대 분리에서 가장 중요한 요소는 독립된 생계를 할 수 있는 요건이다. 독립된 생계는 자력으로 생활한다는 의미다. 과거 판례를 살펴보면 독립된 생계를 할 수 있다는 전제가 꼭 필요하다. 부모님에게 용돈 및 생활비, 주거비용 등을 지원받으면 독립된 생계를 할 수 없기에 세대 분리를 할 수 있는 자격이 없다. 독립된 생계가 가능하다는 전제하에 결혼을 했거나(결혼 후 이혼 또는 사별한 경우 포함), 배우자가 없는 경우에는 나이가 30세 이상이거나 30세 미만인 경우 반복적 소득이 있어 자력으로 생활이 가능한 경우 세대 분리를 할 수 있다. 구체적 요건은 다음과 같다.

▌배우자가 없어도 독립된 세대로 인정 가능한 경우

① 배우자가 사망하거나 이혼한 경우
② 당해 거주자의 연령이 30세 이상인 경우
③ 12월간 경상적, 반복적 소득[사업소득, 근로소득, 기타소득(저작권 수입, 강연료 등 인적용역의 대가만 포함)]이 『국민기초생활보장법』에 의한 기준 중위소득(25년 기준 1인 가구 중위소득 월 239만 원)을 12개월로 환산한 금액의 40% 이상으로서 소유하고 있는 주택 또는 토지를 관리, 유지하면서 독립된 생계를 유지할 수 있는 경우. 다만, 미성년자의 경우를 제외하되, 미성년자의 결혼, 가족의 사망 등의 사유로 1세대의 구성이 불가피한 경우에는 그러하지 아니하다.

🔍 양도일 기준

양도일 현재 1세대 1주택이어야 한다. 3주택인 자가 차례로 2주택을 먼저 팔고 남은 1채를 팔 때는 1세대 1주택 양도소득세 혜택을 받을 수 있다. 1세대 1주택의 시점은 양도일 현재가 기준이기 때문이다.

🔍 주택을 팔기 전에 주소를 잠깐 이전하면 안 될까?

세대의 범위에 대해서 법문 그대로 표현하면 다음과 같다.

"1세대란 거주자 및 그 배우자가 그들과 같은 주소 또는 거소에서 생계를 같이 하는 자[거주자 및 그 배우자의 직계존비속(그 배우자를 포함) 및 형제자매를 말하며, 취학, 질병의 요양, 근무상 또는 사업상의 형편으로 본래의 주소 또는 거소에서 일시 퇴거한 사람을 포함]와 함께 구성하는 가족 단위를 말한다."

세대의 범위에는 취학, 질병의 요양, 근무상 또는 사업상 형편으로 일시적으로 퇴거한 사람을 포함한다. 최근에 이런 상담을 받았다. 본인은 취업한 아들과 함께 살고 있고 각각 1채씩 있는데, 각각 1세대 1주택을 만들기 위해 양도 직전(잔금 지급일) 세대 분리하고 아들 집을 팔았다. 1세대 1주택으로 양도소득세 신고 후 한 달 뒤 다시 합가했는데, 문제가 없냐는 문의다. 이 경우에는 조만간 세무조사를 받을 가능성이 매우 높다. 세대 범위 규정에 일시 퇴거한 경우도 포함한다고 돼 있다. 한 달 정도 일시 퇴거 목적으로 나가서 산 것으로 보아 1세대 2주택으로 과세될 가능성이 매우 높다. 일시적인 퇴거 기간이 몇 개월

인지 법에 명확하게 나와 있지 않지만 1년 정도는 따로 세대를 분리해 살고 그 후 다시 합치는 것이 안전하다.

 ## 국내에 하나의 주택

양도일 현재 국내에 하나의 주택이 있는 경우에만 적용한다. 국내 주택의 수를 기준으로 한다. 가령, 서울에 1채, 미국 LA에 1채가 있다. 국내와 해외 주택을 합산하면 2주택이다. 그렇다 하더라도 국내 주택 수만 따지므로 서울에 있는 주택을 양도하면 1세대 1주택 혜택을 받을 수 있다.

 ## 양도가액이 12억 원을 초과하는 경우?

1세대 1주택 양도소득세 비과세는 양도가액이 12억 원 이하인 경우에만 해당한다. 그렇다면 양도가액이 12억 원을 초과하면 어떻게 될까? 양도가액에서 12억 원을 초과하는 비율만큼은 이익으로 보아 세금 계산을 한다. 예를 들어, 취득세 등 부대 비용 포함해서 2억 3,000만 원에 아파트를 취득했는데, 30억 원에 양도했다. 1세대 1주택인 경우 양도차익은 얼마일까?

우선 전체 양도차익을 먼저 계산한다. 30억 원에서 2억 3,000만 원을 차감한 27억 7,000만 원이다. 이 중 양도가액 30억 원에서 12억 원을 초과하는 비율만큼만 차익으로 보아 계산한다. 16억 6,200만 원을 차익으로 보아 계산한다.

> 1세대 1주택 고가주택의 양도차익
>
> (30억 원 − 2억 3,000만 원) × (30억 원 − 12억 원) ÷ 30억 원 = 16억 6,200만 원

　1세대 1주택 고가주택 양도의 장기보유특별공제 우대 공제를 적용한다. 단, 취득 시기와 위치에 불문하고 무조건 2년 이상 거주해야 우대 공제를 적용받을 수 있다. 일반적인 장기보유특별공제는 보유기간×2%를 적용해서 최대 30%까지만 가능하다. 1세대 1주택 고가주택의 장기보유특별공제는 보유기간×4%(최대 40%)+거주기간×4%(최대 40%)를 적용한다. 최대 80%까지 가능하다.

▌1세대 1주택 고가주택 양도 장기보유특별공제

보유기간		3~4년	4~5년	5~6년	6~7년	7~8년	8~9년	9~10년	10년 이상
1주택	합계	24%	32%	40%	48%	56%	64%	72%	80%
	보유	12%	16%	20%	24%	28%	32%	36%	40%
	거주	12%	16%	20%	24%	28%	32%	36%	40%

* 상기의 공제율은 거주기간이 2년 이상인 경우에 적용하며, 보유기간이 3년 이상이고 거주기간이 2년 이상 3년 미만인 경우 거주기간 공제율은 8%를 적용함

1세대 1주택 비과세 적용을 받기 위한 보유기간은?

　1주택 비과세를 받기 위해서는 취득 후 2년 이상 보유해야 한다. 2년 미만 보유 시 단기양도세율(1년 미만 보유: 70%, 1년 이상 2년 미만 보유: 60%)을 적용하므로 최소 2년 이상 보유하는 것이 것이 절세의 지름길이다.

거주요건이 필요한 경우

2017년 발표된 8.2 부동산 대책 이후 조정 지역에 위치한 주택을 취득하는 경우에는 2년 이상 거주해야 한다. 즉, 1주택 비과세를 받기 위해서는 2년 이상 거주요건이 추가된 것이다. 이때 주의해야 할 점은 취득 당시의 기준이다. 조정 지역의 고시는 여러 번 변경돼 현재는 서울특별시의 강남구, 서초구, 송파구, 용산구만 해당한다. 취득 당시에는 조정 지역이었으나 양도 당시에 조정 지역이 해제됐다 하더라도 2년 거주요건이 필요하다.

거주요건은 현재 세대 전원이 거주한 기간만 된다. 다만 취학, 근무상 형편, 질병 요양, 사업상 형편 등으로 세대원 일부가 함께 거주하지 못한 경우 나머지 세대원만 거주요건을 충족해도 인정된다.

보유기간 및 거주기간의 예외 사항

1주택 비과세 혜택은 보유기간과 거주기간의 요건을 충족해야 한다. 다만, 일정한 요건을 충족하는 경우에는 예외가 있다. 즉, 보유기간과 거주기간을 충족하지 못하더라도 1주택 비과세 혜택을 받을 수 있다.

다음의 5가지는 보유기간 및 거주기간과 관계없이 모두 1주택 비과세 혜택을 받을 수 있다.

① 민간건설임대주택이나 공공매입임대주택 또는 공공매입임대주택을 취득해 양도하는 경우다. 해당 주택의 임차일부터 양도일까지의 기간 중 세대 전원(취학, 근무상 형편, 질병 요양의 사유로 세대원 중 일부가

거주하지 못한 경우를 포함)이 5년 이상 거주한 경우 보유기간 및 거주기간의 제한을 받지 않는다.

② 공익사업법 등에 따라 수용되는 경우에는 보유기간 및 거주기간의 제한을 받지 않는다. 국가가 공익목적으로 사업을 하기 위해 소유자의 부동산을 법률에 따라 강제로 매각하는 경우이므로 혜택을 주자는 취지다. 또한 수용일로부터 5년 이내에 양도하는 그 잔존주택 및 부수토지도 보유기간 및 거주기간의 제한을 받지 않는다.

③ 해외이주법에 따른 해외 이주로 세대 전원이 출국하는 경우이다. 다만, 출국일 현재 1주택을 보유하고 있어야 하고 출국일로부터 2년 이내에 양도해야 한다. 세대 전원이 출국하는 경우 출국일 이후부터는 일반적으로 비거주자가 된다. 양도 당시 비거주자인 경우 1주택 비과세 혜택을 받을 수 없다. 해외 이주로 인해 비거주자 신분으로 전환되는 경우에는 예외 사항을 적용한다.

출국 후 2년 이내에 양도하는 경우 비거주자라 하더라도 1주택 비과세 혜택을 받을 수 있다. 다만, 장기보유특별공제는 우대 공제 대신 일반공제를 적용한다. 거주자인 경우에는 1세대 1주택 고가주택의 경우 양도가액 기준으로 12억 원까지는 비과세를 받고 12억 원 초과에 대해서는 과세를 하고 장기보유특별공제도 보유 및 거주기간별로 연 4%씩 최대 80%(10년)까지 가능하다. 그러나 해외이주법에 따른 해외 이주로 비거주자인 상태에서 출국 후 2년 이내에 양도하는 것에 대해서는 1주택 비과세를 적용받을 수 있으나 장기보유특별공제는 일반공제(연 2%씩 최대 30%)를 적용한다.

해외이주법에 따른 해외 이주는 크게 3가지이다. 첫째가 혼인, 약혼 또는 친족에 의한 연고 이주다. 둘째, 외국 기업의 국외 취업 등에 따른 무연고 이주가 있다. 마지막으로 출국 당시에는 해외 이주 목적(어학연수 등)이 아니었으나 해외에 체류하다 보니 영주권을 취득해 현지 이주가 되는 경우다. 현지 이주는 국내에서 해외 이주 신고 및 거주 여권을 발급받지 않은 사람이 국내에서 일반여권으로 출국해 해외에서 체류하던 중 체류국의 영주권을 받고 주소지를 관할하는 재외공관에서 거주 여권을 발급받은 자를 말한다.

첫 번째와 두 번째인 연고 이주와 무연고 이주는 실제 출국하는 날(최초로 해외로 떠난 날) 기준으로 2년 이내에 양도해야 한다. 세 번째인 현지 이주는 영주권을 취득한 날을 출국일로 규정한다. 따라서 실제 해외로 나가서 체류하고 있다가 영주권을 취득해 현지 이주가 되면 영주권을 취득한 날로부터 2년 이내에 양도해야 한다. 출국할 예정이라면 미리 양도에 대한 계획을 세울 필요가 있다.

④ 1년 이상 국외 거주를 필요로 하는 근무상 형편, 취학(고등학교 이상)으로 세대 전원이 출국하는 경우다. 다만, 출국일 현재 1주택을 보유하고 있어야 하고 출국일로부터 2년 이내에 양도해야 한다. 세대 전원이 출국하는 경우 출국일 이후부터는 일반적으로 비거주자가 된다. 양도 당시 비거주자인 경우 1주택 비과세 혜택을 받을 수 없다. 그러나 1년 이상 국외 거주가 필요한 근무상 형편, 취학으로 비거주자 신분으로 전환되는 경우에는 예외 사항을 적용한다.

출국 후 2년 이내에 양도하는 경우 비거주자라 하더라도 1주택 비과세 혜택을 받을 수 있다. 다만, 고가주택의 경우 12억 원 초과에 대해서만 과세하고 장기보유특별공제는 우대 공제 대신 일반공제를 적용한다.

⑤ 근무상 형편, 질병 요양, 취학(고등학교 이상), 학교폭력 피해로 인한 부득이한 사유로 1년 이상 거주하던 주택을 양도하고 세대원 전원이 다른 시, 군 지역으로 이전하는 경우 보유기간 및 거주기간의 제한을 받지 않는다. 여기서 주의해야 할 내용이 있는데, 근무상 형편으로 현 주소지에서 통상 출퇴근이 불가능해 출퇴근이 가능한 다른 시, 군 지역으로 세대 전원이 이사해야 한다. 즉, 근무지의 여건 및 교통수단, 출퇴근에 소요되는 시간, 비용 등의 이사를 할 수밖에 없었다는 이유가 있어야 한다. 가령, 서울에 살고 있는 사람이 이직으로 부산으로 근무지가 변경되면서 1년 이상 거주했던 서울 주택을 양도하는 경우 1주택 비과세 혜택을 받을 수 있다.

상기 규정을 적용받으려면 세대 전원이 전입, 이사를 해야 하는데, 당사자 외의 세대원 중 일부가 다른 시, 군 지역으로 함께 전입, 이사하지 못한 경우가 근무상 형편, 취학(고등학교 이상), 사업상의 형편 등이면 당사자와 함께 주소를 이전하지 못한 경우에도 적용받을 수 있다.

주의해야 할 요건이 또 하나 있다. 근무상 형편 등 부득이한 사유는 종전 주택 취득일 이후에 발생해야 한다. 가령, 서울 강남에 종전 주택을 취득하고 1년 이상 거주하고 있는데, 그 후에 부산에 발령 난 경우다. 만약 부산으로 발령이 확정되고(회사 공문서 등을 통해 1년 5개월 뒤에 전근 발령일자라고 가정함) 서울 강남 종전 주택을 구입하고 1년 이상 거주 후 부산으로 전근 가는 경우에는 적용하지 않는다.

▌근무처 변경 인정 심판례

성남시 > 서울 영등포구(조심 2008서 3904, 2009.7.19.)

서울 광진구 > 구리시(대법 96누16391, 1997.4.8.)

서울시 > 부천시(국심 1991서 1386, 1991.10.25.)

성남시 > 서울시(국심 1993서 296, 1993. 5.21)

▌보유기간 및 거주기간의 제한을 받지 않는 경우

① 민간건설임대주택이나 공공매입임대주택 또는 공공매입임대주택을 취
   득해 양도하는 경우로서 해당 주택의 임차일부터 양도일까지의 기간 중
   세대 전원이 거주기간이 5년 이상인 경우

② 주택 및 그 부수토지가 공익사업법률 등에 의해 수용되는 경우(협의양
   도 또는 수용일로부터 5년 이내에 양도하는 잔존주택 및 그 부수토지
   포함)

③ 해외 이주로 세대 전원이 출국해 2년 이내에 양도하는 경우(출국일 현
   재 1주택을 보유하고 있는 경우로서 출국일로부터 2년 이내에 양도하
   는 경우에 한한다. 또한 고가주택의 경우 장기보유특별공제는 2%의 배
   수를 적용한다.)

④ 1년 이상 국외 거주를 필요로 하는 근무상 형편, 취학(고등학교 이상)으
   로 세대 전원이 출국해 2년 이내에 양도하는 경우(출국일 현재 1주택을
   보유하고 있는 경우로서 출국일로부터 2년 이내에 양도하는 경우에 한한
   다. 또한 고가주택의 경우 장기보유특별공제는 2%의 배수를 적용한다.)

⑤ 근무상 형편, 질병 요양, 취학(고등학교 이상) 형편의 부득이한 사유로
   1년 이상 거주하던 주택을 양도하고 세대 전원이 다른 시, 군 지역으로
   이전하는 경우

지금까지는 보유기간 및 거주기간 모두의 요건이 필요 없었지만, 다음의 내용은 거주기간의 제한을 받지 않는 경우다.

⑥ 조정 지역의 공고가 있는 날 이전에 매매계약을 체결하고 계약금을 지급한 사실이 증빙서류에 의해 확인되는 경우로서 계약금 지급일 현재 무주택인 경우다. 실제 잔금을 지급해 주택을 취득하는 현재는 조정 지역이더라도 조정 지역 공고 전에 계약한 경우에는 예외적으로 거주요건을 적용하지 않겠다는 의미다.

⑦ 1세대가 조정 지역에 1주택을 보유한 거주자로서 2019년 12월 16일 이전까지 지자체와 관할세무서에 주택임대사업자 등록을 하고 의무임대기간과 임대요건(임대료 상한율 5%)을 충족하는 경우에는 거주요건을 적용하지 않는다.

따라서 2019년 12월 17일 이후 조정 지역에 신규로 주택임대사업자 등록을 하는 거주자는 거주요건 2년을 채워야 비과세 혜택을 적용받을 수 있다. 또한 주택 면적 및 주택 금액 요건을 특별히 제한하지 않는다.

⑧ 1주택 비과세를 적용받으려면 2년 이상 보유해야 한다. 다만, 2017년 8월 3일 이후 취득 당시 조정 지역에 있는 주택이면 2년을 거주해야 한다. 만약 직접 거주하지 못하거나 상기의 ①~⑦ 요건의 예외 사항이 아닌 경우 상생 임대 특례를 활용할 수 있다.

임차인과 상생임대차계약을 맺으면 거주요건을 면제받을 수 있다. 우선 주택 취득 후 1년 6개월 이상 임대차계약에 따라 임대해야 한다. 이를 직전임대차계약이라 하며, 이 임대 기간이 끝나면 이어서 임대료 및 임대보증금을 5% 이내 범위에서만 인상해 임대차계약을 맺으면 된다. 이를 상생임대차계약이라고 하며 2년 이상 임대해야 한다. 그 후 1세대 1주택 상태에서 양도하면 2년 거주를 하지 않아도 비과세가 된다. 그리고 상생임대특례를 적용할 때, 주택 면적 및 주택 금액 요건을 특별히 제한하지 않는다. 즉, 고가의 주택도 혜택이 가능하다.

1세대 1주택 고가주택이라면 장기보유특별공제 적용 문제가 있다. 원래 장기보유특별공제는 보유기간당 연 2%씩 최대 30%가 적용되는데, 2년 이상 거주 시 보유기간당 연 4%와 거주기간당 연 4%가 가능하다. 여기에 상생임대특례를 적용하면 거주 없이도 보유기간당 연 4% 혜택을 볼 수 있다. 다만, 실제 거주한 것은 아니므로 보유기간에 대해서만 최대 10년, 40%까지 공제할 수 있다.

좀 더 명확하게 확인해 보자. 상생임대특례 요건을 충족하고 1주택 상태에서 20억 원에 매각했다. 보유를 8년 했고 실제 거주는 하지 않았다고 한다면 우대 장기보유특별공제를 적용한다. 4%에 보유 8년을 곱하면 보유기간에 대한 우대 장기보유특별공제는 32%다. 실제 거주는 없으므로 거주자 기간에 대한 우대 장기보유특별공제는 없다. 그래도 2%에 보유 8년을 곱해 16%의 일반 장기보유특별공제를 적용받는 것보다는 유리하다.

▎거주기간의 제한을 받지 않는 경우

⑥ 조정 지역의 공고가 있는 날 이전에 매매계약을 체결하고 계약금을 지급한 사실이 확인되는 경우로서 계약금 지급일 현재 무주택인 경우

⑦ 주택임대사업자 등록을 하고 임대기간과 임대요건(임대료 상한율 5%)을 충족하는 경우(다만, 2019년 12월 17일 이후 조정 지역에 신규로 주택임대사업자 등록을 하는 주택은 제외)

⑧ 상생임대주택 요건을 충족하는 경우

 비거주자에서 거주자로 신분 전환 후 국내 1주택을 양도하면 어떻게 계산할까?

1세대 1주택 양도소득세 세금 혜택은 양도 당시 거주자만 적용받을 수 있다. 국내에서 1주택만 있는 경우라 하더라도 해외에서 비거주자로 체류 중일 때 국내 주택을 양도하면 세금 혜택이 없다. 즉, 양도소득세 비과세 혜택을 받을 수 없고 장기보유특별공제 우대(보유기간×4% + 거주기간×4%)를 적용받을 수 없다.

만약 고가주택이고 비거주자일 때 취득한 주택을 국내로 귀국해 거주자로 신분을 전환한 다음 국내 주택을 양도하면 어떻게 될까? 거주자였던 기간을 통산해 2년 이상 보유 등 비과세 요건을 갖추면 비과세 혜택은 가능하다. 장기보유특별공제는 전체 보유기간 및 거주기간에 대한 우대공제율을 적용한다[기획재정부조세정책-69(2025.01.13.)].

가령, 비거주자일 때 취득한 주택(비거주자 8년)을 한국에 귀국하여 해당 주택에 5년 거주하고 양도할 경우 장기보유특별공제액은 다음과 같이 계산한다.

4% × 10 + 4% × 5 = 60%

🔍 상속이나 증여 또는 이혼으로 취득한 주택의 보유기간 및 거주기간은 어떻게 될까?

상속이나 증여로 주택을 취득한 경우 보유기간과 거주기간의 계산을 어떻게 할까? 우선 함께 살고 있는 동일세대원 내에서 상속이나 증여가 일어날 수 있고 따로 살고 있는 별도 세대에게 상속이나 증여가 일어날 수 있다. 같은 세대원이냐 별도 세대인지가 매우 중요하다.

별도 세대에게 상속이 일어나면 상속개시일(사망일)부터 보유기간과 거주기간을 계산한다. 따로 살고 있는 자녀에게 주택을 상속하면 상속개시일부터 보유기간과 거주기간을 계산해야 한다. 마찬가지로 따로 살고 있는 자녀에게 증여하면 증여소유권이전등기 접수일부터 보유기간과 거주기간을 계산해야 한다.

함께 살고 있는 같은 세대원 내에서 상속이 발생하면 1주택 비과세 판정 시 피상속인의 보유기간과 거주기간을 상속인의 보유기간과 거주기간을 통산해 판정한다. 같은 세대원 내에서 증여도 동일하다. 즉, 1주택 비과세 판정 시 증여자의 보유기간과 거주기간을 상속인의 보유기간과 거주기간을 수증자의 보유기간과 거주기간을 통산해 판정한다.

▌상속·증여·이혼으로 취득한 주택의 보유기간과 거주기간

구분		보유기간 및 거주기간
상속	같은 세대원 간에 상속	• 1주택 비과세 판정과 세율 적용에서 피상속인의 보유 및 거주기간을 상속인의 보유 및 거주기간을 통산함 • 1주택 고가주택의 장기보유특별공제 우대 적용 여부는 피상속인의 보유기간 및 거주기간을 통산해 판정하되, 실제 공제율 계산은 상속개시일(사망일) 이후 기간만 계산함
	별도 세대로 상속	상속개시일(사망일)부터 양도한 날까지 보유기간과 거주기간을 계산함
증여	같은 세대원 간에 증여	• 1주택 비과세 판정 같은 세대원인 증여자의 보유 및 거주기간과 수증자의 보유 및 거주기간을 통산함 • 1주택 고가주택의 장기보유특별공제 우대 적용 여부는 피상속인의 보유기간 및 거주기간을 통산해 판정하되, 실제 공제율 계산은 증여등기접수일 이후 기간만 계산함
	별도 세대로 증여	증여등기접수일부터 양도한 날까지 보유기간과 거주기간을 계산함
이혼	재산분할로 취득	재산 분할 전 배우자가 해당 주택을 취득한 날로부터 양도한 날까지 보유기간 및 거주기간을 통산함
	위자료로 취득	이혼 위자료의 소유권이전등기접수일부터 양도한 날까지 계산함

🔍 1세대 1주택 고가주택을 양도하는 경우 세금 계산은 어떻게 될까?

1세대 1주택자가 양도가액이 12억 원을 초과하는 주택을 양도할 경우 구체적으로 사례를 보자.

홍길동 씨는 서울 강남에 30년 전에 취득한 주택이 1채 있다. 취득 가액은 2억 원인데 현재 시세는 30억 원 정도 한다. 건강 등 여러 가지 이유로 현재 살고 있는 주택을 처분하고 실버타운에 입주해 노후를 보내려고 한다. 주택을 양도하는 데 세금이 많이 나오지 않을까 걱정이다. 실제 계산을 해보자.

① 취득가액: 2억 원

② 취득세 등 취득 관련 부대비용: 1,000만 원

③ 보유기간 및 거주기간: 30년

④ 양도가액: 30억 원

⑤ 양도 시 중개사비 및 세무사 비용: 2,000만 원

홍길동 씨의 양도소득세를 계산하면 다음과 같다. 1세대 1주택이 아닌 경우 양도소득세와 비교하면 상당한 차이가 난다.

① 양도차익: (30억 원 - 2억 3,000만 원) × (30억 원 - 12억 원) ÷ 30억 원 = 16억 6,200만 원

② 장기보유특별공제 : 16억 6,200만 원 × 80% = 13억 2,960만 원

③ 양도소득금액 : 16억 6,200만 원 - 13억 2,960만 원 = 3억 3,240만 원

④ 양도소득과세표준 : 3억 3,240만 원 - 250만 원 = 3억 2,990만 원

⑤ 양도소득세 : 3억 2,990만 원 × 기본세율 = 1억 602만 원

⑥ 지방소득세 : 10,602,000원

⑦ 총부담세액 : 116,622,000원(1세대 1주택이 아닌 경우 총부담세액: 886,033,500원)

주택의 범위에 포함되는 부수토지의 면적은?

주택에서는 주거용 건물 및 그 부수토지를 포함하는 것이나 부수토지의 범위는 다음의 범위 내에서만 인정된다. 아파트의 경우에는 아래의 면적범위 내에 당연히 들어와서 별도의 고민은 없지만, 단독주택이나 시골주택의 경우 토지 면적이 넓은 경우 꼭 따져봐야 한다. 주택의 면적은 50평이고 땅의 1,000평인데 전부 1세대 1주택 양도소득세 혜택을 주기에는 형평에 맞지 않을 것이다. 면적으로 초과하는 부분은 주택의 부수토지로 보지 않고 나대지로 보아 비사업용토지의 중과세율(기본세율에 + 10%P)을 적용받는다.

---

① 도시지역 중 수도권 안의 주거·상업·공업지역의 경우는 건물 정착 면적의 3배 이내

② 도시지역 중 수도권 안의 녹지지역 및 수도권 밖의 경우는 건물 정착 면적의 5배 이내

③ 도시지역 밖의 경우는 건물 정착 면적의 10배 이내

TIP │ 주택 양도소득세 핵심 포인트

- 주택 양도소득세의 절세 포인트는 1세대 1주택 비과세 혜택을 받는 것이다.
- 1세대 1주택 비과세는 보유기간이 2년 이상 돼야 하고 2017년 8월 3일 이후 취득 당시 조정 지역이면 2년 이상 거주해야 한다.
- 1세대 1주택자의 양도금액이 12억 원 초과하는 경우 12억 원 초과분에 대해서만 과세하고 장기보유특별공제 우대 공제(최대 80%)를 받을 수 있다.
- 양도소득세의 세대 분리 요건은 잘 준비해야 한다.

연립주택(빌라) 및 다세대주택

투자 전략

다세대주택 및 연립주택(빌라) 투자 유의 사항

 다세대주택 및 연립주택(빌라)이 소멸되고 있다

빌라는 600년 전부터 빌려서 사는 집이라는 전설이 내려온다. 내 집 마련을 위해 투자해 소유하는 것보다 전세 또는 월세로 사는 것이 좋다는 말이다. 빌라는 주거환경이 아파트에 비해 좋지 않고, 단지의 규모도 작아 향후 환금성과 가치 상승이 떨어진다. 그래서 빌라 투자는 신중하게 해야 한다. 신혼부부 K씨는 결혼하면서 여유 자금 부족으로 인천 계양구 빌라를 대출받아 매입했다. 5년 뒤 아파트로 이사 계획을 세우고 있지만 매입 가격보다 낮은 가격이 형성되었고 공인중개소에 매물을 내놓았지만 보러 오는 사람이 없다.

서민 주거 사다리인 다세대주택과 연립주택(빌라) 공급이 역대 최악에서 벗어나지 못하고 있다. 정부가 비아파트 공급을 늘리기 위해 '8.8 대책'까지 내놓았지만 전세 사기에 공사비 급등, 아파트 쏠림, 다주택자 규제 등으로 '안 사고, 안 짓는' 악순환이 계속되고 있다. 정부의 빌라 인허가 물량 통계는 2007년부터 제공되고 있다. 1~3월 기준으로 수도권 빌라 인허가 물량은 지난 2024년 1,665가구로 역대 최악을 기록했다. 2025년은 지난해보다 증가했지만 여전히 역대급으로 낮은 수준이다.

▎다세대주택과 연립주택 인허가 물량

* 1~3월 기준(단위: 가구)

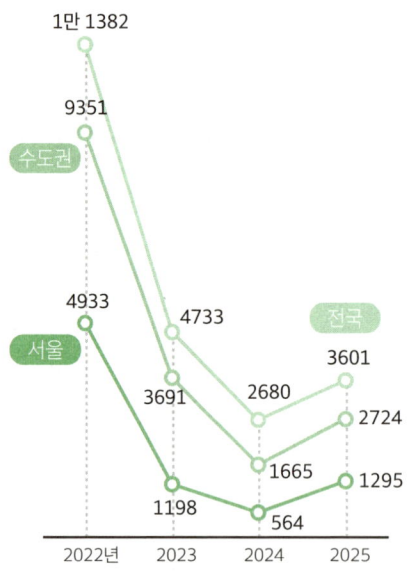

자료: 국도교통부

서울 빌라 시장이 2025년 3월, 2년 9개월 만에 월간 거래량 3,000건을 돌파한 것으로 나타났다. 월 거래액 역시 1조 2,000억 원에 육박하면서 2년 10개월 만에 최대치를 기록했다. 전세 사기 사태 이후 수요가 급감하면서 장기 침체에 빠졌던 빌라 주택 시장이 활기를 되찾기 시작했다는 분석이 나온다.

연립·다세대 주택으로 대표되는 빌라 시장은 2022년 하반기 이후 월 거래량이 1,000~2,000건에 머무르며, 거래액은 7,000억 원 안팎을 오가는 정도였다. 그런데 올 들어 서서히 온기가 돌더니 전세 사기 사태 이전 수준으로 시장이 회복된 것이다. 빌라 수요자들의 매수·매도 심리를 나타내는 '매매수급지수'도 연초부터 상승 폭을 키워가면서 99.4를 기록하는 등 수요가 공급보다 많아지는 100선에 육박했다.

빌라 시장 회복은 2025년 2월 중순 서울 강남구, 송파구 일부 지역에서 토지거래허가제가 해제된 걸 계기로 아파트 매매·전세가가 동반 급등하면서 '대체재'로서 빌라 수요자가 늘었다. 최근 월세 선호 현상이 강해지면서 월세 가격이 뛴 것도 매매 수요 증가에 영향을 줬다. 그리고 다세대주택(빌라) 시장 활성화를 위해 특정 조건하에서 다세대주택 보유자를 무주택자로 간주하기로 하는 등 지원 정책이 일부 효과를 발휘했다. 수도권 전용 85㎡ 이하, 공시가격 5억 원 이하 다세대주택(빌라)을 보유한 경우 1채까지는 무주택자 자격으로 아파트 청약을 신청할 수 있도록 했다.

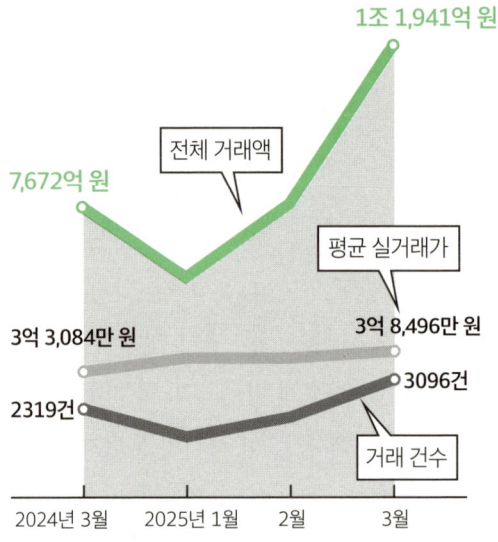

1조 1,941억 원

전체 거래액

7,672억 원

평균 실거래가

3억 3,084만 원

3억 8,496만 원

2319건

3096건

거래 건수

2024년 3월   2025년 1월   2월   3월

자료: 국도교통부

연립주택·다세대주택(빌라) 역전세

　최근 서울에서 발생한 연립·다세대 전세 거래 중 46%가 역전세 주택인 것으로 나타났다. 전세 사기 등 여파로 연립·다세대에 대한 수요가 줄어들면서 지난해보다 역전세 비중이 11%포인트 이상 높아진 것이다. 이런 현상이 전세 수요의 아파트 쏠림으로 이어지면서, 전세 시장의 이원화 경향도 당분간 계속될 것으로 보인다. 역전세란 신규 전세 계약 시 기존 전세금보다 전세 보증금 가액이 떨어진 경우를 뜻한다. 이 경우 집주인이 임차인에게 전세 보증금 차액을 돌려줘야 하는

데, 저자본 갭투자가 많았던 빌라·다세대 등 주택 형태에서 집주인의 자금 여력이 없을 경우 임차인이 피해를 입을 우려가 있다.

빌라 투자 시 유의 사항

빌라 투자 시는 세금 부담을 확인해야 한다. 다세대주택은 주택 수에 포함되므로 취득세와 양도소득세 적용 시 다주택자가 되어 중과가 적용될 수 있다. 연간 임대수익이 일정 금액을 초과하면 임대소득에 대한 종합소득세를 납부해야 한다. 빌라 구입 시 주택담보대출을 활용하는 경우 금융기관에서 대출한도와 이자율을 충분히 고려해, 대출상환이 임대수익으로 충당 가능한지 계산해야 한다. 대출 규제가 강화된 상황에서 LTV(담보대출비율) 또는 DSR(총부채 원리금상환비율) 규정을 꼼꼼하게 체크하고, 대출 가능 여부를 사전에 확인하는 것이 중요하다.

빌라는 임대수익과 자산가치 상승을 동시에 얻을 수 있는 매력적인 투자 방법이지만 입지, 임대수요, 환금성, 관리 비용 등 다양한 요소를 신중히 검토하지 않으면 투자의 리스크가 매우 크다는 것을 기억해야 한다.

TIP | **다세대주택 및 연립주택(빌라) 투자 매력**

- **내 집 마련**: 아파트에 비해 매매가가 낮아, 상대적으로 적은 자본으로도 투자가 가능하다.
- **임대수익**: 전세와 월세 모두 활용할 수 있어 안정적인 임대수익을 기대할 수 있다.
- **자산가치 상승 효과**: 노후 빌라는 재개발 또는 재건축사업단지에 속하게 되면 향후 가치 상승을 기대할 수 있다.

세금 전략

다세대주택 세금은 아파트와 동일

　다세대주택인 빌라에 대한 세금은 아파트와 동일하다. 빌라는 다세대주택으로 부르며 아파트처럼 공동주택인 집합건물이다. 토지와 주택 건물을 합쳐 개별 등기되는 주택이지만 다가구주택과는 구분된다. 다가구주택은 3층 이하, 연 면적 바닥면적의 합 660㎡ 이하, 최대 거주 가능 세대 19세대 이하다. 통상 통째로 전체 등기하는 것이 일반적이고 원룸이라고 부른다. 다세대주택 1동을 모두 소유한다면 다주택자가 된다. 하지만 다가구주택을 소유하면 1주택자가 될 수 있다. 개별적인 차이는 다가구주택 부분에서 살펴보자.

3

다가구주택

투자 전략

다가구주택 임대수익은 장밋빛만 있지 않다

다가구주택은 높은 임대수익률이 가장 큰 매력이다. 서울 외곽이나 수도권에서는 전세, 월세 수요가 꾸준해 비교적 안정적인 수익을 기대할 수 있다. 다가구주택의 다른 장점은 땅을 가진다는 것이다. 그리고 실거주를 하면서 임대수익이 발생할 수 있어 노후 대비책으로도 긍정적이다. 수도권에 거주하는 60대 A씨는 수년 전 10억 원 대의 금액으로 주택가의 3층, 연면적 80㎡ 정도 규모의 작은 건물을 매입했다. 같은 금액으로 해당 지역의 아파트 1채를 살 수 있었지만 노후 대비로 임대수익을 받기 위해 선택한 일이었다. 부동산 침체와 코로나19 등이 겹치며 1층 상가는 2년가량 공실이었으나 현재는 월 500만 원 정도의 세가 들어온다. 2층은 세입자가 월세로 살고 있고 A씨는 3층에 거주하며 건물을 관리하고 있다.

다가구주택 투자는 임대 운영 등을 통해 발생하는 임대수익과 보유기간 동안 자산 가치가 상승함에 따라 발생하는 자본 수익이 있다. 점포겸용주택이라면 저층부에 상가나 사무실을 임대해 월세를 받는 것이 목적이고, 다가구주택의 경우 전세를 두면서 투자 금액을 줄이고 향후 시세차익, 즉 자본 수익에 더 비중을 두게 된다.

임차인이 모두 거주 목적으로 들어왔으면 다가구주택, 임차인 중 일부가 회사 또는 가게를 운영할 목적으로 건물 일부를 임대했으면 점포겸용주택이라고 한다. 경기가 좋을 때는 점포겸용주택이, 경기가 침체될 때는 다가구주택이 좀 더 유리하다. 1층 기준으로 다가구주택보다 점포겸용주택의 임대수익이 더 높기 때문이다. 다만 건물별 특성이 다양하기에 특징을 명확히 인지해야 투자 실패를 줄일 수 있다.

두 유형의 공통적인 장점은 투자 수익을 기대함과 동시에 건물주의 거주까지 해결할 수 있다는 점이다. 이 경우 공실 발생 리스크를 줄이고, 관리 비용도 아낄 수 있다. 투자 금액이 여유 있는 경우 리모델링이나 신축을 통해 건물의 부가가치를 올려 시세차익을 보는 경우도 있다. 또 점포겸용주택의 경우 주택 면적이 상가 면적보다 클 경우 전체를 주택으로 취급하기 때문에 양도세 부담도 크게 줄어든다.

그러나 단점도 명확하다. 아파트에 비해 구조나 면적, 용도 등이 적합하지 않아 임차인을 구하기 어려운 경우가 의외로 많다. 다가구주택의 거주 가구 수와 관계없이 해당 건물 공시가 기준으로 전세보증보험 가입이 가능하기에 다세대주택에 비해 전세입자를 구하기 어려운 경우가 종종 있다. 상가주택의 경우 임차업종에 따라 음식 냄새나 소음 등 쾌적한 거주 여건에도 영향을 미칠 수 있다.

세입자가 들어오지 않으면 매도 시에도 불리해진다. 공실이 없더라도 아파트에 비해 환금성도 크게 떨어지는 점도 문제가 될 수 있다. 한국부동산원의 자료를 보면 2024년 1분기 주택 매매 거래 총 13만

9,340건 중 다가구주택 거래량은 1,724건(1.2%)으로 통계를 시작한 2006년 이래 가장 적었다. 아파트에 비해 집값이 오르지 않아 가뜩이나 외면받고 있던 상황에서 전세 사기 여파에 전세 수요마저 크게 떨어지면서 투자 가치가 없다는 판단하에 매매도 급감하고 있다.

다가구주택 투자 시 주의 사항

투자 목적으로 이러한 유형의 주택을 구매하는 경우라면 필수로 확인할 것들이 있다.

첫째, 해당 건물이 국토의 계획 및 이용에 관한 법률상 어떤 용도·주거지역에 해당하는지 알아야 한다. 이에 따라 임대할 수 있는 업종이 달라지기 때문이다. 또 1·2·3종 중 몇 종 일반주거지역으로 돼 있느냐에 따라서 건물 높이(층수) 제한이 있으니 향후 건물 리모델링·신축 계획이 있다면 이 부분도 고려해야 한다.

제1종 일반주거지역과 비교하면 제2종은 용적률이 높아 다세대 및 아파트 건축이 가능하다. 반면, 제3종 일반주거지역보다 용적률이 낮아 고층 아파트 개발이 어렵다. 제2종 일반주거지역은 중층 규모의 주택이 주를 이루는 지역으로, 단독주택뿐만 아니라 연립주택과 아파트도 건축할 수 있다. 건폐율과 용적률이 적절히 조정되어 있어 주거환경과 개발 가능성이 균형을 이루는 지역이다. 주거지역에서 근린생활시설이나 다가구주택을 건축할 때에는 건폐율이 높고 용적률도 보통인 제2종 일반주거지역에 투자하는 것이 유리하다. 건폐율이 1층 바닥면적을 좌우한다. 근린생활시설은 1층의 임대료가 다른 층에 비하여 임차도 잘되고 임대료도 높게 받을 수 있기 때문이다. 그리고 다가구주택은 층당 2세대씩 구성하기 위해서는 건폐율이 용적률보다 유리하게 작용된다. 제1종 일반주거지역과 제3종 일반주거지역보다 제2종 일반주거지역에 투자하는 것이 유리하다.

▌ 주거지역의 건폐율과 용적률

구분		국토의 계획 및 이용에 관한 법률		특징
		건폐율(%)	용적률(%)	
전용주거지역	1종	50	50~100	단독주택 중심
	2종	50	100~150	공동주택 중심
일반주거지역	1종	60	100~200	저층 중심 + 상업
	2종	60	150~250	중층 중심 + 상업
	3종	50	200~300	층수 제한 없음 + 상업
준주거지역		70	200~500	주거 + 상업 + 업무

둘째, 임대차 수요가 있는 지역인지, 지역 내 개발 호재나 개발계획 또는 가능성이 있는지도 중요하다. 지역 수요가 높은 곳이라면 내가 가진 건물의 월세 및 전세가도 상승할 수 있고, 반대로 수요가 낮은 곳이라면 공실이 생길 가능성이 커진다. 주변에 대규모 아파트 단지가 있는지, 외부에서 인구가 유입될 '지역적 콘텐츠'가 있는 곳인지 등을 봐야 한다.

셋째, 주변 시세 대비 가격과 입지가 가장 중요하다. 인구가 계속 유입되는 대학가 등이 좋다.

넷째, 건물 연식이 오래될수록 단순 임대료만으론 한계가 있기 때문에 향후 건물 용도변경을 통한 수익도 고려하고 재개발 등의 호재가 있을 지역의 다가구주택을 선별하는 것도 좋은 접근 방법이다.

은퇴해 퇴직금을 받거나 갑자기 적지 않은 목돈이 생기면 노후를 위해 작은 건물에 투자하려는 사람들이 적지 않다. 빌딩을 사자니 돈이 턱없이 모자라고, 2~3층 규모의 건물을 매입하면 본인 거주 문제도 해결하고 나머지 층은 세입자를 받아 임대수익도 올릴 수 있다.

그렇다면 다세대주택과 다가구주택 중 어디에 투자하는 것이 유리할까? 의외로 이 두 개의 주택을 혼동하는 사람이 많다. 다가구주택 1채를 소유했다면 1주택자로 분류되지만 6채로 구성된 다세대주택 보유자는 다주택자가 된다. 어느 곳에 투자하느냐에 따라 양도소득세 등 세금 정산 방법이 달라지는 만큼 개념부터 알아볼 필요가 있다.

외관상으로는 다가구주택과 다세대주택의 차이점을 발견하기 힘들다. 가장 크게 구분할 수 있는 개념은 바로 소유권이다. 소유권은 세대와 가구의 의미에서 나온다. 세대는 구분등기가 있는 소유권 개념, 가구는 구분등기가 불가능한 소유권이 없는 개념이다.

먼저 다가구주택은 다세대주택과 같이 여러 세대로 구성돼 있지만 건축법상 단독주택에 속한다. 주택으로 쓰이는 층수(지하층 제외)가 3개층 이하이고, 1개 동의 주택으로 쓰는 바닥면적(지하주차장 면적 제외)의 합계가 660㎡ 이하다. 또 19가구 이하가 거주할 수 있는 주택을 말한다. 만약 1층을 전부 또는 일부를 필로티 구조로 주자창으로 사용하고, 나머지를 주택이 아닌 용도로 사용하면 해당 층을 층수에서 제외한다.

다가구주택은 단독주택과 마찬가지로 건물 전체를 1주택으로 간주한다. 다가구주택 내 층별로 여러 주택이 있지만 실질적으로 전체 건물을 1개 주택으로 간주하는 것이다. 1주택자라 양도세 등 세금 부담이 적은 데다 임대수익을 거둘 수 있다는 것이 매력이다. 다만 가구별로 분리해 소유하거나 매매하는 것은 불가능하다.

하지만 주의할 점은 있다. 만약 다가구주택을 소유한 자가 3층으로 지어진 건물에 1층을 추가로 증축하면 위험할 수 있다. 주택 사용 층수가 4층이 되면 다가구주택의 요건을 벗어나기 때문에 1주택자가 아닌 다주택자가 될 수 있어 세금 폭탄을 맞을 수 있다.

다세대주택은 구분등기가 가능한 소유권이 있는 건물이다. 건축법상 공동주택으로 분류된다. 다세대주택도 면적 기준(660㎡ 이하)이 다가구주택과 동일하지만 주택 사용 층수는 4개층 이하로 허가받은 건물이다. 다만 층별로 분리해 등기가 가능하기에 세대별로 매매나 분양이 가능하다. 만약 이 건물 전체를 소유했다면 다세대주택으로 분류된다.

TIP | **다가구주택 투자 시 유의 사항**

- **입지 과신으로 인한 공실 지속**: 서울 외곽 단독주택 밀집 지역에 위치한 다가구주택은 지하철역이 부근에 없고, 상권도 쇠퇴 중이다. 투자자는 향후 재개발을 기대했으나, 계획이 무산되며 수년간 공실 상태로 월세 수익은커녕 대출 이자만 가중되고 있다.

다가구주택과 다세대주택의 차이점

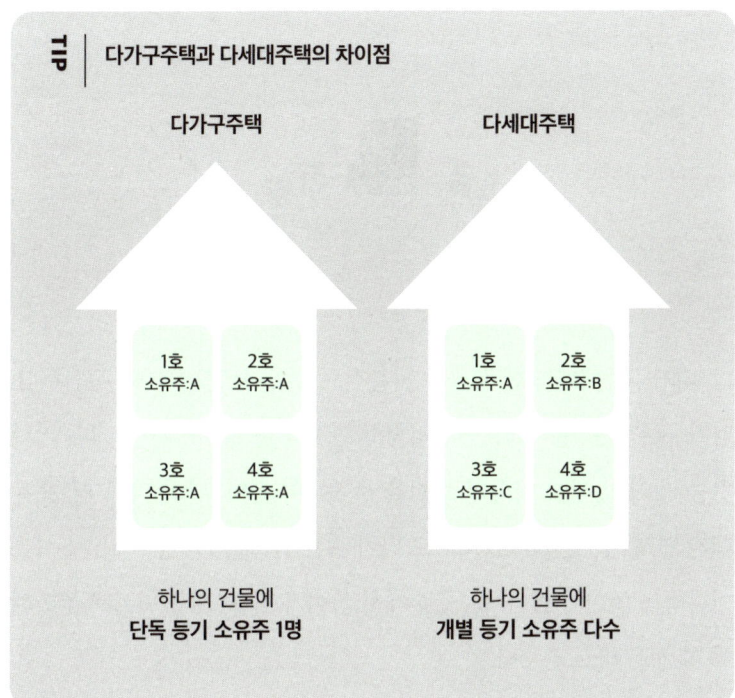

다가구주택

다세대주택

| 1호 소유주:A | 2호 소유주:A |
| 3호 소유주:A | 4호 소유주:A |

| 1호 소유주:A | 2호 소유주:B |
| 3호 소유주:C | 4호 소유주:D |

하나의 건물에
단독 등기 소유주 1명

하나의 건물에
개별 등기 소유주 다수

다세대주택과 연립주택의 차이점

구분	다세대주택	연립주택
건축물 종류	공동주택	
주택으로 사용되는 층수	4개층 이하	
구분등기	가능	
거주 세대	제한 없음	
연면적	660㎡ 이하	660㎡ 초과

세금 전략

다가구주택에 대한 세금은 기본적으로 아파트의 투자와 동일하다. 다가구주택은 3층 이하, 연면적 바닥면적의 합 660㎡ 이하, 최대 거주 가능 세대 19세대 이하의 요건을 충족해야 한다. 반면 다세대주택은 대지 면적 기준은 660㎡ 이하로 다가구주택과 같지만 층수 기준은 4층 이하라는 차이가 있다. 즉, 층수에서 차이가 난다. 세금 면에서 주의해야 할 점은 바로 층수다.

단독주택으로 분류되는 다가구주택 세금 전략

다가구주택은 세법상 단독주택인가? 공동주택인가?

다가구주택은 건축법상 단독주택에 속한다. 다세대주택은 아파트나 빌라처럼 공동주택에 속한다. 단독주택인 다가구주택과 공동주택인 다세대주택은 외관상 별다른 차이가 없지만 건축법상 엄연히 구분돼 있다. 세법에서 단독주택의 부류에 속하면 전체를 1채로 간주하지만, 다세대주택에 속하면 세대별로 1채로 보아 다주택자에 해당한다.

건축법상 다가구주택이어도 옥탑방의 존재에 따라 세법에서는 다르게 판단한다. 옥탑방의 용도나 크기에 따라 세무적으로 다세대주택으로 간주될 수 있다. 세법은 실질과세라는 원칙이 있다. 형식보다 실질 용도를 더 중요하게 여긴다.

3층짜리 다가구주택에 옥탑방을 짓거나 창고나 물탱크를 옥탑방으로 개조하는 경우 4층짜리 다세대주택으로 간주될 수 있다. 다만, 옥탑이 단순한 창고 시설이거나 화장실과 난방, 수도 같은 주거용 시설이 설치돼 있지 않고 주거용으로 사용할 수 없다면 주택의 층수로 보지 않는다.

건축법상 옥탑방이 건물 전체의 바닥면적(건축법상 수평투영면적·하늘에서 봤을 때의 면적) 대비 건축면적의 1/8을 초과할 때 1개 층으로 본다. 1층 면적과 다른 층수의 면적이 동일한 건물은 옥상 면적의 1/8로 보면 된다. 만약, 1층 면적이 가장 넓고 층수가 올라갈수록 좁아지는 구조인 경우에는 옥상면적의 1/8이 아니라 1층 면적의 1/8을 따져야 한다. 가령, 건물 바닥면적이 600㎡인 3층짜리 다가구주택의 옥상에 75㎡를 초과하는 옥탑방을 만들면 4개 층, 다시 말해 다세대주택으로 간주된다. 이때 면적을 계산할 때는 옥상에 설치된 방만 따지는 것이 아니라 계단 탑, 승강기 탑, 장식 탑 등의 면적을 모두 합산해 1/8을 판단해야 한다. 그러나 최근 대법원 판례[대법 2021두30754(2021.04.16.)]에 따르면 옥탑방의 면적이 건축면적의 8분의 1 이하더라도 세법상은 실질 과세이므로 1층으로 보아 다세대주택으로 과세한 사례가 있다. 따라서 옥탑방이 주거용으로 사용된다면 다가구주택으로 인정받을 수 없으니 주의해야 한다. 만약 세법상 옥탑방으로 인해 다세대주택이 되는 경우 매각하기 전에 용도변경을 하거나 철거하는 것이 세금 측면에서 유리하다. 따라서 건축물관리대장에 다가구주택으로 분류돼 있다고 해도 옥탑방이 있는 경우 꼭 따져보아야 한다.

> 대법2020두58175(2021.04.15)
> 건물의 옥탑이 주택 용도로 공사가 이루어진 점, 이 사건 건물의 옥탑을 임차한 임차인이 이 사건 건물을 주소지로 해 전입신고한 점, 원고는 이 사건 건물의 옥탑을 포함할 경우 이 사건 양도 당시 4개 층을 주택으로 사용하고 있었던 점 등에 비추어보면, 이 사건 건물은 하나의 건축물 안에서 구획된 부분이 각각 독립돼 그 실질에 있어서 소득세법상 공동주택에 해당하는 것으로 보는 것이 타당하다.

다가구주택이 공동주택으로 간주되면 세금 차이가 있을까?

1세대 1주택에 대한 양도소득세 혜택과 종합부동산세 혜택 등 세금 면에서 1주택이냐 다주택이냐에 대한 세금 차이가 매우 크다. 다가구주택과 다세대주택은 양도소득세 과세 여부를 판정할 때 그야말로 하늘과 땅 차이가 있다. 1주택 비과세 특례를 받을 수도 있는지 여부에 따라서 양도소득세가 수십 배 차이가 발생할 수 있다. 특히 대도시 도심 내에 있는 다가구주택은 몇십억 원의 양도차익이 발생할 수 있다. 1세대 1주택 고가주택이면 12억 원 초과에 대한 차익만 과세하고 장기보유특별공제도 최대 80%까지 공제받을 수 있다. 다세대주택으로 간주돼 과세된다면 1호실에 대해서만 1주택 혜택(12억 원 비과세, 장기보유특별공제 우대 공제)을 받고 나머지 호실은 1주택 혜택 없이 세금 계산을 해야 한다.

종합부동산세도 차이가 있다. 다세대주택으로 간주되면 공제금액이 달라진다. 1주택자는 12억 원의 공제를 받고 장기보유세액공제와 노령자세액공제를 합쳐 최대 80%까지 공제받을 수 있다. 하지만 다주택자가 되면 9억 원의 공제를 받고 장기보유세액공제와 노령자세액공제는 받을 수 없다. 세율에도 차이가 있다. 3주택 이상자는 중과세율이 적용된다. 가령, 10세대가 있는 경우 10채를 보유한 것으로 간주돼 중과세율이 적용되므로 종합부동산세 차이도 만만치 않을 것이다.

다가구주택에 대한 세금에서 고려해야 할 것이 하나 더 있다. 세법상 다가구주택은 통째로 양도하는 경우에는 건물 전체를 하나의 주택(단독주택)으로 간주한다. 다시 말해 다른 주택 없는 상태에서 다가구주택을 통째로 매각하면 1주택 양도세 혜택을 받을 수 있다. 만약 가족 등에게 지분 50%만 따로 매각하거나, 2명이 공동소유인 다가구주택을 1명의 지분만 따로 매각하면 1주택 비과세 혜택을 받을 수 없다.

🔍 다가구주택의 거주요건은 어떻게 적용될까?

1주택 양도소득세 비과세 혜택을 받으려면 보유요건과 거주요건이 있다. 2017년 8월 3일 이후 조정 지역에 위치한 주택을 취득하는 경우에는 2년 이상 거주를 해야 한다. 이 경우 다가구주택은 전체를 거주해야 하는지, 아니면 1호실에 거주를 하면 되는 건지, 1호실에 거주하더라도 그 호실에 해당되는 부분만 비과세 혜택이 있는지 다양한 궁금증이 생길 수 있다. 또한 고가주택(양도가액 12억 원 초과)이고 장기보유특별공제 우대 혜택을 받기 위해서는 취득시기와 지역에 관계없이 2년을 거주해야 하는데, 이 경우에도 위와 같은 쟁점이 생길 수 있다. 결론적으로 다가구주택은 1호실에만 2년 거주를 하면 전체 호실에 거주한 것으로 간주돼 1주택 비과세와 장기보유특별공제 우대 공제를 받을 수 있다.

> **TIP** | **다가구주택의 절세 핵심 포인트**
>
> - 다가구주택은 3층 이하, 연면적 바닥면적의 합 660㎡ 이하, 최대 거주 가능 세대 19세대 이하의 요건을 충족해야 한다.
> - 옥탑방 사용 용도에 따라 다세대주택이 될 수도 있고 다가구주택이 될 수도 있다.
> - 세법상은 주거 용도로 사용하는 옥탑방이 있는 경우 1개층으로 보아 다세대주택이 된다.
> - 다가구주택이 되면 1주택자 양도소득세 혜택, 종합부동산세 혜택을 받을 수 있다.

4

단독주택

투자 전략

단독주택이 사라지고 있다

 단독주택에도 고려해야 할 입지가 있다

우리 생활 속에 녹아 있는 풍수와 부동산의 연관성을 알아보자. 기본적으로 땅의 기운이 길흉화복(吉凶禍福)에 영향을 준다고 해 양택(陽宅)이라는 집터와 음택(陰宅)이라는 묫자리를 선택할 때 고려하는 풍수지리가 있다.

주거지는 남향(南向)에 북쪽에서 불어오는 찬 바람을 막아주는 위치가 좋고, 뒤쪽에 산이 있고 앞쪽에서 쉽게 물을 구할 수 있는 배산임수(背山臨水)의 터가 좋은 자리다. '배산'은 산을 등지고 있어 바람을 산이 막아주어 춥지 않으며 '임수'는 물이 풍부해 사람이 살기 좋고 교통도 편리해 흔히 사람들이 살기 좋은 지형을 말한다.

즉, 뒤로는 산을 등지도록, 앞으로는 물이 있는 낮은 곳을 향해서 건물을 배치하라는 것이다. 배산임수의 의미가 변해 평지에 대단지로 배후가 좋은 곳과 지하철 역세권에 있는 아파트 단지를 말한다.

사람들은 누구나 자신만의, 가족만의 공간이 필요하다. 그래서 아파트는 한 가족구성원을 단위로 세대마다 점유하고 있는 크기가 모두 다르다. 가족구성원에 맞는 크기를 선택하는 것이 중요하다.

홍만선의 《산림경제》에서 살림집을 꾸미는 법도에 따르면, 집에 5실(實)이 갖추어지면 그 집에 사는 사람을 좋게 한다고 한다.

1실: 집이 작고 사람이 많이 살 때

2실: 집이 크고 문이 작을 때

3실: 담이 두텁고 높을 때

4실: 집이 작고 육축(六畜)이 많을 때(육축은 소, 말, 양, 돼지, 닭, 개다)

5실: 하수구가 동남쪽으로 흐를 때

집에 5허(虛)가 있으면 그 집에 사는 사람을 나쁘게 한다고 한다.

1허: 집이 크고 사는 사람이 적을 때

2허: 집 문이 큰 데 비해 집이 작을 때

3허: 담이 허술할 때

4허: 샘과 부엌이 적처(適處)에 있지 않을 때

5허: 집터가 너른데 집이 작을 때

사람이 점유하고 사는 공간의 면적이 거주하는 사람의 수에 지나치게 크면 그 공간이 오히려 좋지 못하고 불행을 초래하게 된다. 집이 크면 집의 기운에 사람이 눌린다는 이야기다. 이처럼 집의 형태나 배치가 집주인의 삶이나 운명에 영향을 준다는 것은 음양오행의 원리나 풍수사상에 근거한다.

멸종 위기의 단독주택에는 누가 살까?

국토교통부가 공개한 '2024년 전국 표준주택·표준지 공시지가'를 기준으로 공시가격이 가장 비싼 표준주택은 이명희 신세계그룹 회장 자택이었다. 2024년 1월 1일 기준 공시가격은 285억 7,000만 원으로 2023년보다 1.9% 상승했다. 서울 용산구 한남동에 위치한 이명희 회장의 단독주택은 대지면적 1,759㎡, 연면적 2,862㎡ 규모로 2016년 표준주택이 된 이래 9년째 최고가에 올랐다. 그 뒤를 이어 이해욱 DL그룹 회장의 서울 강남구 삼성동에 위치한 주택이 2위다. 공시가격은 186억 5,000만 원이다. 3위는 삼성그룹의 호암재단이 보유한 서울 용산구 이태원동 주택이다. 공시가격은 171억 7,000만 원이다. 서경배 아모레퍼시픽그룹 회장의 서울 용산구 이태원동 주택이 4위인데 공시가격은 167억 5,000만 원이다. 5위는 경원세기 오너 일가가 보유한 서울 용산구 이태원동 주택으로 공시가격은 164억 6,000만 원이다.

2025년에도 이명희 회장의 서울 용산구 한남동 자택이 10년 연속으로 표준 단독주택 공시가격 1위 자리를 지켰다. 국토교통부가 발표한 '2025년 전국 표준주택·표준지 공시지가'에 따르면 이명희 회장의 자택은 올해 공시가격이 297억 2,000만 원으로, 작년보다 4% 상승했다. 이 자택은 2016년 표준 단독주택으로 편입된 이후 지속적으로 공시가격 1위를 유지하고 있다.

 TIP
- 현대 부동산에서 배산임수는 새롭게 해석된다.
- '배산'은 배후 단지가 큰 지역을 의미(아파트는 대단지)하고, '임수'는 지하철 역세권이다.

세금 전략

부수토지를 고려해야 하는 단독주택 세금 전략

단독주택에 대한 개별적인 세금 내용은 아파트와 동일하다. 다만, 단독주택의 경우 부수토지에 대한 면적도 고려해야 한다. 양도소득세에서 주택의 부수토지로 인정받지 못한 경우 비사업용토지로 보아, 그 부분은 중과세율(기본세율에 10%포인트씩 가산됨)이 적용된다. 1세대 1주택 혜택이 다음의 면적 범위 내의 토지만 주택의 일부로 보기 때문이다.

① 도시지역 중 수도권 안의 주거·상업·공업지역의 경우는 건물 정착면적의 3배 이내
② 도시지역 중 수도권 안의 녹지지역 및 수도권 밖의 경우는 건물 정착면적의 5배 이내
③ 도시지역 밖의 경우는 건물 정착면적의 10배 이내

상가를 보유하다가 주택으로 용도를 변경하는 경우가 있다. 2년 이상 보유하던 상가를 주택으로 용도변경하고 용도변경일로부터 2년이 지나기 전에 양도하는 경우 단기양도 중과세율이 아닌 기본세율을 적용한다(서면-2024-법규재산-0823, 2024.6.27.). 2년 이상 보유한 상가를 주택으로 용도변경하고 양도 당시 1세대 1주택인 경우 다음의 요건을 모두 충족하면 1주택 비과세를 적용받을 수 있다[서면-2024-법규재산-0823(2024.6.27)].

> ① 양도 당시 1세대 1주택의 요건을 충족할 것
> ② 주택으로 용도변경일 이후 2년 이상 보유해야 하며, 만일 용도변경일 당시 조정 지역이라면 2년 이상 거주할 것

장기보유특별공제는 어떻게 적용할까? 상가를 15년 이상 보유하면 양도차익에 최대 30%의 장기보유특별공제를 받을 수 있다. 주택은 1세대 1주택자인 경우 2년 이상 거주하면 높은 장기보유특별공제를 우대 적용받을 수 있다. 양도 당시의 현황이 주택이므로 주택에 적용되는 장기보유특별공제율을 기반으로 하고 상가 보유기간에 대해서는 상가의 장기보유특별공제율 2%를 적용한다. 가령, 상가로 10년 임대하고 주택으로 용도변경 후 3년을 보유 및 거주하고 양도했다면 장기보유특별공제율 44%를 적용한다.

① 용도변경 후 2년 미거주: (상가 + 주택)의 전체 보유기간 × 2%(최대 30%)
② 용도변경 후 2년 이상 거주(⊙ + ⓒ) = 44%
  ⊙ [상가 보유기간(10년) × 2% + 주택 보유기간(3년) × 4%] (최대 40%)
  ⓒ [주택 거주기간(3년) × 4%] (최대 40%)

참고로 일시적 2주택 비과세를 판단할 때는 1주택자가 상가를 주택으로 용도변경한 시점을 다른 주택 취득한 시점으로 보아 적용한다. 즉, A주택을 보유한 자가 B상가를 오늘 용도변경해 B주택이 됐다면 3년 이내 A주택을 양도하면 1주택 비과세 혜택을 받을 수 있다.

주택을 상가로 용도변경 시 비과세 및 장기보유특별공제는?

매매계약일에는 주택인데 계약에 따라 용도변경 후 잔금 지급일에는 주택이 아닌 경우가 있다. 이때 1세대 1주택 기준점은 매매계약일 현재 상황을 적용한다. 따라서 매매계약일에는 주택인데, 계약일 후 멸실이나 상가 등으로 용도변경하더라도 주택으로 본다.

만약 주택을 상가로 용도변경하고 상가로 사용하다가 양도하는 경우에는 어떨까? 이때는 양도 당시 상가이므로 1주택 비과세는 적용하지 않고 장기보유특별공제도 전체 보유기간에 2%의 배수를 적용한다.

TIP 단독주택 절세 핵심 포인트
- 단독주택의 부수토지는 일정 면적 이내만 주택 토지로 인정된다.
- 상가를 주택으로 용도변경 시 용도변경일 이후 2년 이상 보유해야 하며, 만일 용도변경일 당시 조정 지역이라면 2년 이상 거주를 해야 1세대 1주택 혜택을 받을 수 있다.

PART 2

일반 주택 외

투자 전략과 세금 전략

두껍아, 두껍아, 헌집 줄게 새집 다오

재건축 사업에 투자할 것인지, 재개발 사업에 투자할 것인지를 선택해야 한다.
재건축·재개발 투자 전략은 속도다. 상업용 부동산은 저금리 시대의 저주로
위기를 맞고 있다. 신중한 투자 전략과 꼼꼼한 세금 전략이 필수적이다.

1

점포겸용주택

투자 전략

점포겸용주택, 낮은 수익성으로 투자와 수요 위축

거주와 임대수익이라는 두 마리 토끼를 잡을 수 있는 점포겸용 주택이 인기다. 지난 2016년 인천 영종하늘도시에서 공급한 점포겸용 주택 용지의 경우 177필지 청약에 6만 4,350명이 몰려 전체 평균 364대 1의 경쟁률을 보이기도 했다. 특히 H10블록은 경쟁률이 최고 9,000대 1을 넘는 등 인기를 실감케 했다. 그러나 지금은 텅텅 비어 있는 겸용주택이 늘어나고 있다. 특히 1층 상가 부분의 임차가 되지 않아 투자 대비 수익률이 매우 낮아진 상태다. 점포겸용주택은 토지 매입비용과 건설비용 등 초기자금이 많이 들고 지역과 입지에 따라 임대수익과 공실 등 차이가 커 투자 시 꼼꼼히 따져볼 점이 많다.

꿩 먹고 알 먹는 점포겸용주택

점포겸용주택은 1층에는 상가, 2~4층에는 주택을 지어 집주인이 거주하면서 점포와 다가구주택을 활용해 임대수익을 얻을 수 있는 단독주택을 말한다. 4층짜리 건물 1층은 점포임대, 2~3층은 주택임대를

145

놓고 4층은 집주인이 실거주를 하는 경우가 많다. 일반적으로 건폐율 60%, 용적률 150%가 적용되며 4층 이하 5가구까지 건축이 가능하다.

점포겸용주택은 초기 투자 비용이 많이 들기는 하지만 집주인이 거주하면서 안정적인 임대수익을 꾀할 수 있어 은퇴 계층에 특히 인기가 높다. 점포겸용주택을 지어 임대할 경우 점포 크기나 입지 등에 따라 차이가 있지만 적게는 4~5%에서 많게는 10% 정도의 수익률을 기대할 수 있다.

신도시와 택지지구 내 점포겸용주택 용지 분양에 수만 명이 몰리기도 한다. 대규모 택지개발지구의 경우 기반 시설이 잘 갖춰져 있어 임대수요가 풍부해 인기가 높다. 또 입지만 좋으면 임대수익과 함께 시세차익도 얻을 수 있다. 일반적으로 점포겸용주택은 임대수익을 목적으로 매입하지만 입지 여건이 좋고 주변에 호재가 있는 경우 시세차익도 기대할 수 있다.

택지지구 내 점포겸용주택에 투자하는 3가지 방법

택지지구 내에 점포겸용주택에 투자하는 방법은 크게 3가지로 볼 수 있다. 첫 번째는 이주자택지 권리를 매입하는 것이다. 이주자택지는 원주민 보상 차원에서 공급하는 택지로 일명 '딱지'라고 불리기도 한다. 이주자택지는 통상 조성 원가의 80% 수준에서 원주민에게 공급돼 잘만 하면 분양가격보다 저렴하게 매입할 수 있다. 또 치열한 청약 경쟁 없이 분양받을 수 있는 장점이 있기도 하다. 다만, 이주자택지의 경우 추첨을 통해 위치가 이미 배정돼 있기 때문에 원하는 곳을 선택할 수 없고 권리가 없는 물건을 잘못 매입할 수 있어 주의가 요구된다.

두 번째, 분양받는 것이다. 분양받는 방식은 택지지구 내에서 입지를 정해 청약할 수 있어 입지가 좋은 곳에만 당첨되면 분양권 거래를 통해 어느 정도의 시세차익도 기대할 수 있다. 점포겸용주택 용지는 청약 제한이 없고 청약통장도 필요 없다. 보증금 정도만 있으면 누구나 신청 가능하다. 그러나 인기가 높아지면서 청약경쟁률도 만만치 않다. 따라서 용지를 분양받기 위해 무조건 가장 좋은 위치만을 고집하기보다는 임차 수요가 꾸준한 틈새 지역을 찾는 것도 방법이다. 또 입찰 방식으로 당첨자를 정하는 곳도 있어 과도한 입찰 금액을 써내는 것에도 주의가 필요하다.

세 번째는 타인이 분양받은 용지를 매입하는 방법이다. 단, 점포겸용주택 용지를 분양받은 계약자가 잔금을 내고 소유권을 이전해야지만 거래가 가능하다. 여러 번 손바뀜이 진행됐다면 거품이 꼈을 가능성이 크다. 이는 향후 집을 짓고 임대를 놓았을 때 수익률 하락 요인으로 작용할 수 있어 매입 가격이 적정한지 판단해야 한다. 3가지 중 장단점을 고려해 자신에게 맞는 방법을 선택하는 것이 중요하다.

점포겸용주택 투자 시 유의 사항

점포겸용주택은 투자 시 유의할 점도 많다. 우선 투자 열풍에 휩싸여 무리하게 투자하는 것은 금물이다. 전매차익을 생각해 투자했다가 자칫 거래되지 않으면 자금이 장기간 묶일 수 있다. 또 초기자금도 많이 필요하다. 통상 분양 용지의 면적은 필지당 198~330㎡ 정도이고 평균 264㎡(과거 80평) 정도 수준이다.

수도권 기준으로 볼 때 15억 원이 넘는 수준에서 분양되는 게 일반적이고 건축비는 주택 형태나 크기에 따라 다르지만 일반적으로 12억 원에서 15억 원 정도다. 최소 30억 원 정도의 초기자금이 필요해 투자 금액의 부담이 매우 커졌다.

환금성도 고려해야 한다. 점포겸용주택은 거래 가격이 높고 아파트와 달리 거래가 많지도 않아 급하게 팔려고 해도 잘 팔리지 않는 경우가 있다. 그래서 건물을 설계할 때 나중에 언제든 되팔 수 있다는 점을 염두에 두고, 개성만 강조하기보다는 대중적인 설계로 건축할 필요가 있다.

주거환경이 다소 떨어질 수 있는 점도 고려해야 한다. 신도시나 택지지구의 경우 기반 시설이 잘 갖춰진 것이 장점이지만 점포겸용주택의 경우 1층에는 상가를 끼고 있는 데다 비슷한 점포겸용주택은 몰려 있는 경우가 적지 않아 주거 쾌적성이 떨어질 수 있다. 또 상가 이용자들이 차량을 이용하는 경우 주차 공간 부족도 피할 수 없다. 신도시 내 대규모 택지지구는 소위 '신도시 증후군'을 앓는다. 신도시 형성 초기 주변 기반 시설이 잘 갖춰지지 않아 불편하고 상권 형성에도 많은 시간이 필요하다. 생활편의시설과 대중교통망이 구축되기까지 시간이 필요해 입주 초기 상가 세입자를 구하기 어려운 상황이 발생할 수 있다. 또 주변에 대형 상업시설이 들어서거나 소비 수요에 비해 점포가 많은 경우 상가 세입자를 구하기 어려운 경우도 종종 있어 주변 개발 여건도 체크해야 한다.

임대주택 수요에 대한 분석도 필요하다. 주변에 도시형생활주택이나 오피스텔 공급이 많거나 다가구주택 수요가 적은 곳은 주택 세입자를 구하기 어려워 수익률이 떨어질 수밖에 없다. 또 지역별로 허용 가구 수가 3~5가구까지 차이가 있어 토지 구입 전에 건축 가능 가구 수를 필히 확인해야 한다.

입지도 꼼꼼히 따져야 봐야 한다. 상가를 겸하고 있기 때문에 유동인구의 접근성이 무엇보다 중요하다. 번화한 상업시설 이면도로변이나 대로변 코너 자리일수록 괜찮은 입지로 평가받을 수 있다. 공용 주차장 부지가 가까워도 좋다. 여러 대의 주차가 어려운 만큼 공용 주차장이 가깝다면 주차 공간 확보에도 도움이 될 수 있다. 그리고 1필지당 가구 수 제한 규정이 있다. 최소 가구당 다섯 가구가 가능해야 수익성이 높아진다.

TIP
- 1필지당 가구 수의 제한을 확인하라.
- 점포겸용주택 주변의 유동 인구를 확인하라.
- 점포겸용주택은 1층 상가의 임차가 가장 중요하다.
- 점포겸용주택의 입지는 코너 자리가 좋다.

세금 전략

점포겸용주택의 취득세, 보유세, 양도소득세

점포겸용주택은 상가와 주택을 함께 사용하는 주택이다. 가령, 1층은 상가, 2, 3층은 주택인 경우다. 점포겸용주택에 투자할 때 취득세, 보유세, 양도소득세에 대한 세금을 정리하면 다음과 같다.

점포겸용주택 취득세

점포겸용주택 취득 시 취득세는 상가 부분과 주택 부분을 안분해 각각 취득세를 계산한다. 상가 부분은 4.6%의 세율을 적용하고 주택은 1.1~3.5%의 세율을 적용한다. 다주택자인 경우 중과세율이 적용된다.

| 점포겸용주택 취득 시 금액 배분

$$상가분금액 = 매매금액 \times \frac{상가\ 부분(토지\ 공시지가 + 건물\ 시가표준액)}{상가\ 부분(토지\ 공시지가 + 건물\ 시가표준액) + 개별주택가격}$$

$$주택분금액 = 매매금액 \times \frac{상가\ 부분(토지\ 공시지가 + 건물\ 시가표준액)}{상가\ 부분(토지\ 공시지가 + 건물\ 시가표준액) + 개별주택가격}$$

① 매매 금액: 계약서 취득 금액
② 상가 부분 건축물 시가표준액
- 일사편리 부동산 정보조회시스템 상가 건축물 면적 × 위택스 시가 표준액
③ 상가 부분 토지 시가표준액
- 일사편리 부동산정보조회시스템 토지 면적 × 토지이용계획열람원 개별공시지가
④ 주택 부분(토지 + 건축물) 시가표준액
- 일사편리 부동산 정보조회시스템 개별주택가격

점포겸용주택 재산세와 종합부동산세

점포겸용주택을 보유할 때 재산세와 종합부동산세를 내야 한다. 재산세와 종합부동산세도 취득세와 마찬가지로 주택 부분과 상가 부분을 따로 계산한다. 1층은 상가, 2, 3층이 주택인 경우 1층에 해당하는 부분은 상가의 보유세를 납부하고 2, 3층에 해당하는 부분은 주택에 대한 보유세를 납부한다.

점포겸용주택을 양도할 때는 취득세, 보유세처럼 주택에 대한 부분은 주택양도소득세, 상가에 대한 부분은 상가양도소득세를 각각 따로 계산하는 것이 원칙이다. 다만, 다른 주택이 없고 점포겸용주택만 있는 1주택자는 양도가액 기준으로 다음과 같이 구분해 과세하는 특례가 있다. 다른 주택이 있고 점포겸용주택이 있는 자가 점포겸용주택을 양도하는 경우에는 원칙대로 주택 따로, 상가 따로 계산한다. 점포겸용주택만 있는 1주택자가 점포겸용주택을 양도할 경우 특례 규정을 적용하니 주의할 필요가 있다.

◈ 전체(주택 부분과 상가 부분을 합한 금액) 양도가액이 12억 원 이하

전체 양도가액이 12억 원 이하일 때에는 주택 연면적이 상가 연면적보다 크면 전부 주택으로 보아 1주택 비과세를 적용한다. 만약, 주택 연면적이 상가 연면적보다 작거나 같으면 주택 부분만 주택으로 보아 따로따로 세금 계산을 한다. 주택 부분은 1주택 비과세 요건을 충족한 경우 양도소득세 비과세를 적용하고 상가 부분은 양도소득세를 과세한다. 예를 들어보자. 1층은 상가 2층 및 3층은 주택이다. 전체 매각 금액이 12억 원이라고 한다면 전체를 주택으로 보아 비과세를 적용한다. 즉, 1세대 1주택 양도가액 12억 원 이하이므로 양도소득세가 없다.

만약 현재 시점에 주택과 상가의 면적이 같다면 주택의 면적을 좀 크게 한 다음 양도하는 것이 절세 방법이다. 지하실의 주거 면적을 크게 하거나 주거용 옥탑방을 건축하거나 주택으로 올라가는 별도의 계단을 신축하는 방법이 있다. 주택의 면적을 높인 경우 최소 2년은 보유한 후 양도해야 한다. 전체 주택으로 사용한 기간이 최소 2년 이상은 돼야 하기 때문이다.

▌ 점포겸용주택 양도세 전략

> ① 점포겸용주택 신축 시 주택 면적을 조금 더 크게 신축하라.
> ② 점포겸용주택의 지하실도 주거로 사용하고 있으면 주택 면적에 합산된다.
> ③ 면적이 똑같다면 옥탑방을 건축해 주택 면적을 더 크게 하라.
> ④ 주택으로 올라가는 계단도 주택 면적에 포함해 계산한다.

◈ 전체(주택 부분과 상가 부분을 합한 금액) 양도가액이 12억 원 초과

전체 양도가액이 12억 원을 초과하는 때는 상가 부분은 상가의 양도소득세를 계산하고 주택 부분은 주택의 양도소득세를 계산한다. 계약서에 별도로 구분해 상가와 주택 부분 양도가액을 적지 않고 일괄해 매매계약을 하는 경우에는 양도가액을 주택과 상가 부분으로 나누고 취득가액도 상가와 주택 부분으로 나누어 양도소득금액을 계산해야 한다. 대부분 매각할 때 따로 매매 금액을 구분 계약하지 않고 통으로 계약하는 것이 일반적이다.

다음은 점포겸용주택과 아파트를 보유한 H씨의 절세 사례다. H씨는 다음과 같은 2주택자다. 주택을 모두 처분해 금융자산으로 보유하고 싶어 한다. 특히 점포겸용주택을 양도할 때 양도소득세가 많이 나오지 않을까 걱정이다. 어떤 순서로 매매하면 좋을까?

① 구미시 소재 아파트

- 시가: 4억 원
- 취득가액: 2억 원
- 보유기간: 6년

② 서울 강남 소재 3층 점포겸용주택

- 시가: 40억 원
- 취득가액: 5억 원
- 보유기간: 15년(취득 후 계속 거주 중)
- 1층 상가(50평), 2·3층 주택(각각 50평)

H씨가 보유하고 있는 점포겸용주택은 양도차익이 매우 크다. 따라서 양도차익이 적은 구미시 주택을 먼저 양도(또는 세대 분리된 가족에게 증여)하고 1세대 1주택 비과세 요건을 갖춰 점포겸용주택을 양도하는 것이 절세 방법이다. 구미시 주택을 양도한 후 H씨는 점포겸용주택 1채만을 보유하게 된다. 2층과 3층 부분은 1세대 1주택이므로 주택 부분에 대해서는 양도가액 12억 초과분에 대해서만 양도소득세가 과세되고 장기보유특별공제도 80%를 적용받을 수 있다.

TIP | 점포겸용주택의 절세 핵심 포인트

- 점포겸용주택의 1주택 양도소득세 혜택은 다른 주택이 없는 경우에만 적용한다.
- 전체 양도가액이 12억 원 이하인 경우 주택의 연면적이 상가의 연면적보다 큰 경우 전체를 주택으로 보아 양도소득세 계산을 한다.
- 매각 차익이 큰 경우 1주택 상태로 만들고 매각하는 것이 좋다.

2

전원주택

투자 전략

전원주택 선택 시 유의 사항

전원주택은 자연환경을 누리며 개인 생활이 보장되는 주거 형태로, 도심과 비교해 저렴한 토지 비용과 높은 삶의 질을 제공한다. 그러나 교통 불편, 인프라 구축 비용, 관리 부담 등의 단점이 있다. 전원주택 선택 시 꼭 확인해야 할 것들이 많다.

첫째, 목적을 확실하게 정해야 한다. 전원주택은 구입 목적부터 확실히 해야 한다. 상주용, 주말용, 요양 목적, 농업, 회사 연수원 등 목적에 따라 가격이나 거리 등 많은 차이가 있기 때문이다. 전원주택으로 가는 첫 단추인 토지 구입을 잘못하면 토지형질변경 등 모든 것이 어려워진다.

둘째, 이상과 현실은 다르다. 머릿속에 아름다운 전원주택 그림만 그리면 실패할 수 있다. 그동안 봤던 멋진 주택은 그냥 만들어진 게 아니다. 피땀 흘려 자연과의 전쟁에서 승리했기에 만들어진 것이다. 전원주택은 개척자적인 생각으로 접근해야 한다.

셋째, 눈 내린 다음 날이 답사하기 가장 좋은 날이다. 그 땅의 맨 얼굴이 그대로 드러나기 때문이다. 눈이 내린다면 다음 날 도로 상황과 채광, 주변 혐오 시설 유무를 가감 없이 체크하자.

넷째, 반듯한 땅이 좋다. 토지를 100% 활용하기 위해서는 반듯한 땅이 좋다. 매입 전에 도로에 대한 권리를 확인하고, 경계 측량을 통해 실제 경계를 정확히 하는 게 바람직하다.

다섯째, 개발 정보를 살펴라. 멀리 내다봐야 한다. 관할 군청 등에서 부지 주변에 계획된 일정을 살펴 추후 상황까지 그려보고 대비하자.

여섯째, 이웃을 살펴라. 이웃들을 찾아가 그곳 성향이나 인심 등을 미리 체크하는 게 좋다. 모든 조건이 나에게 맞더라도 주변 사람과의 성향이 맞지 않아 실패하는 경우도 왕왕 있다. 발품을 통해서 꾸준히 움직인다면 만족할 만한 부지를 구매하게 될 것이다.

TIP **전원주택부지를 활용하기 위해 농지 매수 시 현장 체크리스트**
- 지적도상 도로와 현황도로의 일치 여부
- 지적도상 경계선과 현장 경계선의 일치 여부
- 도로와 농지가 접하고 있는지 여부
- 토지와 지적도상 방위의 일치 여부
- 해당 농지의 주변 환경
- 농로, 수로, 경지 정리 등 농업생산기반시설 정비 여부
- 상습 침수 지역 여부

전원주택 투자 시 토지의 이력을 파악하라

 **기획부동산 토지는 위험, 토지 매입 시 토지의 이력을
반드시 확인하라**

최근 부동산 시장에서 투자 상품에 대한 트렌드는 주거용 부동산
이지만, 예전에 주거용 부동산이 투자 대상 1번지에서 밀려나고 토지
가 급부상한 적이 있었다. 이와 같은 현상은 주거용 부동산에 대한 정
부의 규제가 강화되고 행정수도 이전과 고속철도 호재가 있는 충청권
과 대규모 개발이 예정된 수도권 개발 예정지에 관심이 모아지면서 토
지 투자 열기가 높아졌기 때문이다.

그러나 토지에 대한 관심이 높아지면 항상 피해자들이 속출했다.
분당에 거주하는 40대 주부 J씨는 친한 친구의 소개로 평창에 있는 임
야 300평을 평당 30만 원에 매입했다. J씨가 매입한 토지에 대한 등기
부등본을 확인해 보니 기획부동산이라고 하는 컨설팅회사의 달콤한
유혹에 넘어가 매입한 것으로 30명과 함께 공유지분으로 등기가 돼
있었다. 여러 사람의 공유지분 토지는 향후 매도 시 분할등기가 돼 있
지 않아 환금성에 문제가 발생할 가능성이 높고 가치 상승도 어렵다.
기획부동산의 토지 매입은 신중에 신중을 기하거나 접근하지 않는 것
이 좋다. 토지를 매입할 때는 토지의 소재지에 해당하는 등기사항전부
증명서, 토지이용계획확인서, 토지대장, 임야대장, 지적도, 임야도 등
을 꼼꼼하게 분석해야 한다. 특히 다음과 같은 지목이나 규제 지역은
투자 시 매우 주의를 해야 한다.

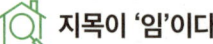

지목이 '임'이다

건물을 지으려면 '임'이란 지목을 '대'로 변경해야 하는데 그 기준이 까다롭기 그지없다. 여러 조건이 있지만 그중 대표적인 게 경사가 20도 이하로 완만해야 하고 지하가 암반이거나 절벽과 계곡이 있거나 수목이 울창한 경우는 주의해야 한다. 이건 다시 말해 보전할 만한 상태가 아닌 숲에 예외적으로 건축할 수 있게 해준다는 소리다. K씨는 울창한 숲이 마음에 들어 땅을 구입했지만 이 무성한 숲 때문에 건축이 불가능한 땅이 되리란 건 꿈에도 생각하지 못했다.

지목이 '묘'다

묘지가 있는 땅이란 소리다. 이런 곳은 묘지의 이전이 이루어진 후 건축이 가능하다. 그러나 이 묘지 이전 절차가 만만치 않다. 연고 묘지라면 마을 이장 등을 통해 묘지 이장을 연고자에게 요청할 수 있지만 무연고자라면 신문에 분묘개장공고를 내야 하는 등 3개월 이상의 시간과 묘 1기당 300만 원의 비용이 든다. 명심하자 죽은 사람이 제삿밥을 먹는지 아닌지는 몰라도 돈을 먹는 것은 틀림없다.

 특별대책지역 1권역

특별대책지역은 팔당, 대청호상수원수질보전 특별대책지역 지정 및 특별종합대책에 따라 적용 중이다. 특별대책지역은 1990년 7월 19일 이후 분할된 필지는 세대원을 포함한 전 세대원이 허가일 기준 6개월 이전부터 특별대책지역 1권역에 주민등록이 되어 있고 실제로 거주하는 사람에 한하여 건축허가를 받을 수 있으니 주의가 필요하다. 특별대책지역 2권역에 거주하고 있으면 주택을 허가받아 지을 수 없다.

마지막 일격 보전임지

거의 그린벨트 바로 아래라고 할 만큼 하지 말란 것이 많은 게 바로 보전임지다. 현지에서 농사짓는 사람만이 주택과 농사에 필요한 시설을 짓는 데 필요한 500평 미만의 주택이나 창고 축사의 목적으로 건축허가가 가능하고 산림경영을 위한 관리사 목재가공공장만이 제한적으로 허용된다. 농업인이 주택만을 목적으로 건축한다면 180평 이하만 허용되므로 펜션 사업을 위한 단지 조성은 불가능한 일임이 자명해진 것이다.

▎공적 장부의 종류 및 확인 내용

공적 장부 종류	확인 내용	발급처
토지(임야)대장	소유자, 위치, 면적, 지번, 지목, 축척	시, 군, 구
지적(임야)도	소재지, 지번, 지목, 경계, 지형	시, 군, 구
등기부등본	표제부 - 부동산 표시 갑구 - 소유권 및 제한 사항 을구 - 소유권 외 각종 권리 사항	법원 등기소
토지이용 계획확인원	공법상 이용 제한 및 거래 규제 사항	시, 군, 구
공시지가확인원	공시지가	동사무소
가족관계등록부	소유자의 행위 능력(금치산자, 한정치산자, 후견 인), 법정대리인	동사무소
농지원부	농지의 소유 관계 및 이용 실태	시, 구, 읍, 면

TIP
- 명심하자. 토지이용계획 확인원은 가장 중요한 부적이다. 반드시 확인하는 길만이 눈먼 귀신들로부터 재산을 지키는 최소한의 방법이다.
- 전원주택용 토지 투자는 가치 상승과 환금성이 낮다. 신중하게 토지 매입을 해야 한다.

세금 전략

전원주택 비과세 여부 확인

은퇴 후 노후를 위해 전원주택을 구입하고자 하는데, 일정 요건을 충족하는 주택은 주택 수에서 제외해 비과세 여부를 판정한다.

조세특례제한법상의 농어촌주택, 고향주택 취득과 비과세

농어촌 활성화를 위해 2003년 8월 1일(고향주택은 2009년 1월 1일)부터 2025년 12월 31일까지 농어촌주택을 취득(자기가 건설해 취득한 경우를 포함)해 3년 이상 보유하고 그 농어촌·고향주택 취득 전에 보유하던 다른 주택을 양도하는 경우에는 그 농어촌주택을 해당 1세대 소유자의 주택이 아닌 것으로 보고 비과세 여부를 판정한다.

농어촌주택은 다음의 요건을 모두 충족한 경우 일반 주택을 양도할 때 비과세를 적용받을 수 있다.

농어촌주택은 ① 2003년 8월 1일부터 2025년 12월 31일까지 취득해야 한다. ② 일반 주택은 농어촌주택을 취득하기 전에 보유하고 있어야 한다. ③ 농어촌주택은 일반 주택을 양도하기 전 3년 이상을 보유하거나, 일반 주택을 양도한 후 3년 이상 보유해야 한다. ④ 취득 당시 기준시가가 3억 원(한옥은 4억 원) 이하여야 한다. ⑤ 취득하는 농어촌주택이 읍·면(수도권 등은 제외) 지역 및 기회발전특구 지역(수도권과밀억제권 안은 제외), 인구 20만 명 이하의 법이 정한 시의 동 지역에 위치해야 한다. ⑥ 취득하는 농어촌주택이 일반 주택(종전에 보유하고 있는 주택)과 같은 읍·면 또는 연접한 지역, 같은 시 또는 연접한 시에 위치하지 않아야 한다. ⑦ 취득하는 농어촌주택이 수도권(연천군, 가평군, 강화군 및 옹진군 제외), 도시지역(영암·해남·태안 관광레저형 기업도시개발구역 제외), 부동산거래허가구역, 조정 지역, 관광단지에 위치하지 않아야 한다. 상기의 7가지 요건을 모두 충족한 경우에는 1주택 비과세를 적용할 때 주택 수에 포함하지 않는다.

고향주택은 다음의 요건을 모두 충족한 경우 일반 주택을 양도할 때 비과세를 적용받을 수 있다.

① 가족관계등록부(제적부 등을 포함)에 10년 이상 등재된 등록기준지를 기준으로서 10년 이상 거주한 사실이 있는 지역(연접한 시 지역 포함)의 주택이어야 한다. ② 2009년 8월 1일부터 2025년 12월 31일까지 취득해야 한다. ③ 일반 주택은 고향주택을 취득하기 전에 보유하고 있어야 한다. ④ 고향주택은 일반 주택을 양도하기 전 3년 이상을 보유하거나, 일반 주택을 양도한 후 3년 이상 보유를 해야 한다. ⑤ 취득 당시 기준시가가 3억 원(한옥은 4억 원) 이하여야 한다. ⑥ 취득하는 고향주택이 인구 20만 명 이하의 법이 정한 시의 동 지역에 위치해야 한다. ⑦ 취득하는 고향주택이 일반 주택(종전에 보유하고 있는 주택)과 같은 시

또는 연접한 시에 위치하지 않아야 한다. ⑧ 취득하는 고향주택이 수도권, 조정 지역, 관광단지에 위치하지 않아야 한다. 상기의 8가지 요건을 모두 충족한 경우에는 1주택 비과세를 적용할 때 주택 수에 포함하지 않는다.

▌1세대 1주택 비과세 + 농어촌주택과 고향주택(조세특례제한법 제99조의 4)

구분	농어촌주택	고향주택
취득시기 및 과거 거주요건 제한	2003년 8월 1일부터 2025년 12월 31일까지 취득(농어촌주택 취득 전에 일반 주택을 취득해야 함)	2009년 1월 1일부터 2025년 12월 31일까지 취득(가족관계 등록부에 10년 이상 등재된 등록기준지로서 10년 이상 거주한 사실이 있는 지역에 소재한 주택(연접한 지역 포함)이고, 고향주택 취득 전에 일반 주택을 취득해야 함)
보유요건	농어촌주택은 3년 이상 보유해야 함(일반 주택 양도 전 또는 후 3년 이상)	고향주택은 3년 이상 보유해야 함(일반 주택 양도 전 또는 후 3년 이상)
금액요건	취득 당시 기준시가 3억 원(한옥은 4억 원) 이하일 것	
해당 지역	읍·면(수도권 등은 제외) 지역, 법정 기회발전특구지역또는 인구 20만 명 이하인 법이 정한 시의 동지역	인구 20만명 이하인 법이 정한 시지역
기존 주택 연접 지역 취득 제한	같은 읍·면 또는 연접한 읍·면 지역 등은 제외	같은 시 또는 연접한 시 제외
취득 제한 지역	• 수도권(연천군, 가평군, 강화군 및 옹진군 제외) • 도시지역(영암·해남·태안관광레저형 기업도시개발구역 제외) • 부동산거래허가구역 • 조정 지역 • 관광단지	• 수도권지역 • 조정 지역 • 관광단지

▮ 인구 20만 명 이하의 법정 시 지역의 범위(조세특례제한법 시행령 제99조의 4)

구분	시(26개)
충청북도	제천시
충청남도	계룡시, 공주시, 논산시, 보령시, 당진시, 서산시
강원도	동해시, 삼척시, 속초시, 태백시
전라북도	김제시, 남원시, 정읍시
전라남도	광양시, 나주시
경상북도	김천시, 문경시, 상주시, 안동시, 영주시, 영천시
경상남도	밀양시, 사천시, 통영시
제주도	서귀포시

🔍 소득세법상의 농어촌주택 및 귀농주택의 취득과 비과세

수도권 밖의 지역 중 읍 지역(도시지역 안의 지역 제외) 또는 면 지역은 인구가 감소하고 있어 이 지역에 상속주택, 이농(어민이 어촌을 떠난 경우 포함)주택, 귀농(영농 또는 영어)을 위해 주택을 취득한 경우 일반 1주택 양도 시 귀농주택 등은 없는 것으로 보고 비과세 여부를 판정한다. 중요한 점은 주택 수에 포함되지 않는 상속주택, 이농주택, 귀농주택이 수도권 밖의 읍 지역과 면 지역에 위치해야 한다.

첫 번째가 읍(도시지역 제외)·면 지역의 일정 요건을 충족한 상속주택이다. 수도권 밖의 읍 지역(도시지역 안의 지역 제외)과 면 지역에 있는 상속주택으로 피상속인이 취득 후 5년 이상 거주한 사실이 있는 경우 일반 주택 양도 시 1주택 비과세를 적용받을 수 있다.

두 번째가 이농주택이다. 영농 또는 영어에 종사하던 자가 전업으로 인해 다른 시(「제주특별자치도 설치 및 국제자유도시 조성을 위한 특별법」에 따라 설치된 행정시 포함)·구(특별시 및 광역시의 구)·읍·면으로 전출함으로써 거주자 및 그 배우자와 생계를 같이하는 가족 전부 또는 일부가 거주하지 못하게 되는 주택이다. 이농인이 5년 이상 거주하던 이농주택이 있는 경우 일반 주택 양도 시 1주택 비과세를 적용받을 수 있다.

세 번째가 귀농(영농과 영어)을 위해 취득한 주택이다. 영농 또는 영어에 종사하고자 하는 자가 취득(귀농 이전에 취득한 것을 포함)해 거주하고 있는 주택으로서 다음 표의 조건을 갖춘 것을 말하며, 귀농으로 인해 세대 전원이 농어촌주택으로 이사하고 기존 주택을 5년 이내 양도하는 경우에는 귀농 후 최초로 양도하는 1개의 일반 주택에 한해 비과세할 수 있다.

| 귀농(영농과 영어)을 위해 취득한 주택

구분		내용
지역 조건	지역 제한	수도권 밖의 지역 중 읍 지역(도시지역안의 지역은 제외) 또는 면지역에 소재하는 주택
주택 가격 조건		취득 당시 고가주택(실지거래가액 12억 원)에 해당하지 않을 것
대지 제한		660㎡ 이내일 것
이주와 거주 조건		전 가족이 이주하고 3년 이상 거주할 것
영농		1,000㎡ 이상의 농지를 소유하는 자(배우자 포함)가 해당 농지의 소재지(연접한 시·군·구와 30㎞ 이내 지역 포함)에 있는 주택을 취득하거나 1,000㎡ 이상의 농지를 소유하자는 자(배우자 포함)가 해당 농지를 소유하기 전 1년 이내에 해당 농지소재지에 있는 주택을 취득할 것
영어		수산업법에 의한 신고·허가 및 면허어업자와 이들에게 고용된 어업종사자가 취득

귀농주택 소유자가 귀농일(귀농 주택에 주민등록을 이전해 거주를 개시한 날)부터 계속해 3년 이상 영농 또는 영어에 종사하지 아니하거나 그 기간 동안 해당 주택에 거주하지 아니한 경우 그 양도한 일반 주택은 1세대 1주택으로 보지 아니하며, 해당 사유가 발생한 날이 속하는 달의 말일부터 2개월 이내에 양도소득세로 신고·납부해야 한다.

TIP | **전원주택의 절세 핵심 포인트**

- 농어촌주택과 고향주택 등 세금 혜택을 받는 전원주택은 조세특례제한법과 소득세법에 각각 요건을 규정하고 있다.
- 전원주택, 귀농주택 등은 없는 것으로 보아 1세대 1주택 비과세 여부를 판정한다.

3

재건축·재개발

재건축·재개발

투자 전략 및 유망 지역

재건축·재개발 투자 전략 타이밍

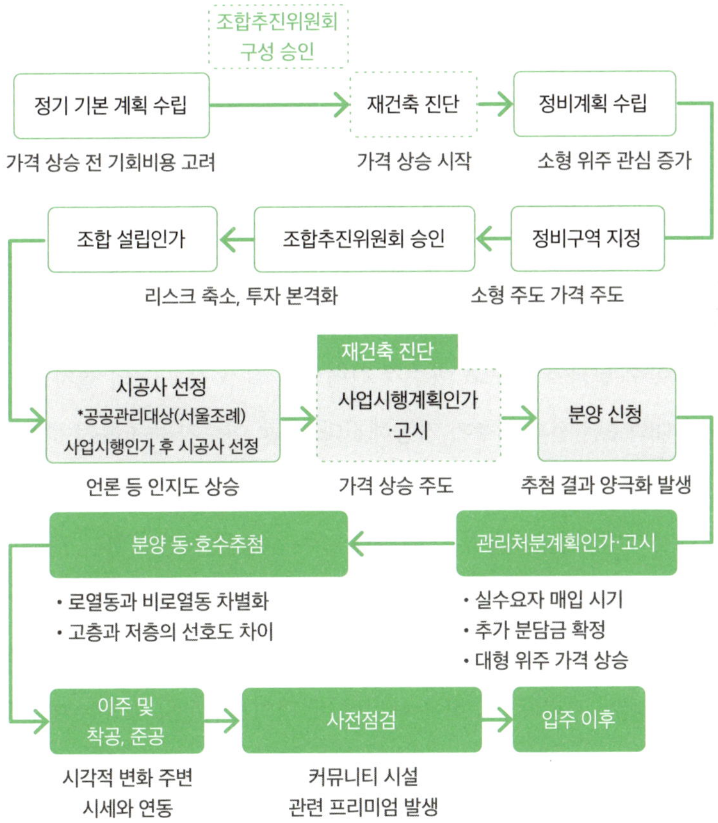

조합추진위원회
구성 승인

정기 기본 계획 수립 → 재건축 진단 → 정비계획 수립

가격 상승 전 기회비용 고려   가격 상승 시작   소형 위주 관심 증가

조합 설립인가 ← 조합추진위원회 승인 ← 정비구역 지정

리스크 축소, 투자 본격화   소형 주도 가격 주도

재건축 진단

시공사 선정
*공공관리대상(서울조례)
사업시행인가 후 시공사 선정
→ 사업시행계획인가
·고시
→ 분양 신청

언론 등 인지도 상승   가격 상승 주도   추첨 결과 양극화 발생

분양 동·호수추첨 ← 관리처분계획인가·고시

· 로열동과 비로열동 차별화
· 고층과 저층의 선호도 차이

· 실수요자 매입 시기
· 추가 분담금 확정
· 대형 위주 가격 상승

이주 및
착공, 준공
→ 사전점검 → 입주 이후

시각적 변화 주변
시세와 연동

커뮤니티 시설
관련 프리미엄 발생

재건축·재개발 투자 시점은 초기 단계에서 빠를수록 좋다. 정비계획수립 또는 구역지정 단계의 빠른 시점에서 투자 타이밍을 잡는 것은 입주권을 선점하는 것이다. 그러나 입주까지 긴 시간이 소요될 수 있다. 그러므로 소액으로 소형평형지분을 통해서 조합원 자격을 취득해 입주권을 얻는 전략이 필요하다.

조합설립인가를 받게 되면 주택단지 안의 전체 구분소유자의 재개발은 75%, 재건축은 70%의 동의를 얻어 사업이 탄력을 받게 되어 재건축·재개발 투자의 리스크가 줄고 투자자들의 관심도 높아진다.

시공사 선정 또는 사업시행계획인가를 받게 되면 8부 능선을 넘어 10년에서 12년 전후 새 아파트가 된다. 행정 절차의 마지막 단계인 관리처분계획인가를 받게 되면 재건축인 경우 초과이익부담금이 어느 정도 예상되고 조합원들이 선택한 평형에 따라 추가부담금이 확정돼 주변 아파트 시세와 연동해 조합원의 가치가 어느 정도 정해진다. 그리고 이주 날짜가 나오고 이주가 진행되어 철거 착공 등의 절차를 걸치면 대략 6년 전후 입주가 가능해진다. 다만, 이주가 순조롭지 못하거나 착공 과정에서 문화재가 나오면 1년에서 2년 정도 늦어지는 경우도 종종 있어 여유롭게 투자 기간과 입주 시점을 잡아야 한다. 예컨대 장위 10구역은 2008년 정비구역으로 지정됐고 2017년 관리처분인가를 받았지만 사랑제일교회 측과 보상 문제로 사업 추진이 지지부진해졌다. 조합은 사랑제일교회를 제외한 채 정비사업을 진행하는 안건을 확정했고, 서울시 도시재정비위원회에서도 재정비촉진구역에 대한 촉진계획 변경안을 확정하여 개발 사업을 다시 진행하게 되었다. 그러나 사업 지체에 따른 금융비용 등을 고려하면 투자자 입장에서는 큰 손실이다. 재건축·재개발 투자는 속도가 투자 가치이다.

최근 투자 타이밍은 정비사업단지의 건설 시공사 선정 시점이 가장 좋은 타이밍이다. 시공사 선정 이후 언론에 많이 노출되면 투자자들의 관심이 높아지고 시공사의 보이지 않는 힘으로 정비사업의 속도가 빠르게 움직이기 때문이다.

재건축 패스트트랙 도입

2024년 6월부터 아파트를 지은 지 30년이 넘었다면 안전진단을 통과하지 않더라도 재건축에 착수할 수 있게 되었다. 1994년 도입된 안전진단이 30년 만에 재건축진단으로 이름을 바꿔 전면 개편되는 것이다. 이를 통해 재건축 사업 기간이 지금보다 3년가량 줄어들 것으로 전망된다. 국토부교통부는 '재건축 패스트트랙' 도입을 위한 도시 및 주거환경정비법 개정으로 안전진단의 명칭을 '재건축진단'으로 변경하고, 재건축진단의 실시 기한을 사업시행계획인가 전까지로 변경했다.

그동안 아파트를 재건축하려면 먼저 안전진단에서 D등급 이하를 받아 위험성을 인정받아야 했다. 이 문턱을 넘지 못하면 재건축 사업을 준비할 조직 자체를 만들 수 없었다. 도시 및 주거환경정비법 개정으로 안전진단을 통과하지 않은 상태에서도 '정비계획 수립 및 정비구역 지정→재건축 추진위 설립→조합설립인가' 절차를 진행할 수 있도록 했다. 그리고 기존에는 재건축조합추진위원회 승인 시점도 정비구역 지정 이후 꾸릴 수 있지만, 앞으로는 지정 이전에도 가능하다. 사업 초기 단계에서 법적 지위를 가진 주체를 통해 안정적으로 사업을 진행하지 못하면 사업이 지연되는 요인이 될 수 있어 시기를 앞당겼다. 향후 재개발 투자보다 재건축 투자에 대한 기댓값이 높아질 것이다.

TIP | **재건축·재개발 투자 시점 포인트**

- 초기 투자는 입주 시점까지 긴 호흡이 필요하다.
- 조합원 자격 요건에 해당되는 지분 확보를 위한 소액으로 투자하라.
- 수익성과 안정성을 동시에 확보하려면 시공사 선정 시점을 선택하라.
- 실입주자는 입주 시점 예상 가능한 관리처분계획인가 고시 이후 투자하라.
- 추가부담금과 재건축인 경우 초과이익 환수부담금을 파악하고 투자하라.

정비사업인 재건축 사업과 재개발 사업은 차이점이 많다. 사업 대상 지역, 추진 절차의 안전진단통과, 초과이익환수제도, 소형평형 건설기준, 조합원의 자격요건, 투기과열지구 내 조합원지위 양도제한 규정, 조합설립 시 동의요건 규정에서 차이가 있다. 차이점을 잘 살펴보고 투자해야 성공의 지름길로 갈 수 있다.

재건축 사업은 정비기반시설이 양호한 곳이지만 노후한 건물이 밀집한 곳을 새롭게 탈바꿈하는 사업이다. 재개발 사업은 정비기반이 불량한 곳을 대상으로 한다. 도로, 공원, 주차 공간 등 정비기반시설이 열악한 곳이 재개발 사업 대상 지역이다. 한마디로 재개발 사업 대상 지역은 '달동네'를 기준으로 한다는 것이다. 서울 동작구 노량진, 관악구 신림동 일대에는 오래된 빌라와 단독주택이 즐비하고 도로가 좁아 차량 이동이 불편한 곳이 많다. 해당 지역에서 노후된 주택을 허물고 도로와 공원을 정비한 후에 새 아파트를 짓는 것이 재개발 사업이다.

추진 절차에서도 재건축 사업은 재건축 진단통과 규정이 있지만 재개발 사업은 별도의 규정이 없다.

또한 재건축 사업에서는 재건축 초과이익 환수제도가 2018년도 1월부터 시행이 되어 재건축 단지가 관리처분계획인가를 신청하면 재건축 초과이익 환수제도가 적용된다. 조합원 1인당 재건축으로 얻은 초과이익이 8,000만 원을 초과하면 부담금을 납부해야 한다. 그러나 재개발 사업은 개발 이익이 발생하더라도 환수가 발생하지 않는다.

재건축 사업과 재개발 사업의 차이점

구분	재건축 사업	재개발 사업
사업 대상 지역	정비기반시설이 양호한 지역이지만 노후·불량한 건축물에 해당하는 공동주택이 밀집된 지역	정비기반시설이 열악한 지역으로 노후·불량한 건축물이 밀집된 지역, 상업지역, 공업지역 도시기능회복 및 상권활성화 지역
추진 절차	재건축진단 통과	진단과 무관
초과이익 환수제도	환수제도 적용	환수하지 않음
소형 평형 건설 기준	주거전용면적 85㎡ 이하 세대 수의 60% 이상	주거전용면적 85㎡ 이하 세대 수의 80% 이상
조합원의 자격	정비구역 안에 소재한 건축물 및 그 부속토지의 소유자로 재건축 사업에 동의한 자	정비구역 안에 소재한 토지 또는 건축물의 소유자 또는 지상권자
조합원 지위 양도 제한 (투기과열지구 내에서)	조합설립인가 후 소유권이전 등기 시까지	관리처분계획인가 후 소유권 이전등기 시까지
조합설립추진위원회 설립 승인 시 동의 요건	토지 등 소유자 과반수 동의	토지 등 소유자 과반수 동의

다만, 재개발 사업은 초과이익 환수제도는 없지만, 임대주택의 의무비율이 적용된다. 예를 들어, 전체 세대수가 1,000세대일 때 170~200세대의 임대주택이 공급되어야 재개발 사업이 진행될 수 있다.

반면에 재건축 사업은 세입자 이주 대책에 대한 규정이 없기 때문에 임대주택의 의무비율이 권고 사항이다. 예컨대 재건축 단지가 상향된 용적률을 받으려면 그 상향된 용적률의 50%에 해당하는 부분을 임대주택으로 일정 비율 공급해야 가능하다.

소형평형 의무비율도 다르다. 재건축 사업단지는 주거전용면적 85㎡ 이하의 주택이 주택 전체 세대 수의 60% 이상 건설되어야 한다. 1,000세대 중 600세대를 주거전용면적 85㎡(분양면적 34평) 이하로 공급하고, 400세대는 85㎡ 초과 면적으로 대형 평형이 가능하다. 재개발 사업단지는 주거전용면적 85㎡ 이하의 주택이 주택 전체 세대 수의 80% 이상 건설되어야 한다. 1,000세대 중 800세대를 주거전용면적 85㎡(분양면적 34평) 이하로 공급하고, 200세대는 85㎡ 초과 면적으로 대형 평형이 가능하다. 그러므로 중산층 이상에서는 아파트 단지에 대형 평형을 더 많이 공급할 수 있는 재건축 사업단지를 선호하는 경향이 있다.

조합원의 자격 요건은 재건축 사업은 토지 및 건축물의 소유자에게 입주권이 부여되고 조합원의 자격이 부여되어 아파트를 분양받을 수 있다. 재개발 사업은 토지 또는 건축물 중 하나만 소유하더라도 조합원 입주권을 받을 수 있고 소유권자가 아닌 지상권자도 조합원의 자격이 부여되어 아파트 분양을 받을 수 있는 입주권이 주어진다.

주택 공급에 관한 기준은 재개발 사업은 1세대 또는 1명이 하나 이상의 주택 또는 토지를 소유한 경우 1주택을 공급하고, 같은 세대에 속하지 아니하는 2명 이상이 1주택 또는 1토지를 공유한 경우에는 1주택만 공급한다. 예컨대, H씨는 재개발 사업구역 내 빌라 1채를 소유하고 있다. H씨는 재개발조합설립인가 전에 빌라 전체를 보유한 N 씨로부터 빌라 1채에 대해 매매계약을 체결했다가 뒤늦게 조합설립인가 후 소유권이전등기를 마쳤다. 도시 및 주거환경정비법은 '조합설립인가 후 1명의 토지 등 소유자로부터 토지 또는 건축물의 소유권이나 지상권을 양수해 여러 명이 소유하게 된 때 그 여러 명을 대표하는 1명을 조합원으로 본다'라고 규정하고 있다. 재개발 조합은 H씨와 N씨 중 1명만을 조합원으로 취급한다. H씨는 조합원과 수분양자 지위를 인정받지 못하게 됐다. 재개발 부동산에 투자할 경우 그 소유권 이전등기 시점도 각별히 주의해 조합원 지위의 제한 사유에 해당하지 않도록 할 필요가 있다.

재건축 사업은 소유한 주택 수만큼 공급받을 수 있다. 수도권 과밀억제권역 내에서는 토지 등 소유자가 소유한 주택 수의 범위에서 3주택까지 공급받을 수 있고 투기과열지구 또는 조정 지역에서 사업시행계획인가를 신청하는 경우는 1세대 1주택으로 제한되어 있다. 그러나 재개발 사업 또는 재건축 사업단지에서 조합원의 가격 범위와 종전 주택의 주거전용면적의 범위 내에서 2주택이 가능하다. 다만, 60㎡ 이하로 공급받은 1주택은 이전고시일 다음 날부터 3년이 지나기 전에는 주택을 전매(매매 증여나 그 밖에 권리의 변동을 수반하는 모든 행위를 포함하되 상속의 경우는 제외)할 수 없다.

▎ 1+1 입주권을 받는 조건

1. 종전의 건축물의 주거전용면적이 1 + 1 전용면적보다 넓은 경우

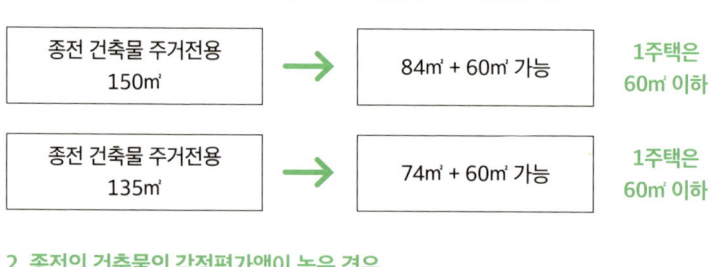

2. 종전의 건축물의 감정평가액이 높은 경우

반포에 재건축아파트를 소유하고 있는 B씨는 재건축 사업은 지연되고, 추가부담금이 높아지면서 얼마 전 소유 재건축 대상 아파트를 매도했다. 20년 보유하면서 정들었던 아파트를 매도하고 후회와 한숨이 깊어지고 있다.

 중단된 정비사업, '철마는 달리고 싶다'

건축비 상승으로 추가부담금이 상승하는 재건축·재개발 사업단지에 투자해야 할까? 최근 조합 측이 건설사들이 요구한 공사비를 받아들이지 않고 있어 정비사업은 속도감 있게 진행되지 못하고 있다. 정비사업장 곳곳에서는 공사비 상승 탓에 난항을 겪는 곳이 많다.

서초구 반포지구의 재건축 반포 주공1단지 1·2·4주구(반포 디에이치 클래스트) 시공사인 현대건설은 최근 조합에 인건비·자재비 인상과 설계 변경 등을 이유로 총 4조 원 공사비를 청구했다. 당초 계약한 2조 6,000억 원에서 55%(1조 4,000억 원) 오른 금액이다. 송파구 잠실 진주아파트의 경우 시공사인 삼성물산과 HDC 현대산업개발이 2023년 4월 3.3㎡당 510만 원이던 공사비를 660만 원으로 올렸다. 그런데 문화재 발굴에 따른 공사 지연, 외국산 마감재 선정 등으로 또다시 3.3㎡당 공사비를 889만 원으로 요구하면서 조합과 갈등을 빚고 있다. 송파구 잠실 우성4차는 공사비 3.3㎡당 760만 원 조건에 두 차례나 시공사 선정이 유찰되자 공사비를 810만 원으로 올려 조만간 재공고할 계획이다.

분양가상한제 적용 대상 지역인 용산구, 서초구, 강남구, 송파구의 분양가상한제에 분양가 심사도 강화되면서 조합원 분양가와 일반분양가가 역전되는 현상이 생기고 있다. 일반분양가는 주변 시세 수준으로 제한되는 상황에서 조합원은 공사비 상승으로 늘어난 비용을 감내해야 하기에 재건축 사업의 수익성이 흔들리고 있다.

가장 큰 문제는 사업성이 현저히 떨어진다고 판단해 조합을 해산할 때 조합원이 그간의 사업추진비용을 나눠 내야 한다는 데 있다. 도시 및 주거환경정비법에 따르면 조합원 자체는 조합이 해산되더라도 손해배상책임이나 분담금 납부 의무가 없다. 하지만 조합원 총회에서 정관에 조합원의 의무를 명시하면 조합원도 조합 해산에 따른 책임을 지게 된다. 통상 대부분 정비사업조합은 정관에서 조합원의 의무를 부과하고 있다. 고금리에 공사비 인상으로 현재 사업성을 떠나 사업이 완결을 맺을 수 있을지 불투명한 사업장이 많다. 정비사업으로 내 집 마련을 하려는 경우 망설이는 이유이다. 신중하게 접근해야 한다.

재건축 초과이익 환수의 공포에서 빠져나온 재건축 사업

2024년 재건축 초과이익 환수제도가 완화돼 발표되자 재건축 대상 아파트를 소유한 사람들은 혜택을 얼마나 받게 되는지 궁금해한다. '똘똘한 1채'라던 재건축아파트 가격이 추풍낙엽처럼 떨어지고 있다. 목동에서 입지가 제일 좋다는 목동 7단지 전용 66㎡는 12월에 18억 3,500만 원에 매매됐지만, 2024년 1월에 1억 3,500만 원 낮은 가격에 거래됐다. 분담금을 5억이나 내야 해서 화제였던, 노원구 상계주공5단지도 실거래가 역대 최고가인 8억 원에서 4억 5,000만 원 내외로 반토막이 났다.

재건축 초과이익 부담금 면제 기준과 부과 구간 단위를 완화했지만 시장에서는 효과가 미흡하다. 재건축 후 집값이 일정 수준 이상 오르면 조합원들은 초과 이익 일부를 부담금으로 내야 한다. 이때 부과되는 부담금의 면제 기준이 3,000만 원에서 8,000만 원으로 높아지고, 부과율을 결정하는 구간 단위도 2,000만 원에서 5,000만 원으로 확대돼 적용됐다. 그리고 재건축 부담금 부과 개시 시점은 추진위원회 승인일에서 조합설립인가일로 늦추어지면서 초과 이익 산정 금액이 적어져 조합원에게는 부담이 줄어들었다. 1주택자는 보유기간(20년 이상 70%, 15년 이상 60%, 10년 이상 50%)에 따라 부담금을 감면받아 재건축 후반 단계를 틀어막는 이 제도가 상당 부분 완화되면서 관련 단지가 혜택을 보게 됐다. 그러나 커뮤니티 고급화 등 건축비 상승 요인으로 재건축 초과이익 환수 완화가 전혀 약발이 안 먹힌다. '알짜'로 불리던 재건축아파트들이 추가분담금 공포에 빠져 있기 때문이다.

재건축 초과이익 부담금

부담금 부과

재건축 초과 이익	1인당 8,000만 원 초과	1억 3,000만 원	1억 8,000만 원	2억 3,000만 원	2억 8,000만 원 초과
부담금 면제	10%	20%	30%	40%	50% 부담금 부과

부담금 부과 개시 시점

*준공 후 5개월 이내 부담금 부과

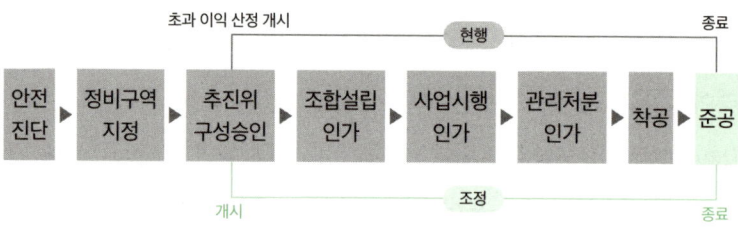

초과 이익 산정 개시 ─ 현행 ─ 종료

안전
진단 ▶ 정비구역
지정 ▶ 추진위
구성승인 ▶ 조합설립
인가 ▶ 사업시행
인가 ▶ 관리처분
인가 ▶ 착공 ▶ 준공

개시 ─ 조정 ─ 종료

부담금 감면

보유기간	6년 이상	7년	8년	9년	10년 이상	20년 이상
	10%	20%	30%	40%	50% 부담금 부과	70%

재개발 투자 권리산정기준일이란?

권리산정기준일을 정하는 이유는 신축 쪼개기와 같은 분양 대상자수 증가를 막기 위함이다. 거래를 막기 위한 목적은 아니다. 권리산정기준일 이후의 금지 규정에 해당하는 대상 물건의 권리를 제한하는 규정으로 거래를 막거나 하는 것이 아니어서 물딱지인지 모르고 거래되는 경우가 종종 있다.

예를 들어 서울시 조례에서 권리산정기준일이란 용어가 등장하는데 일단 구조례와 신조례 이 2가지를 기억해야 한다. 2010년 7월 15일과 기본계획이 언제 수립됐냐를 기준으로 구조례가 적용되느냐, 신조례가 적용되느냐가 결정된다.

2010년 7월 15일 이전 기본계획이 수립돼 있었다고 한다면 구조례가 적용돼 기준일은 2003년 12월 30일이고, 2010년 7월 15일 이후에 기본계획이 수립됐다고 한다면 그 이후에 지정되는 정비계획의 지정고시일 또는 시도지사가 지정하는 날이다. 2010년 7월 15일 이전 같은 경우는 이전에 기본계획이 있었다고 한다면 무조건 2003년 12월 30일이 된다. 그전에 지분 쪼개기를 했으면 분양권이 나오고, 그 이후에 지분 쪼개기를 했으면 분양권이 나오지 않으니 매우 주의해야 하는 부분이다.

정비사업 재개발사업대상지역에서 유행처럼 번지는 지분 쪼개기는 단독주택, 다가구주택을 다세대로 전환해 놓은 것, 한 필지를 여러 개로 쪼개는 것을 말한다. 단독주택 있었던 것, 분양권 하나인 단독주택을 다 철거하고 그다음에 신축건물을 지어놓는 것, 그런 것들을 쪼개기라고 하는데 이들은 권리산정기준일 이전에 했을 경우 분양권이 나오고, 그 이후에 했으면 분양권과 단독분양권도 나오지 않는다.

🔍 권리산정기준일 전인지 후인지 건축물대장과 등기부등본 가운데 무엇을 봐야 할까?

서울시 신속통합기획 재개발의 경우 권리산정기준일의 물건 생성 인정 기준을 등기부 완성 여부로 판단한다. 모아타운은 해당 건축물의 착공 시점으로 판단하고 있다. 이전의 정상 물건은 권리산정기준일 이후에 거래해도 문제가 없다. 반대로 권리산정기준일 이후 신축 쪼개기와 같은 금지 물건은 거래에 문제가 없어 이상 없게 느껴질 수 있으나 아파트 배정에서 제외되니 유의해야 한다. 정비구역이 언제 기본계획이 수립됐느냐, 그리고 어떤 조례를 적용받고 있고, 투자하려는 주택은 언제 건축됐는가를 반드시 확인해야만 한다.

🔍 재개발 지역 무허가건물

무허가건축물에 투자하려고 하는 M씨는 재개발 지역에서 무허가 건축물을 소유한 자로서 조합원 자격 및 분양대상자로 인정받는 자가 관리처분계획의 수립 기준에 따라 종전 주택의 주거전용면적의 범위에서 2주택을 공급받을 수 있을까?

무허가건축물이란 건축법에 따라 필요한 허가나 허가를 받는 절차를 거치지 않고 건축한 경우의 건축물을 의미한다. 과거 어려운 시절에 허가를 받고 지은 것이 아니고 국공유지나 사유지에 무단으로 마구 지어졌다가 정부에서 관리하기 시작했는데 정부가 이런 무허가건축물을 관리하기 위해 무허가건축물 확인원이라는 것을 만들었다. 이 확인원이 존재해야 무허가건축물로 인정받아 입주권이 주어지니 해당 구청 등 지자체 주택과에 꼭 확인해야 한다.

특정무허가건축물의 소유자는 분양 대상자

최근 대법원 판례에 의하면 소유자에게 조합원의 자격이 부여되는 건축물이라 함은 원칙적으로 행정관청의 허가를 받아 신축한 적법한 건축물을 의미하고, 무허가건축물은 관계 법령에 의해 철거돼야 할 것이므로 이에 포함되지 않는다"라고 하며 무허가건축물 소유자는 원칙적으로 조합원 자격이 인정되지 않는다고 할 것이다.

하지만 도시정비법은 조합원의 자격에 관한 사항을 정관에 포함하도록 하고, 서울시 도시 및 주거환경정비 조례는 특정무허가건축물 소유자의 조합원 자격에 관한 사항을 정관에 포함하도록 하고 있다. 이에 2011년 5월 26일 이후 최초로 정비구역 지정을 위해 주민공람을 한 재개발구역의 경우 특정무허가건축물 소유자에 대해 조합원 자격을 인정하고 있으며, 이 경우 특정무허가건축물이란 1989년 1월 24일 당시의 무허가건축물 등으로 규정하고 있다.

그리고 재개발 사업의 공동주택 분양 대상자에 "종전의 건축물 중 주택(주거용으로 사용하고 있는 특정무허가건축물 중 조합의 정관 등에서 정한 건축물을 포함한다)을 소유한 자"로 규정하고 있어(서울시 조례 제 36조 제1항 제1호) 무허가건축물의 소유자를 분양 대상자로도 인정하고 있다.

무허가건축물 소유자도 1+1 분양이 가능한가?

재개발 지역에서 무허가건축물을 소유한 자로서 조합원 자격 및 분양 대상자로 인정받는 자가 관리처분계획의 수립 기준에 따라 종전 주택의 주거전용면적의 범위에서 2주택을 공급받을 수 있을까?

S씨는 서울의 한 재개발 정비구역 내에 연면적 184.92㎡(약 56평) 규모의 무허가건축물 등을 소유하고 있으며, 조합은 2019년 사업시행계획인가를 받은 뒤 2021년에는 조합원들에게 분양 신청을 공고했다. 이에 조합원이었던 S씨는 2개의 주택 분양을 신청했지만 조합 측은 "S씨는 무허가건축물 소유자로 주거전용면적을 확인할 수 없어 2주택 공급대상자에서 제외된다"라고 통보했고, S씨에게 1주택(84㎡·25평)만을 분양하는 관리처분계획을 수립·인가받았다.

S씨는 "조합이 무허가건축물 소유자에게 분양 대상자의 지위를 인정하면서도, 주거용으로 사용되는 부분의 면적 합계가 분양을 희망한 2개 주택 면적 합계 143㎡(43평)를 초과하기 때문에 2주택 분양 대상자에 해당함에도 불구하고 무허가건축물을 소유하고 있다는 이유만으로 1주택만 분양하기로 한 처분은 위법하다"라며 소송을 제기한 사례이다.

서울행정법원은 재개발 사업 시 무허가건축물의 주거전용면적을 그대로 인정하기 어렵다고 보아 1주택만을 분양하기로 한 조합 측의 관리처분계획이 위법하지 않다고 판단했다. 재판부는 종전 건축물의 가격 산정을 위해 건축물 관리대장이 존재하지 않는 무허가건축물에 대해서는 재산세 과세대장, 측량성과가 그대로 '주거전용면적'의 산정 기준이 된다고 볼 근거가 부족하며, 결국 무허가건축물은 건축물대장과 등기부등본 등이 존재하지 않아 주거전용면적을 확인할 수 없다고 결정했다.

무허가건축물 소유자가 재개발 사업에 따른 이익을 향유하게 하는 건 위법한 행위를 한 자가 이익을 받게 되는 것이며 재개발 사업의 원활한 시행과 무분별한 무허가주택의 난립을 규제할 필요성을 고려해 무허가건축물 소유자에겐 조합원의 자격이 부여되지 않는 게 원칙이다. 서울시 도시정비조례가 '주거용으로 사용하고 있는 특정무허가건축물 중 조합의 정관 등에서 정한 건축물'을 소유한 자를 분양 대상자로 포함하는 예외적인 이유는 정비사업이 시행됨에 따라 삶의 터전을 상실할 우려가 있는 무허가건축물 소유자의 주거권을 보장하기 위한

▎1 + 1의 2주택 투자 시 장단점

장점	단점
중소형 2채로 전환 소유	• 1주택자도 관리처분계획인가·고시 후 • 2주택으로 다주택자로 간주 별도로 1채만 매도 불가
• 조합원 분양가로 일반분양가보다 저렴하게 2주택 소유 • 1주택은 거주, 1주택은 임대용으로 활용	• 60㎡ 이하로 공급받은 1주택은 3년 내 전매제한 • 조정 지역의 경우 세금 부담 가중
향후 아파트 가격 상승 시 시세차익실현	다주택자 이주비 대출 제한에 해당 가능성

것이므로, S씨는 이미 1주택 분양 대상자로 거주권이 보장돼 있기 때문에, 소유한 무허가건축물을 근거로 2주택의 공급을 요구할 수는 없다고 판단했으므로 투자 시에 주의해야 한다.

[용어 설명] 재개발 사업지의 용어와 은어

① '원빌라'는 지분 쪼개기가 아니라 처음부터 다세대로 허가받아 지은 빌라이다. '빌라'는 단독주택, 다가구주택이었던 것을 쪼갠 전환다세대주택을 말한다. 감정평가 산정 및 순위 등에서 불이익을 받는다. 전환다세대는 주거전용면적 84㎡ 타입 입주권을 신청할 수 없다. 권리가액이 높은 빌라(구분빌라)보다 권리가액이 낮은 원빌라가 평형 선정에서 더 큰 권리를 갖게 된다.

② 재개발 딱지란 재개발 사업으로 신축될 아파트에 입주할 수 있는 권리를 의미하며, 이는 정식 주택 분양 및 용지 계약 전에 주어지는 특별 분양 입주권을 지칭하는 은어다. 과거에는 무허가건축물 소유자 등에게 주어졌으나, 현재는 도시계획사업으로 철거되는 건물의 원소유자가 아닌 경우, 혹은 분양 자격 요건을 갖추지 못해 입주권을 받을 수 없는 상태를 '물딱지'라고 부르기도 한다.

③ 재개발 지역의 '뚜껑'이란 부동산 거래에서 사용되는 은어로 분양권이 보장된 재개발 지역 내 무허가주택을 말한다. 재개발 지역 내에 있는 무허가건축물 자체는 등기조차 되어 있지 않고 건축한 지 오래돼 현재의 재산적 가치는 거의 없지만 해당 지역이 재개발돼 아파트가 신축되는 경우에 분양권을 보장받기 때문에 미래의 재산적 가치가 높다.

TIP | **재개발 투자 전략**

• 권리산정기준일은 재개발·재건축 등 정비사업구역에서 분양권을 받을 수 있는 기준이다. 권리산정기준일 이전에 주택을 소유했다면 분양권이 생기지만 이후에 매수했다면 현금 청산 대상이다.

• 서울시 재개발·뉴타운 지역 투자 시 2010년 7월 15일 이전의 구조례를 적용받는지, 2010년 7월 16일 이후 신조례를 적용받는지 파악해야 한다. 2003년 12월 30일 이전 쪼개기만 분양권이 주어진다.

• 무허가건축물 투자 시 무허가건축물 확인원(증명원)을 확인하라.

재건축·재개발 및 뉴타운 투자 유망 지역

재건축·재개발 투자 유망 지역은 현재 투자 가치가 높거나 발전 가능성이 큰 지역을 의미한다. 서울에서는 양천구 목동 신시가지, 강남구 대치동 은마아파트, 서초구 반포 신반포 2차 아파트, 용산구 한남뉴타운, 동작구 흑석뉴타운, 노량진뉴타운, 성동구 성수전략정비구역 등 한강 인접 지역이 유망 지역으로 꼽힌다.

빨리 달리는 목동 신시가지 재건축 단지

최근 목동 신시가지 단지들은 재건축 기대감이 커지다 보니 토지 거래허가구역으로 묶여 있는 상황에서도 아파트 거래가 늘고 있다. 또한 가격도 올라가고 있다. 목동 신시가지 13단지 아파트는 전용 70㎡(공급면적 89㎡, 27평형)가 2025년 4월 21일에는 18억 9,000만 원으로 최고가를 갱신했다. 같은 단지 전용면적 84㎡(공급면적 99㎡, 30평형)는 18억 6,500만 원에 거래되며 기존보다 1억 5,500만 원 오르며 최고가를 갱신했다. 목동 신시가지 10단지 전용면적 124㎡(공급면적 144㎡, 43평형)는 지난 7일 이전보다 8,500만 원 오른 24억 2,000만 원에 거래됐다.

▍2025년 5월 기준. 목동 재건축 현황

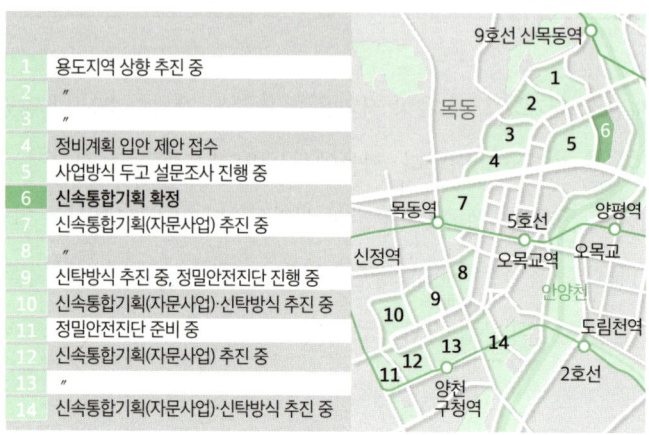

1	용도지역 상향 추진 중	
2	〃	
3	〃	
4	정비계획 입안 제안 접수	
5	사업방식 두고 설문조사 진행 중	
6	**신속통합기획 확정**	
7	신속통합기획(자문사업) 추진 중	
8	〃	
9	신탁방식 추진 중, 정밀안전진단 진행 중	
10	신속통합기획(자문사업)·신탁방식 추진 중	
11	정밀안전진단 준비 중	
12	신속통합기획(자문사업) 추진 중	
13	〃	
14	신속통합기획(자문사업)·신탁방식 추진 중	

▍목동 신시가지 용적률 현황

단지명	준공일	가구수	용적률	전용면적별 대지지분	
				전용면적	대지지분
1단지	1985년	1,882가구	123.5%	66.0㎡	67.0㎡
2단지	1986년	1,640가구	124.4%	66.0㎡	60.1㎡
3단지	1986년	1,588가구	122.1%	65.0㎡	63.0㎡
4단지	1986년	1,382가구	124.7%	67.3㎡	63.7㎡
5단지	1986년	1,848가구	116.7%	65.0㎡	63.0㎡
6단지	1986년	1,368가구	139.1%	65.0㎡	58.7㎡
7단지	1986년	2,550가구	125.4%	66.7㎡	63.4㎡
8단지	1987년	1,352가구	154.9%	71.6㎡	54.8㎡
9단지	1987년	2,030가구	133.4%	71.3㎡	59.1㎡
10단지	1987년	2,160가구	123.5%	70.0㎡	64.4㎡
11단지	1988년	1,595가구	120.8%	66.0㎡	70.6㎡
12단지	1988년	1,860가구	119.9%	71.6㎡	67.3㎡
13단지	1987년	2,280가구	159.6%	70.6㎡	52.8㎡
14단지	1987년	3,100가구	122.4%	73.9㎡	59.4㎡

교육 환경이 좋은 은마아파트 재건축

은마아파트는 분당선 한티역과 지하철 3호선 대치역과 학여울역이 가까이 있어 교통 환경이 우수하며 단지 주변에 우체국, 병원, 대치종합시장상가 등 편의시설 이용이 용이하다. 교육시설로는 대곡초등학교, 대현초등학교, 도곡초등학교, 단국사대부속고등학교 등이 있어 학군이 뛰어나다. 대치동 은마아파트는 1979년 준공됐으며 28개 동 4,424가구로 이뤄졌다.

은마아파트는 정부와 서울시의 규제에 발목 잡혀 재건축 사업이 공회전을 거듭했다. 재건축의 첫 단계인 예비 안전진단에서는 세 차례 고배를 마신 끝에 2010년 3월 심의를 통과했다. 2017년에는 최고 49층으로 짓겠다는 정비계획안을 도계위에 제출했으나 박원순 전 서울시장이 35층 층고 제한을 도입하면서 번번이 심의에서 탈락했다. 이후 35층으로 재건축을 추진하려는 주민과 반대파가 나뉘면서 주민 간 단체 소송전이 이어지기도 했다. 2003년 조합설립추진위원회 승인 이후 20년을 표류하다가 2023년에 조합설립인가를 받았다.

당시 조합은 용적률 300%를 적용해 최고 35층, 5,778가구로 재건축하는 내용의 정비계획안을 만들었다. 조합은 이후 '역세권 뉴:홈' 제도를 활용해 용적률을 최대 360%까지 높일 계획을 세웠다. 역세권 뉴:홈 제도는 정비구역 절반 이상이 지하철역 반경 250m 이내에 위치할 경우 용적률을 기존 상한의 1.2배까지 완화해 주는 방식이다. 은마아파트는 용적률 360%를 적용받아 최고 49층, 6,575가구로 재건축하는 방안을 추진했다. 하지만 아파트 동간 간격을 넓히라는 신속통합기획 1차 자문 의견을 반영해 용적률을 320%로 낮춰 정비계획변경안을 주민공람 중이다. 기존 4,424가구를 허물고 사업비 6조 6,000억 원을 들여 17조 5,000억 원 규모의 최고 49층 5,962가구를 짓는다는 계획이다. 조합은 연내 사업시행인가까지 받고 시공사 선정 절차에 착수한다는 계획이다. 은마가 달리기 시작했다. 황금마차가 될 것으로 예상한다.

▌ 은마 재건축 계획

구분	현재	정비계획	
		이전	변경 추진
가구 수(개)	4,424	5,778	5,962
주택형(전용, ㎡)	76(30평형), 84(35평형)	59~109	59~143
용적률(%)	204	300	320
최고 층수(층)	14	35	49
일반분양 가구 수(개)	-	676	825

자료: 강남구청

▌ 은마아파트 가격 변화 추이

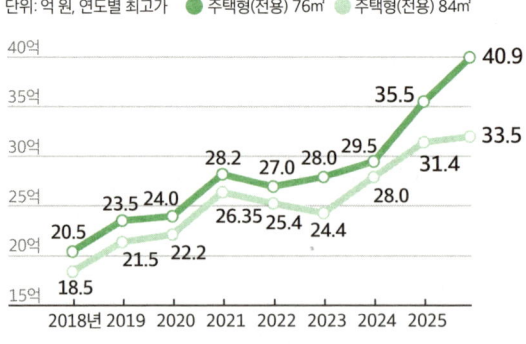

단위: 억 원, 연도별 최고가　●주택형(전용) 76㎡　●주택형(전용) 84㎡

자료: 국토부

2025년 5월 28일 기준 거래 규제에도 불구하고 은마아파트 실거래가가 주거전용면적 76㎡(30평형)가 33억 5,000만 원에 거래되었고, 주거전용면적 84㎡(35평형)는 2025년 4월에 37억 4,000만 원, 2025년 5월 37억 9,000만 원에 거래되고 6월 27일에는 40억 원을 초과하는 40억 9,000만 원에 거래되면서 은마아파트 40억 시대를 열었다. 은마아파트는 강남구가 투기과열지구로 지정되어 조합원 지위 양도 시 명의 변경 제한 적용을 받아 상속·이혼 등 불가피한 경우나 5년 이상 거주하고 10년 이상 보유한 1주택 소유자만 매도할 수 있다. 그리고 매수자는 강남구가 토지거래허가구역이어서 2년 실거주 조건으로 매입해야 하므로 수요가 제한적이다. 그러나 투자처가 마땅하지 않은 현재 상황과 재건축 기대감이 높아 실거래가는 우상향 중이다.

은마아파트의 일반분양가는 평(3.3㎡)당 8,000만 원 수준으로 추산된다. 이는 재건축 단지로 역대 최고 분양가를 기록한 서울 강남구 청담 르엘(7,563만 원)보다도 높다. 일반분양가가 이대로 확정된다면 전용면적 84㎡ 분양가는 약 27억 원, 59㎡ 분양가는 약 20억 원이 될 예정이다.

은마아파트는 향후 사업시행인가, 시공자 선정, 관리처분계획인가 등의 절차를 밟을 예정이다. 은마아파트 재건축의 성공적인 추진이 잠실 주공5단지, 압구정 현대, 개포 주공 등 다른 강남권 재건축 추진 단지와 시너지를 낼 것으로 예상한다.

신반포 2차 아파트는 입지가 뛰어나다. 한강변을 따라 길게 배치되어 한강 조망이 모든 동에서 가능하게 재건축이 가능한 단지다. 2022년 6월 신속통합기획 사업으로 추진되어 2024년 12월 현대건설을 시공사로 선정한 뒤 수의계약을 체결했다. 신반포 2차는 서초구 잠원동 일대에 최고 49층, 15개동, 2,057세대의 아파트를 조성하는 사업이다.

신반포 2차 아파트 입지는 강남신세계백화점과 뉴코아백화점이 있고, 서울지하철 3·7·9호선 환승역인 고속터미널역을 끼고 있는 반포3동 일대다. 신반포 2차 아파트(디에이치 르블랑), 반포센트럴자이, 신반포 4차 아파트(가칭 래미안해리브반포) 등 주거시설이 있고 2026년 3월을 준공 목표로 하는 청담고와 경원중을 포함한다.

국토부 부동산 실거래가 공개시스템에 따르면 서울 서초구 잠원동 신반포 2차 주거전용면적 68㎡(22평형)는 2025년 5월 17일 35억 원에 거래돼 최고가를 기록했고 주거전용면적 107㎡(35평형)는 2025년 5월 13일 54억 5,000만 원, 2025년 6월 20일 55억 원을 기록했다. 단지는 1,572가구 대단지로 한강변 인근에 자리했고 재건축을 추진하고 있어 수요가 몰리는 단지 중 한곳이다.

다만, 신반포 2차 아파트 조합원들이 비슷한 평수로 분양을 받는 경우 분담금을 억대로 부담해야 할 것 같다. 주거전용 107㎡(35평형) 소유자가 주거전용 84㎡(35평형)으로 이동하기 위해서는 분담금 2억 이상을 부담해야 한다. 분담금이 결코 적은 수준은 아니다. 그러나 입지가 워낙 좋은 곳으로, 향후 신축 아파트로 변신했을 때 그 파급력은 매우 클 것으로 보여 억대 분담금을 낸다고 해도 완성 후의 시세로 보상받을 것이다.

대치동의 대장인 은마아파트와 잠원동의 미래 대장인 신반포 2차 아파트의 가격 변화를 분석하면 향후 미래의 대장주를 파악할 수 있다.

　　신반포 2차 아파트 가격 변화 추이를 보면 20년 전 대치동 은마아파트와 비교했을 때 오차범위는 있지만 2006년도 10억 원 내외로 비슷했던 가격이 2016년부터 차이가 벌어지기 시작해 2025년 5월 기준 10억 넘는 차이로 신반포아파트가 앞서가고 있다. 아파트 투자 가치 산정에서 한강뷰의 가치가 교육 환경적인 가치보다 높게 평가되면서 최근 부동산트렌드가 한강뷰로 변화되고 있는 것을 알 수 있다. 한강뷰의 가치는 무한대다. 그 가운데 신반포 2차 아파트가 있다. 재건축이 끝나고 입주하는 시점에서 주거전용 84㎡(34평형) 아파트의 가격이 인근 반포대교 건너 있는 래미안원베일리 아파트단지와 반포124주구 디에이치클래스트와 반포 지역에서 TOP 3를 형성할 것을 보인다.

▌은마아파트와 신반포 2차 아파트 가격 추이 변화

	은마아파트 전용면적 107㎡(35평형)	신반포 2차 아파트 전용면적 107㎡(35평형)
2006년 평균거래가격	10억 원 내외	10억 원 내외
2016년 평균거래가격	13억 원	16억 원 내외
2025년 5월 최고가	37억 4,000만 원	54억 5,000만 원
2025년 6월 최고가	40억 9,000만 원	55억 원

TIP
- 재건축 사업은 속도다.
- 목동 신시가지 1단지에서 14단지까지 용적률 현황과 입지를 분석하라.
- 재건축에 비해 상대적으로 규제가 적어 투자자들이 재개발 사업 투자를 선호했지만 재건축 사업에 대한 규제가 완화되면서 재건축에 대한 선호가 높아지고 있다.

한남뉴타운

서울 용산구 한남재개발촉진지구(한남뉴타운) 사업이 퍼즐 조각을 착착 맞춰가고 있다. 사업이 빠른 3구역은 일반분양을 앞뒀고, 시공사 선정과 사업시행계획인가 절차가 한창인 구역도 있다. 뉴타운에서 해제됐던 구역은 우여곡절 끝에 재개발 대열에 합류했다. 한강변 고급 주거 단지로 탈바꿈할 것이라는 기대감과 함께 최근에는 강남·서초·송파·용산구 아파트 단지들이 토지거래허가구역으로 지정됐는데 아파트 단지가 아닌 한남뉴타운은 이를 비껴가면서 반사이익도 기대해 볼 수 있게 됐다. 한남뉴타운은 서울 용산구 한남·보광·이태원·동빙고동 일대 111만 205㎡를 재개발하는 사업이다. 5개 구역 중 재개발 구역에서 해제된 한남1구역을 제외한 한남2~5구역 4곳에서만 재개발 사업이 진행됐다.

┃ 한남뉴타운 사업지

◈ 한남1구역

최근 한남1구역이 서울시 신속통합기획 재개발 후보지로 선정되면서 한남뉴타운 사업이 새 국면을 맞게 됐다. 대지 5만 3,350㎡ 규모의 한남1구역은 2003년 한남뉴타운이 서울시 2차 뉴타운으로 지정됐을 때부터 재개발 논의가 시작된 곳이다. 이태원 상권이 가깝고 지하철 6호선 이태원역 역세권이라 기대감이 크다. 용적률 33%를 적용해 지하 4층, 지상 25층, 총 10개동, 935세대 규모로 조성될 예정이다.

◈ 한남2구역

관리처분계획인가를 앞둔 한남2구역 역시 중대형 가구 비율을 높이는 쪽으로 설계 변경을 준비 중이다. 중대형 가구 비중이 변경되면 내년부터 이주가 가능할 것이다. 보광동 일대 11만 5,005㎡ 부지에 지하 6층~지상 14층 아파트 31개동 1,537가구를 새로 짓는 한남2구역은 다른 구역에 비해 상대적으로 조합원 수가 적어 일반분양 비율이 45%로 높다는 것이 장점이다. 그만큼 사업성도 높다.

◈ 한남3구역

사업 규모가 가장 크고 속도도 가장 빠른 곳은 한남3구역(한남동 38만 6,364㎡)이다. 2023년 6월 관리처분계획인가를 받은 데 이어 2025년 7월 이주를 마무리했다. 2003년 뉴타운지구로 지정된 지 22년 만이다. 철거를 마친 뒤에는 2029년 입주를 목표로 2026년 착공할 예정이며, 2029년 입주를 예상한다.

한남3구역은 재개발 후 지하 7층~지상 22층 아파트 127개동, 총 5,988가구(공공주택 1,100가구 포함) 단지로 탈바꿈한다. 현대건설이 시공을 맡아 단지에는 '디에이치한남'이라는 이름이 붙는다. 다만, 한남 3구역은 최근 기부채납으로 낼 임대주택 수를 두고 서울시(1,020가구)와 조합(960가구)이 이견을 보이고 있는데 최종 결정되는 임대주택 수에 따라 일반분양으로 나올 물량이 적어질 수도 있다.

◈ 한남4구역

보광동 360번지 일대 16만 258㎡ 규모인 한남4구역은 한남뉴타운 5개 구역 가운데 대지면적은 가장 작지만 일반분양할 물량이 많아 사업성이 높은 것으로 평가받는다. 새로 지을 총 2,331가구 가운데 1,166가구가 조합원 물량이고, 공공임대주택도 350가구 포함됐다.

◈ 한남5구역

한남5구역 조합은 사업시행인가 총회와 시공사 선정을 동시에 준비 중이다. 한남5구역은 2024년 시공사 선정을 위한 입찰을 진행했는데 1·2차 모두 DL이앤씨만 단독 입찰해 유찰됐다. 만약 다음 입찰에도 DL이앤씨만 참여하면 수의계약 절차를 진행한다는 방침이다. 한남5구역은 동빙고동 일대 18만 3,707㎡ 부지에 지하 6층~지상 23층 아파트 51개동, 총 2,592가구 대단지를 신축한다. 한남뉴타운 중 한강을 조망할 수 있는 가구 수가 가장 많은 데다 용산공원과도 인접해 한남뉴타운 내에서 입지가 가장 좋다.

흑석뉴타운은 2011년 9월 흑석5구역을 재건축한 흑석한강센트레빌1차를 시작으로 2012년 흑석한강푸르지오(4구역), 흑석한강센트레빌2차(6구역)가 들어섰다. 2018년 아크로리버하임(7구역)과 2019년 롯데캐슬에듀포레(8구역)가 입주하였고, 2023년 2월 흑석자이(3구역)가 입주를 마쳤다. 그외 4개 구역에서도 정비사업이 진행 중이다.

◆ **흑석뉴타운 1구역**

1구역은 시공사 선정을 준비하고 있다. 재개발을 통해 500가구 규모로 탈바꿈한다. 다만 조합 내부 갈등이 심화되고 있다.

◆ **흑석뉴타운 2구역**

2구역은 '서울 1호 공공재개발 사업지'로 주목을 받았다. SH공사가 사업시행자로 승인을 받았고, 삼성물산을 시공사로 선정한 상태다. 재정비촉진계획 변경안이 지난달 서울시 도시재정비위원회를 통과해 사업시행인가 절차를 밟을 예정이다. 2구역은 한강변과 가깝고 지하철 9호선 흑석역 바로 앞에 위치해 입지가 우수하다. 재개발이 완료되면 지상 최고 49층으로 1,012가구 아파트 단지로 탈바꿈한다.

◆ **흑석뉴타운 9구역**

9구역은 2022년에 관리처분계획인가를 받은 후 속도를 내고 있다. 지상 최고 25층으로 1,540가구 규모 단지가 조성된다. 시공은 현대건설이 맡았으며 단지명은 '디에이치켄트로나인'이 될 예정이다. 이곳은 중앙대와 중앙대병원, 동쪽으로 흑석자이(3구역)와 맞붙어 있는 입지다. 흑석뉴타운 내에서도 경사가 완만하고 흑석역과 가까운 입지적 장점을 가지고 있다.

◈ 흑석뉴타운 11구역

11구역은 지상 최고 16층으로 1,511가구 규모 대단지가 들어설 예정이다. 흑석뉴타운 중 세 번째로 규모가 크다. 한강 조망권을 갖추고 있으며 서울 지하철 4호선 동작역, 9호선 흑석역이 모두 가깝다. 다만 인근 9구역과 1·2구역에 비해 언덕에 있어 접근성이 떨어지는 건 단점으로 꼽힌다. 시공사는 대우건설로 흑석뉴타운 최초로 하이엔드 브랜드 '써밋'이 적용된다.

흑석뉴타운이 완성되면 한강변 미니 신도시로 자리 잡는 동시에 서울 서남권의 새로운 주거 랜드마크가 될 것이다. 흑석뉴타운은 강남권에서 한강변 주거벨트 형성하는 지역이다. 뉴타운이 완료되면 강남 접근성, 한강 조망 등을 내세워 반포, 압구정 등을 잇는 한강 이남의 대표 주거지로 떠오를 가능성이 높아 투자 가치가 높다.

🔍 노량진뉴타운

노량진뉴타운은 총 8개 구역으로 1·3구역을 제외한 6개 구역이 관리처분인가 이상 단계에 진입했다. 사업이 완료되면 서울 동작구 노량진·대방동·상도동 일대 73만 8,000㎡ 부지에 9,000가구 이상의 대단지가 들어서게 된다.

노량진뉴타운은 2003년 서울시 2차 뉴타운 지구로 지정됐지만 2008년 글로벌 금융위기로 발목이 잡혔다. 이후 2009년 6개 구역이 지정되고 2010년 대방동 일대에 7~8구역이 추가 지정됐지만 노량진 수산물시장, 고시촌, 학원가 등을 중심으로 복잡한 이해관계가 얽히면서 인근 흑석·신길뉴타운에 비해 사업이 늦어졌다.

◈ 노량진뉴타운 1·3구역

1구역은 뉴타운 내에서 가장 규모가 크다. 당초 13만㎡ 부지에 지하 4층~지상 33층으로 2,992가구가 들어설 예정이었다가 작년말 중대형 비중을 늘리고 최고 층수를 45층으로 상향키로 함에 따라 설계 변경이 추진 중이다. 3구역(1,012가구)은 사업시행인가 단계에 있다.

◈ 노량진뉴타운 2구역

2구역은 노량진 1구역에서 8구역 가운데 가장 작은 단지다. 동작구 노량진동 312-75 일대 1만 6,213㎡를 대상으로 조합은 이곳에 건폐율 49.88%, 용적률 408.57%를 적용한 지하 4층에서 지상 45층에 이르는 공동주택 2개동 404가구 및 부대복리시설 등을 짓는 내용을 골자로 한다. 이곳은 지하철 7호선 장승배기역이 약 350m 거리에 위치했고 교육 시설로는 노량진초등학교, 장승중학교, 영등포고등학교 등이 있다. 단지 주변에 이마트, 여의도성모병원 등이 있어 양호한 주거환경을 갖추고 있다.

◈ 노량진뉴타운 4·5·7 구역

노량진 4·5·7구역도 관리처분인가를 받고 순항 중이다. 각각 현대건설의 디에이치, 대우건설의 써밋, SK에코플랜트의 드파인이 들어선다. 노량진뉴타운 4구역은 면적이 4만 493.5㎡로 건폐율 17.31% 및 용적률 263.60%를 적용해 최고 35층 아파트 824세대 및 부대복리시설 등을 지을 계획이며, 체육시설도 조성해 기부 채납 형태로 추진하는 구역이다. 주거전용 84㎡ 아파트 분양이 예상되는 권리가액 4억 3,000만 원짜리 주택은 프리미엄이 10억 원 전후 붙어 있다.

◈ 노량진뉴타운 6구역

6구역은 시공사와 조합과의 갈등이 심화해 착공이 상당 기간 지연될 우려에 놓여 있었다. 그러나 서울시의 중재로 최초 증액 요청액과 추가 요청액을 모두 검토해 1,976억 원 규모의 중재안을 제시했고, 2025년 4월 29일 최종 합의안을 마련했다. 이에 조합은 5월 31일 시공사 도급 계약 변경안을 의결해 착공을 준비하고 있다. 6구역은 지하 4층~지상 28층, 1,499가구 규모로 구성되며 동작구 최초로 1,000명 이상을 수용할 수 있는 연면적 1만 3,000㎡ 이상의 공연장도 들어선다.

◈ 노량진뉴타운 8구역

8구역은 지하철 1·9호선 노량진역과 1호선 대방역 사이에 있는 사업지다. 지상 최고 29층, 987가구 규모 아파트 단지로 탈바꿈한다. 노량진 뉴타운 가운데 가장 빠르게 사업이 진행 중이다. 이미 철거를 끝낸 상태에서 분양을 앞둔 곳으로 서울영화초등학교와 영등포중고등학교를 함께 품을 6구역과의 시너지도 기대된다. 그러나 사업이 빠른

8구역도 공사비 인상이 예상된다. 조합은 시공사인 DL이앤씨로부터 요구받은 3.3㎡당 공사비는 882만 원이다. 시공사 선정 당시 합의한 공사비(498만 원)보다 77%가량 상승했다. 하이엔드 브랜드 적용과 자재 상품 업그레이드, 자재비·인건비 인상 등으로 인해 공사비 인상이 불가피하게 발생하고 있다. 향후 공사비 상승으로 추가부담금이 높아질 수 있다, 뉴타운 투자 시 추가부담금을 꼭 확인해야 한다.

2025년 2월 토지거래허가구역이 풀리고 강남3구를 중심으로 호가가 훌쩍 뛰면서 그에 따른 나비효과가 노량진으로 번지고 있다. 서울부동산정보광장에 따르면, 2024년 1~2월 255건이었던 동작구 아파트

┃ 노량진 뉴타운 진행 현황

구역	면적(㎡)	총 가구 수	사업 완료 단계	현재 진행 상황	시공사
1구역	13.2만	2,992	사업시행계획 인가	관리처분계획인가 준비	포스코이앤씨
2구역	1.6만	421	관리처분계획 인가완료	철거 완료	SK에코플랜트
3구역	7.3만	1,012	사업시행계획 인가완료	관리처분계획인가 준비	포스코이앤씨
4구역	4만	844	관리처분 인가완료	철거 진행 중	현대건설
5구역	3.8만	727	관리처분계획 인가완료	이주 완료 철거 준비 중	대우건설
6구역	7.2만	1,499	관리처분계획 인가완료	사업지 증액협의 착공	GS건설· SK에코플랜트 컨소시엄
7구역	3.3만	576	관리처분계획 인가완료	이주 중	SK에코플랜트
8구역	5.7만	1,007	관리처분계획 인가완료	철거 완료	DL이앤씨

매매 거래량은 2025년 1~2월 426건으로 늘어난 추세다. 노량진은 주변 개발 호재로 인근 여의도와 강남권 아파트의 시세를 감안하면 가격 경쟁력이 있는 지역이다.

2025년 3월 성수전략정비구역의 지구단위계획(정비계획) 결정이 고시되었다. 이번 고시로 재개발이 본격화되면 서울의 대표적인 한강변 주거단지로 변화될 것이다. 서울시는 층수 제한 없이 최고 높이를 여의도 63빌딩과 같은 250m까지 풀어 70층 재개발이 가능하도록 했다.

성수전략정비구역 1지구 사업은 성수 1지구 조합원 1,131명 중 881명의 찬성으로 최고 층수를 65층 내외로 하는 설계안이 채택됐다. 성수전략정비구역 사업은 성수동1가 일원에 4개 지구로 대지면적 53만 399㎡(약 16만 평)에 9,428가구(임대주택 2,004가구 포함)의 아파트 단지를 조성하는 대규모 재개발 정비사업이다. 이 중 성수 1지구는 뛰어난 입지와 넓은 면적으로 대장주 역할을 할 것이다.

성수 2지구는 성동구 성수동 일대 13만 1,980㎡ 부지에서 추진되는 초대형 재개발 프로젝트다. 최고 65층 규모의 공동주택 2,609가구를 건립하며, 3.3㎡당 공사비는 1,160만 원으로 산정됐다. 총 사업비는 1조 7,864억 원에 달하며, 입찰보증금만 1,000억 원을 전액 현금으로 납부해야 하는 사업지다.

성수 3지구는 최근 설계안 심의 과정에서 정비계획과 맞지 않는 설계안을 채택했다는 이유로 성동구청으로부터 설계자 선정 취소 명령과 고발 예고까지 통보받았다. 이에 조합은 설계자 재선정과 설계 심의 과정을 다시 밟아야 하는 처지에 놓였고, 내년 상반기로 조율됐던 시공사 선정 절차도 늦춰질 전망이다.

성수전략정비구역

	성수 1지구	성수 2지구	성수 3지구	성수 4지구
공급 가구 수	3,014가구	2,609가구	2,213가구	1,592가구
특징	트리마제, 서울숲 인근	한강수변공원 수혜지역	한강수변공원 수혜지역	가장 넓은 공사 면적, 가장 적은 조합원 수로 높은 사업성 기대
정비 사업 현황	GS건설, 현대건설 등 관심	포스코이앤씨, DL이앤씨 등 관심	설계공모 중	연내 건축심의 통과 목표로 설계안 변경 중

2021년 4월 21일 토지거래허가구역으로 지정되어 거래가 빈번하지 않은 상태에서 2025년 5월 31일에 성수1지구 내 대지면적 83㎡ 규모의 다가구주택은 27억 원에 거래됐다. 단순 계산하면 3.3㎡당 약 1억 800만 원이다. 2025년 6월 15일에는 대형 지분에 해당하는 대지면적 208㎡ 규모의 단독주택이 50억 4,000만 원에 거래됐다.

TIP ┃ 성수전략정비구역
- 희소가치가 높은 한강변의 평탄한 대단지다.
- 브랜드 타운이 형성된다.
- 수인분당선 서울숲역 인근에 자리한 역세권 입지다.

재건축·재개발(주택분양권 포함)

세금 전략

재건축·재개발 차이점 파악하기

　정비사업은 크게 도시 및 주거환경정비법에 의한 정비사업과 소규모주택정비에 관한 특례법으로 나눌 수 있다. 도시 및 주거환경정비법에 의한 정비산업은 열악성 정도에 따라 주거환경개선산업, 재건축 사업, 재개발 사업으로 구분된다. 이 중 재건축 사업, 재개발 사업에 의한 세법상의 적용을 보면 다음과 같다.

▎재건축 사업과 재개발 사업의 차이점

구분	재건축 사업	재개발 사업
사업 대상	공동주택 위주	단독주택 위주
기반 시설 상태	기반 시설 양호	기반 시설 열악
사업 목적	노후주택 재건축	불량주택 및 기반 시설 정비
안전진단 필요 여부	안전진단 필요	안전진단 불필요

재건축 사업과 재개발 사업에 세법상 중요한 용어가 있다. 사업시행계획인가와 관리처분계획인가다. 사업시행계획인가는 조합 등 사업시행자가 정비사업에 대한 구체적인 사업계획을 수립하고 시장·군수 등으로부터 사업의 인가를 받는 절차를 의미한다. 사업시행계획인가가 나면 조합원이 소유하고 있는 종전 부동산에 대해서 감정평가(사업시행계획인가일 현재 조합원이 소유한 부동산에 대한 감정평가를 함)를 진행하고 조합은 조합원으로부터 분양신청을 받는다. 사업시행계획인가 고시는 사업인정고시의 효력이 있다. 정비사업에 참여하지 않고 현금 청산을 하는 조합원은 사업시행계획인가일로부터 2년 이전에 주택 등을 취득했다면 양도소득세 감면(공익사업 등 수용 감면)을 적용받을 수 있다.

　　관리처분계획인가는 조합 등 사업시행자가 분양신청 현황을 토대로 관리처분계획을 수립하고 시장·군수 등으로부터 인가를 받는 절차를 말한다. 관리처분인가일에 조합원의 권리가액과 분양가액, 청산금 수령 또는 추가분담금이 최종 확정된다. 이날을 기준으로 종전부동산이 조합원입주권(권리)으로 전환된다. 관리처분인가일은 양도소득세 계산에 있어 중요한 기준일이 된다.

　　조합원입주권이란 재건축 사업, 재개발 사업 등에 의해 취득한 '입주자로 선정된 지위'를 말한다. 즉, 새로운 주택에 입주할 수 있는 권리를 획득한 자를 의미한다. 조합원입주권은 조합의 조합원(정비사업 전에 부동산을 소유하고 있는 자가 정비사업으로 조합원입주권으로 전환된 자)으로서 취득한 지위(원조합원)와 원조합원으로 매매 등으로 조합원의 자격으로 승계 취득한 지위(승계조합원)로 나눌 수 있다. 양도소득세 계산 시 원조합원과 승계조합원은 다르게 적용한다. 원조합원은 입주권을 양도할 때 일정 요건을 충족할 경우 양도소득세 비과세를 적용받을 수 있으나 승계조합원이 입주권을 양도할 때 비과세를 적용받을 수 없다. 재개발·재건축 진행 절차와 원조합원과 승계조합원의 주요한 차이점을 요약하면 다음과 같다.

▎도시 및 주거환경정비법에 의한 재건축·재개발 진행 절차

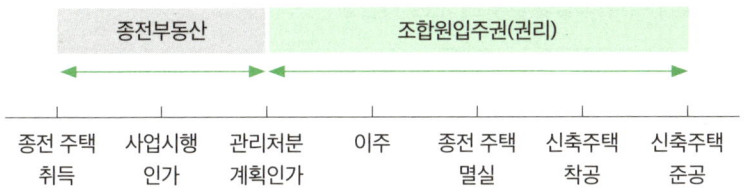

▎원조합원과 승계조합원의 차이점

구분	원조합원	승계조합원
조합원 지위 취득 시점	관리처분계획인가일 전	관리처분계획인가일 이후
다른 주택 양도세 비과세 판정 시 주택 수 포함 여부	포함	포함
조합원입주권 양도 시 비과세	적용 가능	적용 불가
중과 대상 판정 시 주택 수	포함	포함
신축주택의 취득시기	종전 주택의 취득일	신축주택의 사용승인일
신축주택의 보유기간	종전 주택의 보유기간 + 공사기간 + 신축주택 보유기간	신축주택 보유기간

정비사업 중 재건축 사업과 재개발 사업에 따라 종전 부동산이 조합원입주권으로 전환되는 시점이 취득세·재산세·종합부동산세·양도

소득세에 따라 차이가 있다. 취득세·재산세·종합부동산세는 관리처분계획인가일과 상관없이 종전 부동산의 멸실일을 기준으로 종전부동산이 조합원입주권으로 전환된다. 하지만, 양도소득세에서는 관리처분계획인가일을 기준으로 종전부동산이 조합원입주권으로 전환된다. 이는 세법 적용에 아주 중요한 기준일이다.

▎세목에 따라 조합원입주권 전환 기준일

구분	취득세, 재산세, 종합부동산세	양도소득세
기준일	종전 부동산 멸실일	관리처분계획인가일

조합원입주권을 승계 취득하면 취득세율은?

조합원입주권을 승계 취득하면 종전 부동산의 멸실 여부에 따라 차이가 있다. 종전 주택의 멸실 전에 취득하면 주택의 취득세율을 적용받는다. 취득가액 및 보유 주택 수에 따라 다양한 취득세율이 적용된다.

가령, 기존 3주택인 자가 추가로 조합원입주권을 종전 주택 멸실 전에 구입한다면 13.4%(전용 40평)의 세율을 적용한다. 따라서 다주택자 중과세율을 적용받는 자는 멸실 후 취득하는 것이 훨씬 절세가 된다.

조합원입주권을 소유하고 있는 상태에서 다른 주택을 취득하면 어떻게 될까? 입주권을 언제 취득했는지에 따라 다르게 적용한다. 현재 소유하고 있는 조합원입주권이 2020년 8월 12일 이후 취득한 것이라면 취득세의 주택 수 산정 시 포함한다. 현재 2021년 8월에 취득한 조합원입주권을 보유하고 있고 신규로 조정 지역에 주택을 취득한다면 중과세율을 적용한다.

❘ 종전 주택 멸실 여부에 따른 차이점

구분	종전 주택이 멸실되지 않는 경우	종전 주택이 멸실된 경우
취득대상	주택(종전 주택)	토지(조합원입주권)
취득원인	유상 취득	유상 취득
취득세율	기본세율: 1.1~3.5% 중과세율: 8.4~13.4%	4.6%

| 조합원입주권 취득시기에 따른 주택 수 포함 여부

취득시기	주택 수 포함	비고
2020.8.12. 전 취득	조합원입주권은다른 주택 취득 시 주택 수에 불포함	주택분양권, 오피스텔(주택분 재산세 부과대상)은 다른 주택 취득 시 주택 수에 불포함
2020.8.12. 이후 취득	조합원입주권은 다른 주택 취득 시 주택 수에 포함	주택분양권, 오피스텔(주택분 재산세 부과대상)은 다른 주택 취득 시 주택 수에 포함

보유 중 아파트가 재건축이 진행되어 조합원입주권으로 전환된 경우 멸실일이 2020년 8월 12일 이후라면 다른 주택 취득 시 조합원입주권은 주택 수에 포함한다. 가령, 강남에 1985년에 취득한 아파트가 재건축이 진행되어 2021년 7월 20일에 멸실되고 현재 용산에 아파트를 1채 매수한다면 용산 아파트는 취득세 중과세율을 적용한다. 만약 다른 조합원으로부터 조합원입주권을 취득했다면 멸실일이 2020년 8월 12일 이후인지가 중요하다. 멸실일이 2020년 8월 12일 이후면 다른 주택 취득할 때 조합원입주권은 주택 수에 포함된다. 정확히 멸실이 언제 되었는지가 아주 중요하다.

2020.8.12. 전 조합원입주권 취득
① 2020.8.12. 전 멸실: 주택 수 제외
② 2020.8.12. 이후 멸실: 주택 수 포함

2020.8.12. 이후 조합원입주권 취득
주택 수 포함(단, 2020.8.12. 전에 계약한 멸실된 조합원입주권: 주택 수 제외

한편, 조합원입주권의 주택이 향후 준공되면 완공된 건물분에 대해서는 주택 수에 관계없이 원시(신축)취득세율인 3.16%(국민주택은 2.96%)를 적용한다. 신축인 원시취득에는 중과세율 규정을 적용하지 않는다.

🔍 주택분양권을 취득하면 취득세율은?

조합원입주권이 아닌 주택분양권을 취득하면 어떨까? 분양권 자체는 부동산이 아닌 권리이므로 취득세 대상이 아니다. 다만, 주택의 분양권을 취득해 향후 준공이 되면 취득세를 납부해야 한다. 최초로 분양받는 경우 분양계약 체결일 현재의 주택 수를 기준으로 준공 시 취득세를 납부해야 한다. 그리고 1세대의 판정 시점은 최종 잔금 납부일을 기준으로 한다. 다소 어려운 내용이므로 사례를 들어보자.

B씨에게는 이미 집 3채가 있다. 이번에 같이 살고 있는 직장인 아들이 분양계약에 당첨이 돼 계약금을 납부했다. 아들이 분양대금을 납부하다가 잔금 납부일 전에 세대 분리를 했다. 최종 잔금 지급일에는 별도 세대로 B씨와 따로 살고 있다. 이 경우 세대의 판정은 분양대금 잔금일 기준이다. 분양대금 잔금일에는 아들이 별도 세대이므로 아들 세대 기준으로 주택 수는 분양계약일 기준으로 주택이 없다. 따라서 아들은 1주택을 취득하는 것이므로 1.1%에서 3.5%인 일반 취득세율을 적용받는다. 만약 아들이 세대 분리를 하지 않았다면 분양대금 잔금일에 B씨와 같은 세대다. 주택 수 판정은 분양계약일이므로 분양계약일 기준으로 이미 3채가 있다. 결국 아들이 세대 분리를 하지 않았다

면 4주택자 중과세율인 12.4%(13.4%)의 세율을 적용한다. 참고로 양도소득세는 최초 분양받은 경우 당첨일을 분양권의 취득일로 한다. 승계 취득한 경우에는 잔금 지급일을 기준으로 하고 세대의 판정은 양도 당시(매도 주택의 잔금일)를 기준으로 한다.

▌주택분양권의 주택 수 및 세대의 판정 시점

구분		취득세	양도소득세
주택수	최초로 분양받은 경우	분양계약 체결일	분양권 당첨일(2021.1.1. 이후 취득분부터 주택 수 계산)
	승계 취득한 경우	빠른 날(잔금 지급일과 권리 의무승계일)	잔금 지급일
1세대의 판정		주택 취득일(잔금)	양도 시점(매도 주택의 잔금)

TIP ▌ **취득세 핵심 포인트**

- 취득세와 재산세, 종합부동산세는 종전 부동산 멸실일이 조합원입주권으로 전환되는 시기이고, 양도소득세는 관리처분계획인가일이 조합원입주권으로 전환되는 시기다.

- 2020년 8월 12일 이후 취득한 조합원입주권, 주택분양권, 오피스텔(주택분 재산세 부과대상)은 주택 수에 포함한다.

- 조합원입주권으로 주택이 신축되는 경우 원시취득으로 보아 다주택자라 하더라도 중과세율을 적용하지 않는다.

재건축·재개발 보유세

조합원입주권을 보유하고 있는 경우 해당 주택이 완공되기 전까지는 주택이 아닌 토지를 소유한 것이다. 주택이 없는 토지이므로 토지분 재산세가 부과된다. 다만, 종전 주택이 멸실이 돼야 한다. 6월 1일 기준으로 멸실이 되지 않았다면 해당 조합원입주권에 대해서 주택에 대한 재산세가 부과된다. 양도소득세는 관리처분인가일 기준으로 주택과 조합원입주권(권리)으로 구분하지만 재산세와 종합부동산세는 종전 주택의 멸실일을 기준으로 한다.

종전 주택을 멸실한 후에 토지에 대한 재산세가 부과되는데 이때 재산세는 분리과세대상 토지(0.2% 저율의 세율로 과세)로 부과된다. 종합부동산세는 종합합산대상토지와 별도합산대상 토지에 대해서 부과되므로 멸실 후 공사기간 동안 조합원입주권에 대해서는 종합부동산세가 과세되지 않는다.

토지를 보유하고 있는 것으로 보는 조합원입주권과 달리 일반 주택분양권만 가지고 있다면 부동산을 가지고 있는 것으로 보지 않아 준

▌종전 주택 과세 차이

구분	6월 1일 현재 주택이 멸실된 경우	
	멸실 후 6개월 미경과	멸실 후 6개월 경과
과세대상	토지	토지
과세유형	토지분 재산세 (별도합산대상 토지)	토지분 재산세 (분리과세대상 토지)
세율	0.2 ~ 0.4%	0.2%

공 전까지는 재산세와 종합부동산세가 부과되지 않는다. 조합원입주권과 일반 주택분양권의 차이를 미리 파악해야 할 필요가 있다.

TIP | **보유세 핵심 포인트**

- 공사하는 동안 조합원입주권에 대해서는 종합부동산세가 과세되지 않는다.
- 주택분양권에 대해서는 부동산이 아니므로 준공 전까지는 재산세와 종합부동산세는 부과되지 않는다.

조합원입주권과 주택분양권 매매의 세금 차이는?

조합원입주권과 일반 주택분양권은 비슷한 듯하면서도 많은 차이점이 있다. 다음 사례를 통해서 비교해 보자.

> 인천에 주택을 보유하고 있는 Y씨는 직장이 서울인 관계로 서울에 주택을 마련하고 인천의 주택을 처분하고자 한다. Y씨는 아파트 분양권을 사기 위해 부동산중개소를 찾았다가 재건축 진행 중인 아파트가 마음에 들어 사려고 한다. 현재 재건축 진행 중인 아파트는 일반분양과 조합원입주권이 있다. 일반분양권보다는 조합원입주권이 조망과 배치도가 좋아 조합원입주권을 매입하려고 하는데, 세법상 주택분양권과 조합원입주권을 구입할 경우 어떤 차이가 있을까?
> ① 인천 A 아파트: 양도차익 4억 원(보유 및 거주 10년)
> ② 취득하려고 하는 주택분양권 또는 조합원입주권 B: 서울 소재

노후 아파트를 재건축하는 경우 기존 조합원에게 새로운 아파트를 분배하고 남은 물량은 일반분양을 한다. 일반분양은 주택분양권으로 조합원입주권과는 세법에서 다르게 취급한다. 일반분양으로 인한 주택분양권은 주택으로 취급하지 않아 주택 수에 산입하지 않았으나, 2021년 1월 1일 이후 취득한 분양권부터는 주택으로 취급한다. 다주택자 중과세율 적용, 1세대 1주택 비과세 판단 시 주택으로 보아 판정을 해야 한다. 또한 다른 주택이 없고 분양권만 있는 경우 분양권을 양도할 경우 비과세를 받을 수 없다. 만약, Y씨가 취득한 분양권을 양도

하는 경우에는 70%(1년 미만), 60%(1년 이상) 고율의 양도소득세율을 적용한다. 부동산이 아니므로 장기보유특별공제는 적용하지 않는다.

위 사례의 Y씨가 조합원입주권을 취득하면 승계조합원이 된다. 관리처분인가일 이후의 원조합원(종전 주택 보유자)이 보유하고 있는 부동산을 취득할 수 있는 권리를 취득하는 사례다. 조합원입주권은 주택 수에 산입한다. 따라서 다른 주택을 양도할 경우 주택 수에 포함해 세율 등을 반영해야 한다. 만약 Y씨가 취득한 조합원입주권을 양도하는 경우에는 70%(1년 미만), 60%(1년 이상~2년 미만), 기본세율(누진세율, 2년 이상) 양도소득세율을 적용한다. 원조합원이 양도하는 것이 아니므로 장기보유특별공제는 적용하지 않는다.

▎주택분양권과 조합원입주권의 차이점

구분	주택분양권	조합원입주권
주택 수 산입	2021년 1월 1일 이후 취득한 분양권의 주택 수에 포함	주택 수에 포함
1세대 1주택 비과세 여부	불가능함	요건 충족 시 비과세 가능함 (원조합원의 조합원입주권만 가능)
세율	① 1년 미만: 70% ② 1년 이상: 60%	① 1년 미만: 70% ② 1년 이상~2년 미만: 60% ③ 2년 이상: 기본세율(누진세율)
취득세	-	토지(유상 취득: 4.6%)
재산세	-	토지분 재산세 (분리과세대상 토지)
종합부동산세	-	-

주택을 보유한 상태에서 주택분양권과 조합원입주권을 취득하면?

위 사례에서 Y씨가 인천 주택을 보유한 상태에서 서울에 있는 주택분양권을 취득하면 어떻게 될까? 일반분양권을 취득하는 경우 취득 즉시 2주택자가 된다. 따라서 일반분양권을 취득한 날로부터 3년 이내에 인천 아파트를 양도하면 1세대 1주택 비과세 혜택을 받을 수 있다. 3년 후에 양도하더라도 일정 요건을 충족하면 비과세 적용을 받을 수 있다. 일정한 요건은 다음과 같다.

> ① 종전 주택을 양도하기 전 분양권을 취득(종전 주택을 취득한 날로부터 1년 이상 지난 후 분양권을 취득해야 함)함으로써 일시적 1주택과 1분양권을 소유하게 된 경우 분양권을 취득한 날로부터 3년 이내에 종전 주택을 양도
> ② 종전 주택을 양도하기 전 분양권을 취득(종전 주택을 취득한 날로부터 1년 이상 지난 후 분양권을 취득해야 함)함으로써 일시적 1주택과 1분양권을 소유하게 된 경우 분양권을 취득한 날로부터 3년이 경과해 종전 주택을 양도
>   ㉠ 분양권의 주택이 완성된 후 3년 이내에 그 주택으로 세대 전원이 이사해 1년 이상 계속 거주할 것
>   ㉡ 분양권의 주택이 완성되기 전 또는 완성된 후 3년 이내에 종전의 주택을 양도할 것

위 사례에서 Y씨가 인천 주택을 보유한 상태에서 서울에 있는 조합원입주권(승계조합원의 자격이 됨)을 취득하면 어떻게 될까? Y씨가 조합원입주권을 취득하는 경우 취득 즉시 2주택자가 된다. 따라서 조합원입주권을 취득한 날로부터 3년 이내에 인천 아파트를 양도하면 1세대 1주택 비과세 혜택을 받을 수 있다. 3년 후에 양도하더라도 일정 요

건을 충족하면 비과세 적용을 받을 수 있다. 일정한 요건은 뒤에서 살펴보겠다.

원조합원이 재건축입주권을 양도하면 세금은 어떻게 될까?

관리처분계획인가일 현재 비과세 요건(관리처분계획인가일 이후에도 임차인이 있는 경우에는 그 기간을 포함)을 이미 충족한 1세대가 재건축(또는 재개발)이 진행돼 멸실됐기 때문에 조합원입주권 상태에서 양도하더라도 양도일 현재 다른 주택이 없는 한 양도소득세가 과세되지 않는다. 다만, 양도가액이 12억 원을 초과하는 경우 12억 원 초과분에 대해서는 과세된다. 승계조합원이 양도하는 경우에는 비과세가 적용되지 않으나 원조합원이 양도하는 경우에는 비과세를 적용한다. 또한 장기보유특별공제는 원조합원이 조합원입주권을 양도한 경우에만 적용하고, 승계조합원이 조합원입주권을 양도하는 경우에는 적용되지 않는다. 승계조합원은 주택으로 보유한 기간이 없으며 주택을 취득할 수 있는 권리를 양도하기 때문이다. 다음 사례를 통해서 구체적으로 계산해 보자.

N씨는 20년 전에 취득한 서울 강남의 아파트를 소유하고 있다. 5년 전 관리처분인가 후 재건축 공사가 진행 중인데, 조만간 완공될 예정이다. 아파트를 처분하고 서울 외곽으로 이사하고 싶은데, 완공 전 입주권의 상태로 양도하는 경우 양도소득세가 얼마 정도 나오는지 궁금하다.
① 양도가액: 20억 원
② 20년 전 취득가액(부대비용 포함): 3억 원
③ 관리처분인가일: 5년 전

④ 관리처분인가일 종전 아파트 평가액(조합원 권리가액): 10억 원

⑤ 추가분담금 납부: 2억 원

⑥ 분양가액(신규 아파트 분양가액): 12억 원

⑦ N씨는 다른 주택은 없고 과거 15년 동안 거주했음

⑧ 필요경비는 없는 것으로 가정함

완공되기 전 재건축입주권의 상태로 양도하는 경우 관리처분인가일 기준으로 관리처분계획인가일 전 양도차익(기존 부동산의 양도차익)과 관리처분계획인가 후 입주권의 양도차익으로 구분해야 한다. 20억 원의 양도가액에서 N씨가 투입한 원가는 최초 취득가액 3억 원과 추가분담금 2억 원이다. 즉, 15억 원의 차익을 본 것이다. 15억 원의 이익을 관리처분인가일 기준으로 구분하면 다음과 같다.

- 양도차익 구분
  - 관리처분인가일 전 양도차익 = 평가액 - 취득가액 - 필요경비
  - 관리처분인가일 후 양도차익 = 양도가액 - (평가액 + 청산금) - 필요경비
- N씨의 시기별 양도차익
  - 관리처분인가일 전 양도차익: 7억 원 = 10억 원 - 3억 원
  - 관리처분인가일 후 양도차익: 8억 원 = 20억 원 - (10억 원 + 2억 원)

20년 전 3억 원에 취득한 아파트가 관리처분인가일 기준으로 평가액이 10억 원이므로 3억 원에 취득해서 10억 원에 양도한 것으로 본다. 또한 관리처분인가일 기준으로 추가분담금 2억 원을 납부한 것이므로 종전 부동산 평가액(권리가액) 10억 원에 2억 원을 가산한 12억 원에 투자해 현재 20억 원에 양도한 것으로 본다. 원조합원이 양도하

는 조합원입주권은 1세대 1주택 비과세를 적용받을 수 있다. 실제 양
도가액이 12억 원을 초과하므로 초과분에 대해 최종 양도차익을 계산
한다.

▎ 조합원입주권의 장기보유특별공제액 계산

구분	관리처분계획인가일 전 양도차익	관리처분계획인가일 후 양도차익
양도차익	부동산(주택)의 양도차익	권리(조합원입주권)의 양도차익
장기보유특별공제	적용	적용 불가
장기보유특별공제 보유기간의 계산	종전 주택 취득일 ~ 관리처분계획인가일	-

기존 부동산 양도차익		부동산권리의 양도차익	
양도가액	10억 원	양도가액	20억 원
취득가액	3억 원	취득가액	12억 원
양도차익	7억 원	양도차익	8억 원
고가주택 양도차익	2억 8,000만 원 [7억 원 × (8억 원/20억 원)]	고가주택 양도차익	3억 2,000만 원 [8억 원 × (8억 원/20억 원)]
장기보유 특별공제	2억 2,400만 원(80%)	장기보유 특별공제	0
양도소득 금액	5,600만 원	양도소득 금액	3억 2,000만 원

양도소득금액(합산)	3억 7,600만 원
양도소득기본공제	250만 원
과세표준	3억 7,350만 원
양도소득세	1억 2,400만 원
지방소득세	1,240만 원
총부담세액	1억 3,640만 원

장기보유특별공제액은 다음과 같이 계산한다. 관리처분인가일 전 양도차익은 관리처분인가일 기준으로 구분한 것이고 장기보유특별공제는 종전 부동산의 취득일(20년 전)부터 관리처분계획인가일까지 기간만 계산한다. 원조합원이 양도하는 조합원입주권은 관리처분계획인가일 후 양도차익은 재건축기간 동안 사실상의 부동산권리 양도차익(분양권 양도차익의 성격임)이므로 장기보유특별공제를 적용하지 않는다.

🏠 조합원입주권과 주택을 보유한 경우 1세대 1주택 적용

1세대가 사업시행기간 중에 거주하기 위해 대체 주택을 취득해 양도하거나 주택을 1채 소유한 자가 조합원입주권(승계조합원)을 취득해 기존에 보유하고 있는 주택을 양도하는 경우 일정요건을 충족하면 1주택자 양도소득세 혜택을 받을 수 있다. 다음의 사례를 통해서 주택과 조합원입주권을 보유할 때 1세대 1주택 비과세를 적용받을 수 있는 내용을 살펴보자.

> 조합원입주권은 주택 수에 포함된다. 다음은 재건축 조합원입주권 외 1주택을 소유하더라도 양도소득세 비과세를 받을 수 있는 다양한 사례다. 각각의 양도소득세 비과세를 적용하려면 어떤 요건들이 있는지 살펴보자.
> ① T씨의 사례
> • A 주택: 10년 전 취득해 계속 거주
> • B 조합원입주권 취득(승계조합원: 입주권을 조합원으로부터 유상 매입)
> • A 주택 양도

② U씨의 사례
- A 재건축 조합원입주권(원조합원): 기존 주택 보유 중 사업시행인가
  (3년 전), 관리처분인가일(2년 전) 후 조합원입주권 상태
- B 신규 주택 취득: 1년 10개월 전 취득(현재 거주)
- A 재건축 조합원입주권 양도
③ N씨의 사례
- A 재건축 조합원입주권(원조합원): 기존 주택 보유 중 사업시행인가
  (3년 전), 관리처분인가일(2년 전) 후 조합원입주권 상태
- B 대체 주택 취득: 1년 10개월 전 취득(현재 거주)
- B 주택 양도

◈ 1주택자가 조합원입주권(승계조합원)을 취득한 후 종전 주택을 양도할 경우

1주택을 보유한 1세대가 재건축 중인 아파트로 이사할 목적으로 조합원입주권(승계조합원)을 취득한 경우다. 이 경우 조합원입주권을 취득한 날로부터 3년 이내에 비과세 요건을 충족한 종전 주택을 양도하면 비과세를 적용한다. 다만, 3년이 경과하더라도 다음과 같은 일정 요건을 충족하면 비과세를 적용한다.

① 종전 주택을 양도하기 전 조합원입주권을 취득(종전 주택을 취득한 날로부터 1년 이상 지난 후 조합원입주권을 취득해야 함)함으로써 일시적 1주택과 1조합원입주권을 소유하게 된 경우 조합원입주권을 취득한 날로부터 3년 이내에 종전 주택을 양도
② 종전 주택을 양도하기 전 조합원입주권을 취득(종전 주택을 취득한 날로부터 1년 이상 지난 후 조합원입주권을 취득해야 함)함으로써 일시적

> 1주택과 1조합원입주권을 소유하게 된 경우 조합원입주권을 취득한 날
> 로부터 3년이 경과해 종전 주택을 양도
> ㉠ 조합원입주권의 주택이 완성된 후 3년 이내에 그 주택으로 세대 전원
>   이 이사해 1년 이상 거주할 것
> ㉡ 조합원입주권의 주택이 완성되기 전 또는 완성된 후 3년 이내에 종전
>   의 주택을 양도할 것

T씨는 조합원입주권(B)을 취득한 날로부터 3년 이내에 종전 주택 (A)을 양도하면 비과세를 적용한다. 3년이 경과하더라도 조합원입주권의 주택이 완성되기 전 또는 완성되고 난 후 3년 이내에 종전 주택(A)을 양도하면 비과세를 적용받을 수 있다. 다만, 조합원입주권의 주택(B)이 완성된 후 3년 이내에 그 주택으로 세대 전원이 이사해 1년 이상 거주해야 한다.

◆ 비과세 요건을 충족한 1세대가 신규 주택 취득 후 조합원입주권(원조합원)을 양도할 경우

관리처분계획인가일 현재 비과세 요건(관리처분계획인가일 이후에도 임차인이 있는 경우에는 그 기간을 포함)을 이미 충족한 1세대가 재건축(또는 재개발)이 진행돼 조합원입주권으로 전환되고 신규 주택을 취득한 날로부터 3년 이내에 조합원입주권을 양도하면 비과세를 적용받을 수 있다.

U씨는 신규 주택(B)을 취득한 날로부터 3년 이내에 조합원입주권 (A)을 양도하면 비과세를 적용받을 수 있다.

◈ 1세대 1주택자가 조합원입주권(원조합원)과 대체 주택을 양도할 경우

1세대 1주택자가 그 주택에 대한 주택재건축사업 등의 시행기간 동안 거주하기 위해 다른 주택(분양권이나 조합원입주권을 취득해 준공된 주택 포함)을 취득한 경우로서 다음의 요건을 모두 갖추어 대체 주택을 양도하는 때에는 비과세 규정을 적용한다. 비과세 적용 시 보유기간 및 거주기간의 제한을 받지 않으나 대체 주택을 취득해 1년 이상은 거주해야 한다. 대체 주택 비과세는 원조합원만 받을 수 있고 승계조합원은 적용받을 수 없다.

---

① 주택재건축사업 등의 사업시행인가일 이후부터 주택완공일 이전까지 대체 주택을 취득해 1년 이상 거주할 것
② 조합원입주권 주택이 완성된 후 3년 이내에 그 주택으로 세대 전원이 이사해 1년 이상 거주할 것
③ 조합원입주권 주택이 완성되기 전 또는 완성된 후 3년 이내에 대체 주택을 양도할 것

N씨는 사업시행인가일 이후 대체 주택을 취득했고 1년 이상 거주했다. 따라서 조합원입주권이 주택으로 완성되기 전 또는 완성된 후 3년 이내에 대체 주택을 양도하면 된다. 즉, 대체 주택(B)을 지금 양도해도 되고 조합원입주권 주택(A)이 완성된 후 3년 이내에 양도해도 된다. 다만, 조합원입주권의 주택(A)이 완성된 후 3년 이내에 그 주택으로 세대 전원이 이사해 1년 이상 거주해야 한다.

◈ 1세대 1주택자가 재개발·재건축으로 1+1 주택을 분양받아 양도할 경우

재개발·재건축으로 조합원이 1+1 입주권을 분양받아 2채의 주택이 완공되었다. 그중 1채의 주택을 양도하는 경우 1주택 비과세를 받을 수 있을까? 결론적으로는 받을 수 없다. 2주택자이기 때문이다. 먼저 양도하는 주택은 비과세 혜택 없이 양도소득세를 내야 하고 나중에 양도하는 주택은 비과세 혜택을 받을 수 있다.

1+1의 입주권을 받는 경우, 사실상 2채의 주택이 생기는 것이다. 따라서 대체 주택 양도 등(1주택자가 조합원입주권을 취득한 후 종전 주택 양도·신규 주택 취득 후 조합원입주권 양도)에 대한 1주택 비과세 특례를 적용할 수 없다.

TIP 재개발·재건축 양도소득세 핵심 포인트

- 주택분양권을 양도하면 중과세율(60%, 70%)을 적용한다.
- 원조합원이 재건축입주권을 양도하는 경우에도 1세대 1주택 비과세가 가능하다.
- 조합원입주권과 주택을 각각 소유한 경우 일정 요건을 충족하면 1세대 1주택 비과세가 가능하다.

4

상업용 부동산

꼬마빌딩 및 상가

투자 전략

고금리와 공실로 이중고 꼬마빌딩과 상가

 '유령 상권'된 가로수길

글로벌 부동산 컨설팅 기업 쿠시먼앤드웨이크필드가 발표한 '서울 리테일 시장 보고서'에 따르면 2025년 1분기 가로수길 공실률은 41.6%로 2024년 4분기보다 0.4%포인트 상승해 최고치를 기록했다. 2024년 3분기 36%와 비교하면 5.6%포인트 오른 수치다. 상가 10곳 중 4곳이 비었다는 의미다.

가로수길 공실률은 서울 주요 상권 중 가장 높은 수준이다. 강남(18.9%), 청담(15.7%), 홍대(10%), 명동(5.2%), 성수(3.4%) 등 주요 상권 대비 최대 12배가량 높다. 특히 주요 상권 중 지난해 1분기와 비교해 공실률이 상승한 곳은 성수(3%)와 가로수길(0.4%)이 유일하다. 홍대(-4.4%), 명동(-2.3%), 강남(-1.8%), 청담(-3.4%) 등 주요 상권 공실률이 하락한 것과 대조적이다.

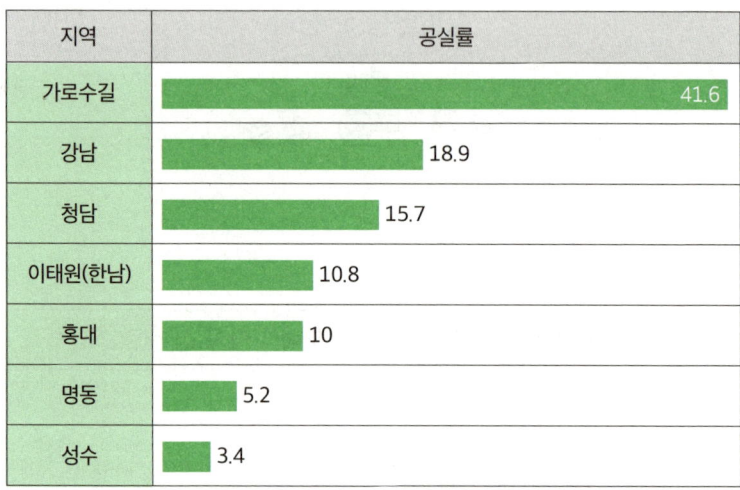

지역	공실률
가로수길	41.6
강남	18.9
청담	15.7
이태원(한남)	10.8
홍대	10
명동	5.2
성수	3.4

* 올해 1분기 기준   자료: 쿠시먼앤드웨이크필드

　소상공인이 사라지고 대형 프랜차이즈만 남은 가로수길 모습은 젠트리피케이션(Gentrification)의 대표적 사례다. 가로수길 상가 유리창 곳곳에는 '임대 문의', '통임대', '단기 임대' 등 문구가 붙어 있다. 한 상가 건너 한 상가가 공실이다. 코로나19 전까지만 해도 명품 브랜드와 뷰티숍, 패션숍, 개성 있는 식당과 카페로 북적였지만 지금은 빈 상가가 즐비한 '유령 상권'으로 전락했다. 임대인은 매매가 하락을 우려해 임대료 인하를 꺼리고, 임차인은 높은 임대료를 버티지 못해 떠나는 악순환이 반복된 결과이다.

행정수도를 지향하는 세종시 상가 공실 상황이 심각한 수준이다. 세종시 상가 공실률 문제는 세종시가 출범할 때부터 제기된 문제였지만, 최근 심화하는 양상이다. 세종시와 한국부동산원 등에 따르면 세종시 중대형 상가 공실률은 25.2%로 전국 평균(18.4%)을 웃돈다. 공실률은 2024년 3분기 23.2%에서 4분기 24.1%, 2025년 1분기 25.2%로 3분기 연속 상승했다.

나성동 일대 9개 상가 건축물 공실률은 50%를 넘는 것으로 조사되었다. 이 가운데 리치먼드시티 세종과 MVC, 밀레니엄, 트리플렉스 상가의 공실률은 80%이다. 대평동도 조사 대상 11개 상가 모두 공실률이 50%를 넘었다. 특히 해들빌딩과 알파메디컬센터·시드니힐은 90% 이상이 텅텅 비었다. 핵심 상권도 줄줄이 폐업 중이다. 세종시 상가 폐업 업체 수는 2024년 말 기준 나성동 537개, 대평동 537개, 어진동 465개에 달했다.

세종시는 상가 활성화 대책에 부심하고 있다. 우선 BRT 버스 노선 주변 상가와 금강변 상가에 의료·운동시설을 포함한 1·2종 근린생활시설 입점을 허용하기로 했고, 나성동 일대를 중심으로 소규모 관광숙박시설 입점도 확대한다. 그러나 상가 공실은 쉽게 채워지지 않을 것 같다. 2012년부터 입주가 시작되면서 상주 인구에 비하여 상업용지 과다 지정과 상가 공급과잉 현상이 이어지면서 나타난 슬픈 현실이다. 10년전 분양받은 K씨는 10년째 임대료를 받지 못하고 대출이자에 잠 못자고 있다. 상가투자 실패 사례의 단면이다.

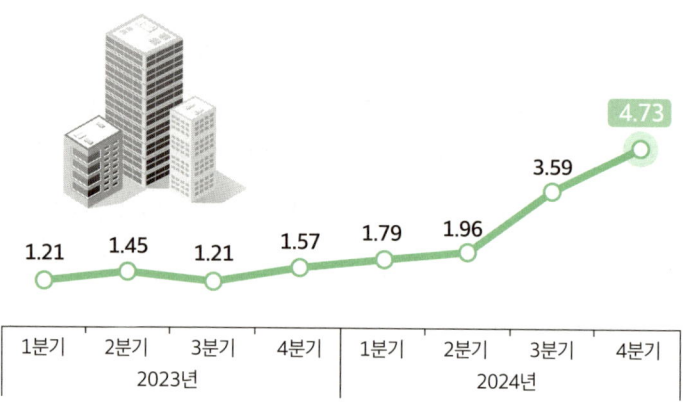

1분기	2분기	3분기	4분기	1분기	2분기	3분기	4분기
2023년				2024년			

자료: 교보리얼코

　서울의 대표적 업무지구인 강남권(GBD) 오피스의 경우 1%대 공실률을 이어왔으나 2024년 4분기에는 2.68% 공실률을 기록하며 전분기 공실률(2.32%) 대비 0.36% 상승했다. 특히 강남의 프라임급 오피스 빌딩인 센터필드를 비롯해 강남N타워, 섬유센터 같은 중대형 빌딩에서 많은 공실이 발생한 것으로 나타났다. 이처럼 서울 지역(강남을 중심으로 하는) 오피스 공실이 증가한 것은 매년 상승하는 임대료가 큰 원인으로 꼽힌다. 경기 침체가 계속되면 경기 영향을 크게 받는 중소기업의 이동도 계속될 전망이다. 이들이 주요 업무지구를 벗어나면서 주요 업무지구 공실률, 특히 중소형 면적의 오피스 공실은 현재보다 더욱 증가할 가능성이 높다. 수익형 부동산은 한국은행 기준금리 2% 미만으로 하락할 때까지 매우 신중하게 접근해야 한다.

꼬마빌딩 매입 시 프로세스

꼬마빌딩에 투자할 때는 고려해야 할 것이 많다. 꼬마빌딩의 수익성을 결정하는 것은 바로 상권이다. 어떤 입지여건을 확보하고 있는지가 꼬마빌딩 투자의 성패를 좌우하는 것이다. 꼬마빌딩을 선택할 때 상권이 어떻게 형성돼 있는지, 상주인구와 유동인구는 충분히 확보돼 있는지 사전에 철저히 확인해야 한다. 상권이 이미 형성된 곳보다는 현재 진행 중이거나 향후 발전 가능성이 높은 곳을 눈여겨봐야 한다.

투자 계획과 목표를 설정하라

첫째, 구입 목적을 잊지 말고 항목별 우선순위를 정한다. '산 좋고 정자 좋은 물건'은 세상에 없다. 값비싼 물건은 비싼 값을 하고 저렴한 물건은 모두 이유가 있다. 기본 항목을 꼼꼼하게 검토해야 한다. 교통, 도로 너비, 경사도, 코너 여부, 용적률, 미래가치, 임대 현황, 건물 상태 등 샅샅이 체크한 후 투자해야 한다.

둘째, 꼬마빌딩을 임차인의 눈으로 봐야 한다. 꼬마빌딩은 내가 주거하기 위해 사는 것이 아니라 최종적으로 임차인이 들어와서 장사하는 공간이다. 건물주는 임차인이 임대료를 내기 위해 장사하는 사람이 아니라 수익을 내려는 사람이란 점을 명심해야 한다.

셋째, 꼬마빌딩은 아침, 점심, 저녁에 봐야 한다. 시간대로 찾아오는 손님이 변화무쌍하다. 어떤 빌딩은 24시간 손님이 몰리는 곳이 있는 반면, 어떤 빌딩은 낮에는 파리가 날리는데 저녁만 되면 인산인해를 이루는 곳도 있기 때문이다.

넷째, 대출을 무서워하지 마라. 누군가는 대출에 부담을 가지지만 그러다가 기회를 놓치는 경우가 많다. 부동산 투자에선 소위 '레버리지'를 잘 활용하는 사람이 성공한다.

다섯째, 믿을 만한 공인중개사 한 명이 열 명의 친구보다 낫다. 단골 부동산을 정하고 수시로 찾아가서 눈도장을 찍고 친분을 쌓자.

여섯째, 매도자, 중개인에게 자신이 살 사람이라는 확신을 심어줄 필요가 있다. 흔히 말하는 '간 보기식'으로 하면 접근했다가는 대접도 못 받을뿐더러 최적의 조건을 이끌어낼 수 없다. 일단 준비된 현찰을 흔들면서 협상에 나서길 권한다. 좋은 물건이 나왔을 때는 혼자만 이 물건을 검토 중이라는 생각을 버려야 한다. 좋은 물건은 많은 사람이 관심을 가지기 때문에 투자자가 많은 것은 당연하다. 따라서 생각은 깊게 하되, 판단은 가급적 빨라야 좋은 물건을 놓치지 않는다.

일곱째, 상권이 좋아지는 지역은 시간에 따라 거래금액이 올라간다. 따라서 이런 지역에서는 예전 가격을 아는 것이 도리어 판단을 흐리게 하는 독이 될 수 있다.

여덟째, 계약 자리에서 꼭 계약해야 한다는 부담감을 버리고 오직 금액과 조건에 집중한다. 만약 계약이 안 되더라도 다음 날 다시 시작한다는 긍정의 마음으로 접근해야 한다.

부자들에게는 어떤 특별함이 있는 것일까? 그들의 재테크 방법만 따라 하면 일반인도 부자가 되지 않을까? 그들을 통해 재테크의 노하우를 얻을 수 있다. 부동산도 부자 부동산에 줄을 서면 성공의 길이 보인다. 어떤 부동산 주변에 투자하면 부가가치가 높아질 수 있을까? 발전하고 변화하는 부동산은 어디에 있을까?

첫째, 대학가 주변에 투자하라. 대학도 무한경쟁시대에 들어섰다. 가만히 있으면 신입생이 줄지어 찾아오던 시대는 분명히 지났다. 그래서 대학들은 학교의 위상을 높이고 치열한 경쟁에서 살아남기 위해 질적·양적 팽창을 시도하고 있다. 양적인 팽창을 위해 부지가 한정된 대학교에서는 학교 주변의 토지를 매입하고 있다. 모든 대학가 주변이 다 해당되는 것은 아니지만, 주로 산에 입지해 있거나 발전 속도가 빠른 대학의 주변은 노려볼 만하다. 이문동에 있는 한국외국어대학교는 주변 토지를 매입해 대학교에 필요한 시설을 확장하고, 한성대는 부근의 단독주택을 매입해 학생회관 등으로 활용하고, 한양대학교는 인근 주택을 매입해 학교시설을 늘려가고 있다. 대학가 주변의 단독주택을 매입해 임대사업을 하다가 대학교에 제값을 받고 팔면 좋지 않을까.

둘째, 병원 주변에 투자하라. 중소병원은 경영난에 허덕이고 있다고 하나 대형병원은 새로운 의료시설을 확충하기 위해서 병원을 증축하고 새롭게 리모델링하고 있다. 성장하는 병원 주변에 단독주택을 구입해 병원 관련 점포를 임대하거나 병원에 제값을 받고 팔면 어떨까.

셋째, 교회 주변에 투자하라. 우리나라 교회의 성장 속도는 매우 빠르다고 한다. 그리고 교회가 성장하면 교회를 증축하거나 새롭게 건축한다. 증축을 하면서 진입로를 확장하고 교회 부속건물을 짓는 과정에서 인근 주택이나 점포를 매입한다. 개척교회들도 초창기 때는 큰 본당 건물과 작은 선교 센터만 있지만 주변의 토지를 매입해 교육관과 예배실을 확충한다. 주변 지역의 꼬마빌딩을 구입해 점포를 임대하다가 교회가 확장되면 제값을 받고 팔면 어떨까. 이렇듯 부동산에 투자할 때는 주변의 부동산을 유심히 관찰해 자신이 가지고 있는 부동산에 어떤 영향이 미칠 것인지 관심을 가져야 한다.

본인이 소유하고 있는 부동산 가격이 주변 환경 때문에 오르거나 내릴 수도 있기 때문이다. 결국 주변 환경을 고려하지 않은 부동산은 매매 시 그 투자비를 회수할 수 없을 뿐 아니라 최악의 경우는 결정적인 손실을 감수해야 하는 경우도 생긴다.

TIP
- 어떤 부동산 주변에 투자하느냐는 아주 중요한 문제다. 투자 부동산 주변이 성장하고 긍정적으로 변모하면 부동산 가치가 높아진다.
- 유령 상권으로 꼬마빌딩과 상가들의 공실로 임대수익 하락과 투자 가치가 하락하고 있다.
- 금리 상승, 자영업 몰락, 임대수익 하락 등의 요소를 염두에 두고 투자를 더욱 신중하게 고려해야 한다.

꼬마 빌딩 매입 시 꼭 필요한 프로세스

교통, 용적률, 위치 등 항목별 우선순위 정하기

⬇

건물주가 아닌 임차인의 눈으로 파악하기

⬇

아침, 점심, 저녁 시간대별로 확인하기

⬇

대출에 겁내지 말고 과감하게 활용하기

⬇

믿을 수 있는 공인중개사 찾기

⬇

최적의 조건을 끌어낸다는 마음으로 협상에 나서기

⬇

과거에 연연하지 말고 지금 최적의 금액 파악하기

⬇

계약에 대한 부담감을 버리고 금액과 조건에 집중하기

꼬마빌딩 및 상가

세금 전략

꼬마빌딩 및 상가 취득세

상업용 부동산의 투자 수익률을 결정하는 요소 중 세금도 중요한 영향을 미친다. 많이 벌어도 세금을 많이 낸다면 실제 수익률은 기대한 것보다 낮을 수 있다. 다른 자산 투자에 비해서 부동산 투자에는 내야 할 세금이 유달리 많다. 최종 수익률은 꼭 세금까지 고려해야 한다.

꼬마빌딩과 상가를 투자할 때 가장 먼저 내야 하는 세금이 취득세다. 주택과 달리 수익형 부동산의 취득세는 단순하다.

취득세는 얼마나 낼까?

취득세를 납부할 때 농어촌특별세와 지방교육세를 함께 납부해야 한다. 꼬마빌딩을 매입할 때 매입 금액에 4%를 취득세로, 0.2%를 농어촌특별세로, 0.4%를 지방교육세로 납부한다. 총매입 금액에 4.6%가 취득 시 내야 할 세금이다. 간혹 취득세만 계산해 4%만 생각하기도 하는데 이는 잘못된 계산이다. 농어촌특별세와 지방교육세까지 함께 계산해야 정확한 취득 관련 세금 전체를 계산할 수 있다. 가령, 매입 금액이 100억 원이라면 취득 관련 세금은 4억 6,000만 원이다. 주택을 제외한 부동산 물건별 세율표를 요약하면 아래 표와 같다.

▐ 부동산 취득세의 과세표준 및 세율

구분		취득세 등 (농어촌특별세, 지방교육세 포함) 세율 (%)
상속으로 인한 취득 (시가표준액 기준)	농지	2.56
	농지 이외	3.16
증여, 유증, 그 밖의 무상 취득 (시가인정액 기준, 시가인정액이 없으면 시가표준액)		4
원시취득(신축)		3.16
매매, 교환 등으로 인한 취득 (취득 금액 기준)	농지	3.4
	농지 이외	4.6

🔍 상속이나 증여로 취득하면 세율은?

주택편에서 살펴보았듯 상속의 경우에는 시가표준액을 기준으로 계산한다. 가령, 상속으로 시세 100억 원의 꼬마빌딩을 받은 경우 시가표준액이 60억 원이라면 취득세(농특세, 지방교육세 포함)는 1억 8,960만 원(60억 원×3.16%)이다.

증여의 경우 시가로 인정된 가액(유사매매사례가액, 감정가액 등)을 기준으로 하고, 시가인정액을 산정하기 어려운 경우에는 시가표준액을 기준으로 한다. 일반적으로 상가의 경우 아파트처럼 유사매매사례가액을 찾기 힘들다. 실무적으로 상가는 감정가액 또는 시가표준액으로 증여세 신고를 한다. 고가의 상업용 부동산은 2군데 이상의 감정평가를 받아 평균액으로 증여세 신고를 한다. 고가의 상업용 부동산 기준이 법에 규정되어 있지 않지만 실무적으로 대략 시세가 30억 원은 넘어야 할 것으로 예상된다. 가령, 감정평가액 평균액이 100억 원이 되는 꼬마빌딩을 증여한다면 취득세(농특세, 지방교육세 포함)는 4억 원(100억 원 × 4%)이다.

고가의 상업용 부동산이 아닌 경우 증여세를 신고할 때 기준시가로 증여세 신고를 할 수 있다. 고가의 상업용 부동산이 아니므로 납세자가 기준시가로 증여세 신고 후 국세청에서 감정평가를 하여 다시 과세할 확률('25년 국세청 지침은 기준시가와 추정시가가 5억 원 이상 차이가 나거나 10% 이상 차이가 나는 경우 감정평가를 받도록 되어 있음)은 낮다. 이 경우 별도의 시가인정액이 없으므로 취득세도 시가표준액을 기준해 취득세를 납부한다. 시세 10억 원(시가표준액 6억 원)의 상가를 증여받고 기준시가로 증여세 신고를 한다면 취득세(농특세, 지방교육세 포함)는 2,400만 원(6억 원 × 4%)이다.

🏠 상업용 부동산을 취득할 때는 부가가치세도 고려해야 한다

부동산의 종류는 크게 구분해 상업용 부동산과 주거용 부동산으로 구분할 수 있다. 토지와 국민주택(전용 25평 이하)의 매매에는 부가가치세가 붙지 않는다. 또한 부가가치세는 사업자가 매매할 때 붙는 세금이므로 사업자가 아닌 일반인들이 매매할 때는 관계없는 세금이다. 따라서 일반적으로 주택에 대한 투자라면 부가가치세에 대해서 신경을 쓰지 않아도 되지만, 상업용 부동산에 대한 투자라면 부가가치세를 고려해야 한다. 상가 건물을 통째로 취득한다면 토지에 대해서는 부가가치세가 없지만 건물에 대해서는 10% 부가가치세가 있다. 현실적으로 토지 따로 건물 따로 사는 경우는 없기에 매매대금 중 건물에 대한 부분만 부가가치세가 있다고 보면 된다.

부가가치세는 사업자가 납부하는 세금이지만 실제적으로는 사업자가 아닌 소비자가 부담하는 세금이다. 꼬마빌딩을 매입하는 사람도 임대목적으로 투자하는 사업자다. 따라서 꼬마빌딩을 매입할 때 매수자가 부가가치세를 부담해야 하지만 실제로는 부가가치세 신고를 하면서 매입세액공제라는 항목으로 공제를 받거나 환급받을 수 있다. 이렇게 함으로써 임대사업자인 매수자는 최종적으로 부가가치세를 부담하지 않는다. 다소 어려운 내용이지만 부가가치세는 일상생활에서 우리가 매일 겪는 세금이다. 가령, 편의점에서 컵라면을 사면 컵라면의 가격에는 부가가치세가 포함돼 있다. 컵라면을 사는 소비자가 부담을 하지만, 직접 세금을 납부하지는 않는다. 컵라면에 대한 부가가치세를 세무서에 가서 신고한 적은 없을 것이다. 편의점을 경영하는 사업자가 신고하고 납부하기 때문이다.

요약하면 꼬마빌딩을 매도하는 사업자가 매수하는 사업자로부터 부가가치세를 받아 신고 때 세금을 납부하고, 매수자는 공제 또는 환급을 받는다. 이렇게 하면 다소 번거로움이 있을 수 있다. 이런 번거로움을 해결하기 위해 사업포괄양수도란 제도가 있다. 사업포괄양수도란 동일 사업(임대사업)을 계속하면서 건물주만 바뀌는 것을 말한다. 해당 사업을 수행하기 위해서 인적설비 및 물적설비까지 모두 승계를 하는 것을 말한다. 사업의 포괄양수도 요건을 충족하고 부동산매매계약서에 문구를 추가하는 경우 부가가치세를 주고받을 필요가 없다. 원활한 거래를 지원하기 위해서다. 즉, 부가가치세 과세대상에서 제외돼 매수자의 입장에서는 자금 부담도 덜고 훨씬 편리하게 매매를 진행할 수 있다. 다만, 사업포괄양수도 요건이 까다로워 반드시 세무 전문가와 협의해 진행해야 한다.

참고로 부가가치세 신고 납세자는 일반과세자와 간이과세자로 구분할 수 있는데, 중요한 내용만 구분하면 다음과 같다.

▎부가가치세 신고 납세자의 구분

구분	일반과세자	간이과세자
적용 대상	연간 매출 1억 400만 원 이상 (단, 임대사업자는 4,800만 원 이상)	연간 매출 1억 400만 원 미만 (단, 임대사업자는 4,800만 원 미만)
확정신고	매년 1월 25일, 7월 25일까지(2회)	매년 1월 25일까지(1회)
VAT환급	환급 가능	환급 불가

TIP | **취득세와 부가가치세의 핵심 절세 노트**

- 매매로 상업용 부동산을 취득하는 경우 구입금액에 4.6%를 내야 한다.
- 상속으로 취득하는 경우에는 시가표준액에 3.16%를 적용한다.
- 증여로 취득하는 경우 시가인정액(감정가액) 또는 시가표준액에 4%를 적용한다.
- 상업용 부동산을 취득해 임대하면 부가가치세 신고를 해야 한다.
- 상업용 부동산을 구입할 때 사업포괄양수도 규정을 활용하면 자금 부담과 번거로움을 덜 수 있다.

상업용 부동산을 보유할 때 내야 할 세금은 재산세와 종합부동산세다. 임대수익이 발생하면 종합소득세도 내야 한다.

재산세는 매년 6월 1일 소유자가 낸다

재산세 납세의무자는 과세기준일(매년 6월 1일) 현재 부동산을 보유한 자다. 매년 6월 1일 현재 부동산을 소유하고 있는 자가 재산세와 종합부동산세를 납부해야 한다.

재산세의 과세표준은?

상업용 부동산에 대한 재산세는 시가표준액에 공정시장가액비율을 곱해 과세표준을 산정하고 세율을 곱해 산출한다. 사업용 부동산의 부수토지는 사업에 사용하는 토지이므로 별도합산과세토지로 분류한다.

상업용 부동산의 경우 건물과 부수토지로 각각 구분해 과세표준을 산정한다. 건축물과 부수토지는 시가표준액에 70%를 곱해 과세표준을 계산한다.

재산세 과세 방식 및 과세표준

구분	과세 방식	과세표준 및 세율	
건축물	물건별 개별과세	공정시장가액비율의 70% (차등 비례세율)	
토지 •별도합산과세 대상 토지	시·군·구별로 인별 합산	별도합산과세 대상 토지	공정시장가액비율의 70% (3단계 누진세율)

재산세 과세표준 및 세율

구분	과세표준	세율(%)
건축물	골프장, 고급오락장용 건축물 공장용 건축물 그 밖의 건축물	4 0.5 0.25
별도합산과세 대상 토지	2억 원 이하 2억 원 초과 10억 원 이하 10억 원 초과	0.2 0.3 0.4

재산세는 언제 내야 할까?

재산세는 매년 7월과 9월에 납부한다. 재산세는 자진 신고하는 세금은 아니고 시·군·구청 세무과에서 계산해 납부영수증을 보낸다. 납부영수증를 받아서 납부하면 된다. 상업용 부동산의 건물에 대한 재산세는 7월에, 부수 토지에 대한 재산세는 9월에 납부한다.

▌재산세 납부 기한

구분	납부 기한
건물(주택 외)	매년 7월 16일~7월 31일
토지(주택의 부수토지 외)	매년 9월 16일~9월 30일

▌재산세에 부가되는 세액

구분	세율
지방교육세	납부해야 할 재산세액 × 20%
재산세 도시지역분	재산세의 과세표준 × 0.14%
특정 부동산의 지역자원시설세	시가표준액 × (0.04~0.12%) 6단계 초과누진세율

올해 시가표준액이 전년에 비해서 많은 차이로 상승한 경우 세금 부담을 완화시키고자 세부담 상한이라는 제도가 있다. 주택 외 부동산의 재산세 산출세액이 직전 연도의 재산세 상당액 150%를 초과하는 경우 150%에 해당하는 금액을 당해 연도에 징수할 세액으로 책정하는 제도다.

종합부동산세는 누가 내야 할까?

종합부동산세의 과세 대상은 주택과 종합합산토지와 별도합산토지가 이에 해당한다. 상업용 부동산의 부수토지는 별도합산토지이므로 종합부동산세 대상이다. 다만, 보유하고 있는 상업용 부동산의 부수토지를 합산해 공시가액이 80억 원을 초과해야 한다. 시가로 100억 원을 훨씬 넘어야 할 것이므로 일반적으로 시가 100억 원 이하의 꼬마빌딩이나 상업용 부동산을 소유하는 자는 종합부동산세가 부과될 가능성이 없다.

종합부동산세 과세 대상 및 공제금액

과세 대상		공제금액
별도합산토지 (일반건축물의 부속 토지 등)	인별 전국 합산	80억 원

종합부동산세는 공시가격에서 일정 금액을 공제한 금액에 공정시장가액비율을 곱해 과세표준을 산정하고 세율을 곱해 산출한다. 토지는 100%를 곱해서 과세표준을 산정한다.

토지분 종합부동산세 과세표준

과세 대상	과세표준
별도합산과세 대상	(공시가격 합산 금액 - 80억 원) × 100%

과세 대상	공정시장 가액비율(%)	과세표준	세율(%)
별도합산토지 (일반건축물의 부속토 지 등)	100	200억 원 이하	0.5
		200억 원 초과~400억 원 이하	0.6
		400억 원 초과	0.7

종합부동산세는 언제 내야 할까?

종합부동산세는 매년 12월 1일에서 12월 15일까지 주소지 관할세무서에서 주소로 납부영수증을 보낸다. 세무서에서 계산된 세액을 매년 12월 15일까지 납부하면 된다. 납부영수증이 집으로 오면 납부하면 되는데, 직접 본인이 계산해 12월 15일까지 신고·납부할 수도 있다. 만약 내야 할 세금이 250만 원을 초과할 경우 6개월 이내에 분납도 가능하다.

▌ 종합부동산세 납부 기한

구분	납부 기한
원칙: 고지납부	12월 1일~12월 15일에 고지된 세액을 납부
예외: 신고·납부	12월 1일~12월 15일에 납세의무자가 신고·납부
분납	납부할 세액이 250만 원을 초과할 경우 납부 기한 경과 후 6개월 이내에 나누어 낼 수 있음 • 납부할 세액이 250만 원 초과 500만 원 이하일 경우: 250만 원을 초과하는 금액 • 납부할 세액이 500만 원을 초과하는 경우: 50% 이하의 금액

세부담 상한선이란?

공시가액이 전년에 비해 급등하는 경우 세금 부담이 될 수 있다. 이에 부과된 재산세 상당액과 종합부동산세 상당액의 합계액이 직전 연도에 부과된 세액의 일정 금액을 초과하는 경우 없는 것으로 한다. 즉, 당해 연도에 부과할 수 있는 최대 금액인 상한선이다. 토지의 경우 150%가 상한선이다.

재산세와 마찬가지로 종합부동산세도 부가되는 세금이 있다. 종합부동산세액의 20%에 해당하는 농어촌특별세도 함께 납부해야 한다. 종합부동산세는 재산세와 마찬가지로 계산이 복잡하다. 개괄적인 과세 프로세스만 살펴보고 계산은 국세청 홈택스 모의계산 서비스 프로그램을 통해서 확인하자. 공시가액을 적으면 종합부동산세와 농어촌특별세를 계산할 수 있다.

상업용 부동산을 투자할 때 가장 관심이 높은 세금이 양도소득세다. 지금까지 취득과 보유에 대한 다양한 세금을 살펴보았지만 수익률에 가장 직접적으로 영향을 미치는 세금이 양도소득세. 실제 전체 세금 중에 양도소득세가 차지하는 비중이 가장 높다. 일반적으로 부동산을 장기간 보유하고 매각하는 경우가 많으므로 차익이 상당할 것이고 양도소득세 또한 많다. 그래서 부동산 투자에 관심이 있다면 가장 먼저 고려해야 할 세금이고 깊이 있게 알아둘 필요가 있다.

약식으로 보유기간이 15년이 넘고 이익 본 금액이 10억 정도 이상이면 대략 이익 본 금액에 29~33% 정도 발생한다. 즉, 이익에 ⅓ 정도다. 다음 사례를 통해서 부동산 양도에 대한 세금을 자세히 살펴보자.

N씨는 15년 전 서울 강남 소재 꼬마빌딩을 40억 원에 투자했다. 15년 동안 가격이 많이 상승해 현재 시세는 100억 원 정도 나간다는데, 양도소득세는 어떻게 계산되는지 궁금하다.

① 양도가액: 100억 원

② 취득가액: 40억 원(토지 30억 원, 건물 10억 원)

③ 취득세 등 취득 관련 부대비용: 1억 9,000만 원

④ 수리비: 5억 원(보일러 교체 비용 및 5층 사무실 확장공사비 3억 원, 벽지와 장판 및 페인트 비용 2억 원)

⑤ 사업소득 계산 시 공제한 감가상각비: 3억 8,000만 원

⑥ 양도 시 공인중개사비 및 세무사 비용: 1억 원

양도소득세의 계산 구조?

소득에 대한 세금은 우선 이익을 먼저 구하고 일정 금액을 공제한 다음 세율을 적용한다. 대부분 소득에 대한 세금이 비슷한 계산 과정을 거친다. 양도소득세 역시 다른 세금과 마찬가지로 먼저 이익을 구한다. 실제 매각한 금액에서 취득가액과 부대비용을 차감해 이익을 구한다. 다음으로 공제를 적용한다. 부동산은 장기간 소유하고 파는 경우가 많으므로 보유기간에 대한 공제를 한다. 이를 장기보유특별공제라고 한다.

이렇게 장기보유특별공제 및 기본공제를 차감한 다음 과세표준을 구한다. 과세표준에 세율을 적용해 최종 양도소득세를 계산한다. 양도소득세에 지방소득세란 세목이 추가된다. 일반적으로 산출된 양도소

▌양도소득세 계산 구조

계산구조	주요 내용
양도가액 (-) 취득가액 (-) 필요경비	실지거래가액에 의해 계산 실지거래가액 또는 환산가액에 의해 계산 개산공제(3%) 또는 실제 필요경비
양도차익 (-) 장기보유특별공제	3년 이상 보유한 부동산에 한함 ・일반부동산 매년 2%(30% 한도) ・1세대 1주택인 고가주택 [4%×보유기간+4%×거주기간] (80% 한도)
양도소득금액 (-) 기본공제	연간 250만 원 공제
과세표준 (×) 세율	기본세율(6~45%), 중과세율
납부할 세액	납부할 세금이 1,000만 원 초과 시 2개월 이내 분납 가능
지방소득세	양도소득세의 10%

득세에 10%를 곱하면 지방소득세가 산정된다. 양도소득세와 지방소득세를 합한 금액이 최종 매각에 대한 세금이다.

🔍 양도가액과 취득가액은 어떻게 계산할까?

양도가액과 취득가액은 매도자와 매수자가 거래한 실제 가격을 기준으로 계산한다. 부동산매매계약을 작성하고 계약서에 적힌 총 거래대금을 기준으로 한다. 양도가액은 매각 시 매매계약서를 작성하고 총 매매대금을 수령할 것이기 때문에 양도가액에 대해서는 특별한 이슈가 없다.

다만, 취득가액에 대해서는 몇 가지 이슈가 있다. 오래전에 취득해 계약서를 분실한 경우에는 어떻게 할까? 부동산 실거래가 신고제도가 2006년부터 시행돼 그전에 취득해 계약서를 분실한 경우에는 거래 상대방이 보관하고 있지 않는 이상 취득가액을 알기가 힘들다. 물론 2006년 이후에 취득했다면 계약서가 없다 하더라도 부동산등기부등본에 표시돼 있기 때문에 실제 취득가액을 파악하는 데 문제가 없다.

만약 구입 당시의 계약서를 분실해 실제 취득가액을 알 수 없는 경우에는 취득 당시의 '매매사례가액 → 감정가액 → 환산가액 → 기준시가'를 순차적으로 적용한다. 실무적으로는 부동산실거래가액신고제도가 도입된 이전의 매매사례가액을 현실적으로 찾는 것이 쉽지 않고 취득 시점에 감정가액을 받는 경우는 드물기 때문에 실무적으로 대부분 환산가액을 적용한다.

환산가액에 대한 논리는 취득 당시와 양도 당시의 기준시가의 상승 비율로 실제 취득가액을 비율로 계산한다는 것이다.

251

$$\text{환산가액(취득가액)} = \text{양도 당시의 실지거래가액} \times \frac{\text{취득 당시의 기준시가}}{\text{양도 당시의 기준시가}}$$

　1997년에 취득했으나 취득 당시의 매매계약서를 분실했고 현재 100억 원에 양도한다면 다음과 같이 환산가액을 계산한다. 양도 당시 기준시가 60억 원, 취득 당시 기준시가 15억 원으로 가정한다. 양도 당시의 기준시가가 취득 당시의 기준시가보다 4배 상승했으니 실제 취득 금액은 현재 양도 금액의 ¼로 한다는 것이다.

$$25\text{억 원} = 100\text{억 원} \times \frac{15\text{억 원}}{60\text{억 원}}$$

환산가액을 적용할 때 주의해야 할 점은?

　환산가액을 적용할 때 주의해야 할 점이 있다. 아파트의 경우 건설회사에 분양가액 정보가 있을 수 있으므로 환산가액으로 하면 세무서에서 건설회사를 조사해 실제 취득가액을 찾아 적용할 수 있다. 꼬마빌딩의 임대소득에 대한 종합소득세를 신고할 때 취득가액에 대한 장부가액을 기준으로 소득 신고를 하는 경우 취득가액에 대한 정보가 있다. 실제 장부가액이 잘못된 것임을 객관적으로 입증하지 않는 이상 환산가액으로 하면 부인당할 수 있다. 규모가 있는 수익형 부동산의 임대소득은 장부를 작성해 종합소득세를 신고하는 것이 일반적이므로 세무 전문가와 협의해서 양도소득세 신고를 하는 것이 좋다.

🔍 감가상각비는 취득가액에서 차감해야 한다는데 무슨 말일까?

임대소득 계산 시 감가상각비로 비용 처리한 금액은 취득가액에서 차감한다. 건물은 시간이 지남에 따라 가치가 하락하기 때문에 감가상각비란 항목으로 임대소득 계산 시 필요경비로 수입에서 차감할 수 있다. 감가상각비를 부동산임대소득에 대한 종합소득세 신고 시에 필요경비로 공제를 받았다면 양도소득세 계산할 때 취득가액에서 차감한다. 그만큼 양도차익 계산할 때 취득가액이 낮아지고 양도차익이 증가한다. 이에 양도소득세를 절세하기 위해 종합소득세 신고 시 감가상각비를 비용으로 처리하지 않는 사람도 있다.

N씨의 경우 부동산임대소득 계산 시 필요경비로 공제한 3억 8,000만 원은 취득가액에서 차감해야 한다. 취득가액을 환산가액으로 하는 경우에도 동일하게 적용한다.

🔍 양도소득세 계산 시 공제할 수 있는 항목은?

양도소득세의 절세 핵심은 취득가액의 계산과 공제받을 수 있는 항목을 최대한 챙기는 것이다. 계산구조에서 살펴본 것처럼 양도가액을 임의로 낮출 수는 없다. 또한 보유기간에 대해서 공제받는 장기보유특별공제도 임의로 계산할 수 없다. 실제 과세표준으로 낮추는 방법은 양도가액에서 차감하는 공제를 최대한 많이 받는 것이다.

부동산을 취득할 때 매도인에게 지급하는 매매 금액 이외에도 다양한 비용이 발생한다. 취득세와 법무사 비용, 공인중개사 비용, 국민주택 등의 채권매각손실, 인지세 등 취득과 직접 관련된 지출 비용은 양도가액에서 차감한다.

상담에서도 많이 물어보는 내용인데, 공인중개사 수수료를 법으로 정한 요율보다 더 많이 지급해도 전부 인정받을 수 있을까? 금융 계좌를 통해서 실제 지급한 사실이 입증되면 법정 수수료보다 더 많이 지급해도 전액 인정받을 수 있다.

양도할 때 발생한 지출도 필요경비로 공제할 수 있다. 양도할 때 발생한 공인중개사 비용, 세무사 신고 비용 등 모두 인정받을 수 있다. 명도 지출 금액에 대해서도 필요경비로 인정받을 수 있을까? 실제 수익형 부동산의 경우 명도 조건으로 매매하는 경우가 많기에 중요한 절세 포인트다. 임차인에게 지급한 명도비용(이사비용 등)이 양도소득세에서 필요경비로 인정받기 위해서는 반드시 매매계약에 따른 인도 의무를 이행하기 위해서 지출된 비용이어야 한다. 즉, 매매계약서에 명시가 돼야 한다는 의미다. 계약서에 명시 없이 임의로 지급한 것은 인정되기 어렵다.

🏠 양도소득세 계산 시 인정받을 수 있는 수리비는?

상업용 부동산을 보유할 때 다양하게 수리비가 발생한다. 이러한 수리비를 양도할 때 필요경비로 공제받을 수 있을까? 양도소득세를 계산할 때 공제받을 수 있는 항목을 자본적 지출이라고 표현한다. 공제받을 수 없는 항목을 수익적 지출이라고 한다. 수익적 지출은 임대소득에 대한 종합소득세 계산 시 필요경비로 적용한다. 자본적 지출은 양도할 때 필요경비로 공제받을 수 있다.

자본적 지출과 수익적 지출은 헷갈리는 내용이 많다. 자본적 지출은 사용 가능한 기간을 연장시키거나 부동산의 가치를 현실적으로 증가시키는 성격의 수리비. 이에 반해 수익적 지출은 부동산의 원상회복이나 능률 유지를 위한 지출을 말한다. 어려운 말이다. N씨 사례에서 자본적 지출로 인정할 수 있는 지출은 보일러 교체 비용 및 5층 사무실 확장공사비 3억 원이 있다. 일반인들이 자본적 지출과 수익적 지출을 구분하는 것은 매우 어렵기 때문에 지출한 모든 증빙을 보관하는 것이 중요하다.

▌자본적 지출과 수익적 지출

자본적 지출 (양도 시 필요경비로 인정)	수익적 지출 (양도 시 필요경비 불인정)
① 발코니 새시 ② 확장공사 ③ 난방시설 교체 ④ 자바라, 방범창 설치비 등 ⑤ 용도변경·개량 또는 이용 편의를 위해 　지출한 비용 　(재해·노후화 등 부득이한 사유로 인해 　건물을 재건축한 경우 철거 비용 포함) ⑥ 엘리베이터 및 냉난방장치의 설치 ⑦ 디지털도어락 설치비 ⑧ 증축공사 비용 등	① 옥상 방수공사 ② 싱크대, 주방기구 교체 비용 ③ 외벽 도색, 문짝, 조명 교체 비용 ④ 보일러 수리 비용 ⑤ 벽지, 장판 교체 비용 ⑥ 하수도관 교체 비용 ⑦ 오수정화조설비 교체 비용 ⑧ 타일, 욕조, 변기공사비 ⑨ 파손된 유리 및 기와 교체 비용 ⑩ 온돌마루 시공비, 붙박이장 설치비,싱크 　대상판 설치비, 홈오토 설치비 등

일반적으로 분양아파트가 아닌 기존 아파트를 매입할 때 들어가는 인테리어 비용은 대부분 수익적 지출의 성격이 많다. 참고하기 바란다.

상업용 부동산을 매매할 때 컨설팅 비용을 필요경비로 인정받을 수 있는지 논란이 있다. 부동산 컨설팅 비용이 직접적으로 양도와 관련 있는 경우 필요경비로 인정받을 수 있다. 다만, 부동산 매도를 위해 상권조사, 지가상승 요소 분석, 매도가격 타당성 분석 등을 의뢰하고 지급한 컨설팅 비용에 대해서는 필요경비로 인정하지 않은 판례도 있다. 매각과 얼마나 직접적으로 연관성이 있느냐에 따라 경비 인정 여부가 결정되는 것이다. 세무 전문가와 충분한 상의가 필요하다.

부동산을 취득·보유·매각할 때 발생하는 지출 비용은 세금계산서, 현금영수증 등의 법에서 인정하는 적격 증빙 서류가 있거나 실제 지출 사실이 금융거래 증명서류(계좌 이체 내역)에 의해서 확인되는 경우 인정받을 수 있다. 즉, 적격증빙이나 금융거래증빙 중 어느 하나만 갖추면 필요경비로 인정받을 수 있다. 가령, 공인중개사에게 지급한 수수료에 대해서 세금계산서나 사업자용 현금영수증을 수령하지 않더라도 실제 금융 계좌를 통해서 이체한 사실이 있는 경우 인정받을 수 있다. 사례에서 N씨의 양도차익은 다음과 같다.

양도가액: 100억 원
- 취득가액: 40억 원 - 3억 8,000만(감가상각비)
- 필요경비: 1억 9,000만(취득 부대비용) + 3억 원(자본적 지출) + 1억 원(양도 시 중개비 등)
= 양도차익: 57억 9,000만 원

🔍🏠 취득가액을 환산가액으로 적용해도 필요경비가 공제될까?

취득가액을 환산가액으로 적용하는 경우에는 개산공제액(부동산의 경우 취득 당시 기준시가의 3%)을 적용한다. 만약 자본적 지출액과 양도비 등을 합한 금액이 환산가액과 개산공제액을 합한 금액보다 큰 경우 자본적 지출액과 양도비 등을 합한 금액을 양도가액에서 차감할 수 있다. 즉, 자본적 지출액과 양도비 등을 합한 금액과 환산취득가액과 개산공제액을 합한 금액 중 큰 금액을 선택해 양도가액에서 차감할 수 있다.

| 필요경비 산출 방식

구분	필요경비
취득 당시의 실지거래가액을 확인할 수 있는 경우(상속·증여 포함)	실제 지출한 금액을 공제하는 방식 적용
취득 당시의 실지거래가액을 확인할 수 없는 경우	개산공제방식 적용

양도가액에 차감 금액 = MAX[(환산가액 + 개산공제액), (자본적 지출액 + 양도비)]

장기보유특별공제

일반적으로 부동산은 주식과 다르게 장기간 보유하고 양도하는 사람들이 많다. 장기간 보유한 경우 물가상승률에 따라 자연스럽게 가격이 상승하는 효과가 있다. 이러한 자연적 가격 상승분에 대해서 일정 부분 공제를 해주는 것을 장기보유특별공제라고 한다. 장기간 보유에 대한 특별한 공제라는 의미다.

장기보유특별공제의 대상은 토지와 건물, 원조합원의 조합원입주권(관리처분계획인가 전 주택분의 양도차익에 한정함)을 양도할 경우 적용한다. 일반적인 장기보유특별공제는 보유기간에 2%를 곱한다. 최대한 30%까지 적용한다. 따라서 15년 이상 보유한 경우 양도차익에서 30%

를 공제한다. N씨는 15년을 보유했기 때문에 양도차익에서 30%를 장기보유특별공제로 공제한다. 양도차익 57억 9,000만 원에 30%를 곱하면 17억 3,700만 원의 장기보유특별공제액이 산정된다.

▌장기보유특별공제 적용 시 보유기간

구분	매매	증여	상속
보유기간	취득일 ~양도일	증여등기접수일 ~양도일	상속개시일(사망일) ~양도일

▌장기보유특별공제

보유기간	공제율(일반)
3년 이상~4년 미만	100분의 6
4년 이상~5년 미만	100분의 8
5년 이상~6년 미만	100분의 10
6년 이상~7년 미만	100분의 12
7년 이상~8년 미만	100분의 14
8년 이상~9년 미만	100분의 16
9년 이상~10년 미만	100분의 18
10년 이상~11년 미만	100분의 20
11년 이상~12년 미만	100분의 22
12년 이상~13년 미만	100분의 24
13년 이상~14년 미만	100분의 26
14년 이상~15년 미만	100분의 28
15년 이상	100분의 30

2년 이상 거주한 1세대 1주택의 경우에는 장기보유특별공제 우대를 적용한다. 1세대 1주택의 경우 양도가액 기준으로 12억 원까지는

비과세 요건을 충족하면 양도소득세는 없다. 양도가액 12억 원을 초과한다면 양도소득세가 있고 이때 장기보유특별공제 우대를 적용한다.

 ## 최종 세금계산은?

양도가액에서 취득가액과 필요경비를 차감한 양도차익을 계산하고 차익에서 장기보유특별공제를 차감한 금액이 양도소득금액이다. 양도소득금액에 1년에 1번 기본공제를 차감한다. 기본공제는 연간 250만 원이다. 최종적으로 세율 적용하기 전 금액을 과세표준이라고 한다. N씨의 과세표준은 양도차익에서 장기보유특별공제(17억 3,700만 원) 및 기본공제(250만 원)를 차감하면 40억 5,050만 원이다. 과세표준에 세율을 적용한다. 양도소득세의 기본세율은 종합소득세율과 동일하며 8단계 초과 누진세율이다.

| 양도소득세의 기본세율

과세표준	세율(%)	누진공제액(원)
1,400만 원 이하	6	-
1,400만 원 초과~5,000만 원 이하	15	1,260,000
5,000만 원 초과~8,800만 원 이하	24	5,760,000
8,800만 원 초과~1억 5,000만 원 이하	35	15,440,000
1억 5,000만 원 초과~3억 원 이하	38	19,940,000
3억 원 초과~5억 원 이하	40	25,940,000
5억 원 초과~10억 원 이하	42	35,940,000
10억 원 초과	45	65,940,000

기본세율은 계단식으로 적용하는 논리다. 과세표준이 6,000만 원인 경우 1,400만 원에 대해서 6%를 곱하고 1,400만 원 초과 5,000만 원(3,600만 원)에 대해서는 15%를 곱하고 5,000만 원 초과에 대해서는 24%를 곱한다.

1,400만 원 × 6% + 3,600만 원 × 15% + 1,000만 원 × 24% = 8,640,000원

표의 기본세율은 간편하게 계산하기 위한 방법이다. 6,000만 원에 24%를 곱하고 5,760,000원을 차감하면 동일한 금액이 산출된다.

6,000만 원 × 24% - 5,760,000원 = 8,640,000원

결론적으로 계산식이든 누진공제액 방식이든 세금은 동일하다. 보유기간이 2년 이상인 부동산의 경우 상기의 8단계 초과누진세율을 적용한다. 단기간 보유하고 양도를 하면 중과세율이 적용된다. 그리고 비사업용토지를 양도하면 기본세율에 10%포인트를 가산한다. 표로 요약하면 다음과 같다.

보유기간에 따른 양도소득세율

자산구분	보유기간	세율
토지·건물 및 부동산에 관한 권리	보유기간 1년 미만	50% (주택 및 조합원입주권: 70%)
토지·건물 및 부동산에 관한 권리	보유기간 1년 이상 2년 미만	40% (주택 및 조합원입주권: 60%)
	보유기간 2년 이상	기본세율 (8단계 초과 누진세율)
기타자산	일반 기타자산	기본세율
	비사업용토지 과다 보유 (50% 이상) 법인의 주식	중과세율 (기본세율 + 10%)
비사업용토지		중과세율 (기본세율 + 10%)
미등기자산		70%

* '2년 미만 단기양도세율'이 적용되는 자산은 중과세율을 적용해 계산한 세액과 기본세율을 적용해 계산한 세액을 비교하고 높은 세금을 적용
* 상속으로 취득한 경우에는 피상속인의 취득일 기준으로 세율을 적용함
* 미등기자산은 법률상 등의 이유로 등기가 불가능한 자산을 제외함

최종적으로 N씨의 양도소득세를 계산하면 다음과 같다. 양도소득세의 경우 지방소득세도 함께 납부해야 한다. 지방소득세는 양도소득세의 10%만큼 추가된다. 따라서 양도할 때 세금은 총 19억 3,000만 원 정도다. 이익 본 금액에 ⅓ 정도가 총부담 세금이다.

• 양도차익: (100억 원 - ① 36억 2,000만 원 - ② 5억 9,000만 원)
 = 57억 9,000만 원
 ① (40억 원 - 3억 8,000만 원)
 ② (1억 9,000만 원 + 3억 원 + 1억 원)
• 장기보유특별공제: 57억 9,000만 원 × 30% = 17억 3,700만 원

- 양도소득과세표준: 40억 5,300만 원 - 250만 원 = 40억 5,050만 원
- 양도소득세: 40억 5,050만 원 × 기본세율 = 1,756,785,000원
- 지방소득세: 175,678,500원(약식으로 양도소득세의 10%)
- 총부담세액: 1,932,463,500원

양도 및 취득의 시기

부동산을 양도할 경우 양도소득세 계산의 기준이 되는 취득시기와 양도시기도 매우 중요하다.

취득일과 양도일은 보유기간의 계산, 양도차익의 산정, 신고기한의 결정, 비과세 또는 감면의 적용 등에서 매우 중요한 기준이 된다. 일반적인 취득일 또는 양도일은 잔금 청산일이 기준이 된다. 잔금 청산 전에 소유권을 이전 등기한 경우에는 소유권 이전 등기접수일이 취득 또는 양도시기다.

다만, 부동산의 경우 취득시기의 의제라는 규정이 있다. 부동산의 취득일이 1985년 1월 1일 이전인 경우에는 그 취득시기를 1985년 1월 1일로 보고 양도세를 계산한다. 만약 1982년 2월 7일에 취득을 했다면 1985년 1월 1일에 취득한 것으로 간주하고 취득가액을 계산해 양도소득세를 계산한다.

양도소득세 신고·납부 기한

양도소득세는 양도일이 속하는 달의 말일로부터 2개월 이내에 주소지 관할 세무서에 신고·납부해야 한다. 실무적으로 주소지 관할 세무서가 아닌 다른 세무서에 신고·접수해도 받아준다. 가장 가까운 세무서에 접수하면 된다. 국세청 홈택스로도 신고할 수 있다. 납부할 세액이 1,000만 원을 초과하는 경우에는 납부 기한 경과 후 2개월 이내에 분납할 수 있다.

연도를 나누어 양도하고 공동명의로 하면 절세 효과가 있다

양도소득세는 1년 단위로 합산해 누진세율을 적용한다. 따라서 같은 연도에 2개의 부동산을 양도하기보다는 양도시기를 조절하는 것이 절세하는 방법이다. 올해 5월에 상가 A를 양도했고 12월에 상가 B를 양도할 예정이라면 잔금시기를 내년 1월로 연기하는 것이 절세에 도움이 된다.

종합부동산세와 임대소득에 대한 종합소득세, 양도소득세는 인별로 과세한다. 누진세율 구조에서는 분산하면 분산할수록 절세 효과가 있다. 배우자와 자녀와 함께 자금 출처에 문제가 없게 하고 가족과 분산해 취득하면 효과가 있다. 자녀 명의가 함께 들어가면 향후 시세 상승에 대한 자산 증식을 자녀도 함께할 수 있기 때문이다. 자녀를 제외하고 부부만 공동으로 하는 경우 향후 자녀에게 상속이나 증여를 통해 이전할 때 또 막대한 세금이 발생하므로 자녀도 함께 공동으로 참여하는 것이 좋다.

매매로 손실이 발생한 연도에 이익이 발생한 부동산을 매각하면 절세에 도움이 된다

만약 구입한 가격보다 낮게 양도할 경우 양도차손이 발생한다. 동일 연도에 다른 양도 자산의 양도차익이 있으면 상계를 한다. 일반적으로 같은 연도에 2건 이상의 부동산을 양도하지 않는 것이 절세 전략이나 양도차손이 발생한 부동산이 있으면 예외다. 따라서 양도차손이 발생한 연도에 이익이 난 부동산을 양도하면 절세 효과가 있다.

TIP │ 양도소득세의 핵심 절세 노트

- 양도소득세 절세의 핵심은 취득가액 계산과 필요경비를 최대한 공제받는 것이다.
- 절세를 위해 지출한 비용에 서류는 확실히 챙겨둔다.
- 손실이 발생한 연도에 이익이 발생한 부동산을 양도하면 절세에 도움이 된다.
- 양도소득세에 중과세율이 적용되지 않도록 주의해야 한다.
- 향후 상속이나 증여에 대비해 자녀도 함께 공동으로 취득하는 것이 좋다.

오피스텔

투자 전략

아파트의 대체재 오피스텔 투자 전략

'주택법' 적용받는 아파트 vs '건축법' 적용받는 오피스텔

현행법에 따르면 아파트는 공동주택의 용도지만 오피스텔은 업무시설의 용도다. 또 취득세가 아파트는 최소 1.1%지만 오피스텔은 4.6% 정도다. 주택법은 주거에 초점을 맞춰 규제하고 있기 때문에 입주민을 위한 시설과 조경 등 안정적인 주거 환경 조성을 요구한다. 반면 건축법은 건축물의 안전과 기능, 환경 및 미관을 향상시키기 위함을 목적으로 하고 있어 입주민의 안정적인 주거 환경 조성이 요구되지는 않는다. 아파트는 공동주택 용도로 주거 부분만 사용이 가능하다. 반면 오피스텔은 업무시설이지만 사용자의 선택에 따라 주거용 목적으로도 활용이 가능하다. 아파트의 취득세는 85㎡ 이하, 6억 원 이하 1주택 취득자라면 특례세율 1.1%부터 중과세율 적용 시 최대 12%까지 부과될 수 있지만 오피스텔은 4.6% 단일세율로 적용된다. 또한 오피스텔은 청약통장 없이 공급받을 수 있지만 아파트는 그렇지 않다.

아파트 vs 오피스텔 실사용 면적의 차이

실사용 면적에서도 차이가 난다. 주택법에 적용받는 아파트는 발코니 확장 면적을 포함해 서비스 공간이 들어가지만 오피스텔은 발코니 확장을 할 수 없다. 즉, 전용면적에 포함되지 않는 발코니(서비스 면적)가 오피스텔에는 없기 때문이다. 이 때문에 분양면적 기준도 다르게 적용한다. 아파트는 공급면적을, 오피스텔은 계약면적(공급+기타공용)을 분양면적으로 표시한다. 공급면적은 방과 거실, 주방 등 전용면적과 공용계단, 복도 등 주거공용면적을 더한 값이다. 반면, 계약면적은 공급면적에 관리사무소 등 기타 공용면적을 합친 면적이다. 이 때문에 부동산 업계에서는 전용 59㎡ 아파트(발코니 확장 시)와 전용 84㎡ 오피스텔의 실사용 면적이 비슷하다고 보고 있다.

분양가를 계산하는 방법도 차이가 있다. 아파트의 ㎡당 분양금액은 총분양가를 공급면적으로 나눈 값이다. 반면 오피스텔의 ㎡당 분양가는 총분양가를 '공급면적+기타공용면적의 합'으로 나눈다. 최근에는 오피스텔과 주상복합이 아파트를 닮아가는 현상이 두드러지고 있다. 대부분의 오피스텔이 주거용으로 설계되고 있어서다.

오피스텔의 규제 변화 과정

오피스텔(officetel)은 오피스(office)와 호텔(hotel)의 합성어로 업무와 주거를 함께할 수 있는 건축물을 말한다. 오피스텔이 법령에 처음 등장한 것은 88 서울올림픽 개최 시점이다. 1988년 2월 건축법시행령을 개정해 일반업무시설의 하나로 '업무를 주로 하는 시설의 각 개별실에 일부 주거를 할 수 있는 것'으로 오피스텔을 규정했다. 오피스텔은 당초 업무를 하는 가운데 숙식의 필요성이 있어 도입된 제도다. 행정규칙인 '오피스텔 건축기준'을 통해 오피스텔에 대한 규제를 지속적으로 완화해 왔다.

첫째, 1988년 6월 기준에는 전용면적 중 업무 부분을 70% 이상 유지, 난방설비 설치와 욕실 설치 금지 등을 규정해 업무시설로의 기능을 더 중시했다.

둘째, 1995년 7월 기준에는 욕조가 있는 욕실 설치를 금지했다. 2006년 12월 기준에서는 전용면적 50㎡ 이하에 대해 바닥 난방 설치를 허용했다. 오피스텔에 바닥 난방을 허용함으로써 주거 목적으로 오피스텔을 소유(또는 이용)하려는 욕구가 더 커졌다.

셋째, 2009년 9월 기준에서는 바닥 난방 설치를 전용면적 85㎡ 이하로 확대했고, 2010년 6월 기준에는 전용면적 중 업무 부분의 비율 규제와 욕실 설치에 대한 규제를 폐지했다. 이때부터는 오피스텔이 본격적으로 업무시설이 아니라 주택으로서 기능했다고 볼 수 있다.

넷째, 2021년 10월 기준에서는 전용면적 산정 시, 안목치수(건축물 외벽의 내부선을 기준으로 면적을 산정)로 하도록 했다. 2021년 11월 기준에서는 바닥 난방시설을 전용면적 120㎡ 이하까지 허용, 중대형의 주거용 오피스텔 공급이 가능하도록 했다.

다섯째, 2024년 2월 기준에서는 쾌적한 주거여건을 갖춘 주거용 오피스텔 공급을 촉진하고자 발코니 설치를 허용했다. 다만 아파트와는 달리 오피스텔의 경우 발코니 확장은 불가능하다.

여섯째, 2024년 11월 26일 아파트 실사용 면적으로 85㎡ 수준에 해당하는 바닥 난방 허용 면적 기준(전용면적 120㎡ 이하)이 폐지되었다.

오피스텔은 분양에 있어서도 분양가 규제가 없고, 수분양자의 입주자저축 가입이 불필요해 아파트보다 더 자유로운 장점이 있다. 시행사 입장에서는 오피스텔이 용도가 다양하면서도 아파트에 비해 건축과 분양에 있어 규제가 적어 매력적인 상품이라 할 수 있다.

오피스텔 건축기준은 1988년 도입 당시 업무 부문 비중 70% 이상, 발코니·욕실 설치 금지, 바닥 난방 금지와 같은 강력한 규제를 담고 있었다. 그러나 업무 부문 비중 규제와 욕실 설치 금지가 해제된 데 이어 발코니와 바닥 난방 규제까지 풀리면서 오피스텔은 사실상 주택과 같은 조건을 갖추게 됐다. 국토부는 1인 가구 증가와 재택근무 확산 등 사회적 여건 변화를 고려해 규제를 완화한 것이다.

▎오피스텔 건축 기준 변화

	업무 부분 비중	발코니·욕실 설치	바닥 난방
2004년 6월	70% 이상	발코니·욕조 금지 (크기 3㎡ 이하)	바닥 난방 금지
2006년 12월			전용면적 60㎡ 이하까지 허용
2009년 1월		발코니·욕조 금지 (크기 5㎡ 이하)	
2009년 9월			전용면적 85㎡ 이하까지 허용
2010년 6월	업무 부분 비중 70% 이상 조건 폐지	욕실 설치 제한 폐지 발코니 금지	
2012년 8월			
2021년 11월			전용면적 120㎡ 이하까지 허용
2024년 2월		발코니 설치 제한 폐지	
2024년 11월			바닥 난방 제한 폐지

▌오피스텔 규제 개선안

규제	현행	개선안
바닥 난방 면적 제한	전용면적 120㎡ 이하만 바닥 난방 설치 허용	전용면적 기준 폐지
생활숙박시설 → 오피스텔 용도변경 요건	• 오피스텔 전용 출입구 설치 • 벽 두께 중심선 기준인 생숙 면적 산정방식에서 벽 내측 끝부터 반대쪽 벽 내측 끝까지 산정하는 주거 기준으로 변경해 면적 산정토록 규제	• 전용 출입구 설치 면제 • 생숙 면적 산정방식 통해 산정한 기존 면적 인정

자료: 국토교통부

그리고 생활숙박시설(생숙)을 오피스텔로 용도변경할 때 걸림돌이던 규제도 완화되어, 아파트 외 비(非)아파트 주거를 확대하려는 정책 기조를 반영했다. 발코니 설치 허용에 이어 바닥 난방 규제 폐지로 오피스텔이 주거 대안으로 자리매김할 전망이다.

◻ 세금 혜택에도 얼어붙은 오피스텔, 전세가율은 최고치 경신

정부가 오피스텔 취득 시 취득·양도·종합부동산세 혜택을 주는 1.10 대책을 내놓았지만 전국 대부분 지역의 오피스텔 매매 가격은 정체되어 있다. 반면 오피스텔 전세가율은 연일 사상 최고치를 경신하고 있다. 수요자들이 오피스텔에 전세로는 거주해도 매수는 꺼리면서 매매가와 전세가 차이가 좁혀지고 있는 것이다. 이는 중장기적으로 아파트 대체 주거지인 오피스텔의 공급을 축소해 1~2인 가구 주거 불안을 초래할 수 있다.

KB오피스텔 통계에 따르면 2024년 12월 전국 오피스텔의 전세가율은 84.33%로 2011년 통계가 작성된 이후 최고치를 기록했다. 서울은 83.99%, 5대 광역시는 82.16%, 경기도는 85.50%로 모두 사상 최고치를 경신했다. 서울에서는 은평·마포·서대문·용산·종로·중구 등 광화문 업무지구와 인접한 지역의 전세가율이 86.86%로 가장 높았다.

오피스텔의 전세가율은 2018년까지 70%대를 유지했으나 이후 지속적으로 오르고 있다. 아파트 선호 현상과 오피스텔에 대한 주택 수 포함 규제에 따른 결과로 풀이된다. 특히 2022년부터 시작된 부동산 폭락장에 오피스텔 전세가율은 그해 84%까지 치솟았다.

매매가 하락이 공급 절벽으로 이어지자 1.10 부동산 대책을 통해 전용면적 60㎡ 이하 신축 소형 주거용 오피스텔을 취득하면 취득세와 양도소득세, 종합부동산세 납부 시 주택 수에서 제외하는 방안을 발표했다. 그럼에도 오피스텔 매수세는 살아나지 않고 전세 수요만 높아지는 시장 왜곡 현상이 이어지고 있다. 실제로 지난해 전국 오피스텔 분양 물량은 2021년 5만 5,000여 실의 3분의 1 수준인 1만 6,000여 실로 급감했다.

이와 같이 오피스텔 전세 가격과 월세 가격이 쉼 없이 오르고 있는 반면 매매 거래는 저조하다. 오피스텔은 아파트와 비교하면 수요층이 두텁지 않고 경기 여건과 금리에 민감하게 움직이는 수익형 부동산이다. 경기가 침체했고 금리도 불안정한 상황에서 당연히 투자처로써 오피스텔은 경계해야 한다. 특히 입지와 가격, 정부의 규제 완화 수준 등 다각도로 파악하여 투자에 접근해야 한다.

금리에 민감한 오피스텔

2025년 오피스텔 시장 정상화에 대한 기대감이 커지고 있다. 2022년 이후 꽁꽁 얼었던 오피스텔 시장이 2024년에 조금씩 회복 조짐이 나타났기 때문이다. 부동산 R114에 따르면 2023년 전국 오피스텔 단지별 평균 청약경쟁률은 8대 1 수준에 불과했으나 2024년(1월~10월) 평균 14.12대 1로 관심이 확대됐다. 하지만 부동산 호황기로 일컬어지는 2021년(63.17대 1)에 비해서는 현저히 낮은 수준이다.

기준금리 인하 분위기와 상반된 오피스텔 임대수익률의 지속적인 상승 추이는 안정적인 투자수단으로 투자자들의 관심을 끈 것으로 보인다. 오피스텔 매매 가격의 지속된 하락과 전세 보증금에 대한 불안감이 월세 임차로 이전하며 월세 상승으로 이어졌다. 2025년에도 기준금리 추가 인하 가능성이 있어 수익형 부동산 가운데 안정적인 투자수익(월세)을 기대할 수 있는 오피스텔로 다시 관심이 확대될 것으로 예상된다.

 오피스텔의 소액투자와 입지

오피스텔은 상가나 오피스에 비해 소액으로 투자가 가능하고 처분 또한 상대적으로 쉽다. 보통 월세로 운용돼 잘 고르면 매월 안정적인 수익 확보가 가능하다. 다만 금리 환경과 경기 여건 등에 민감하게 반응하고 재건축이나 리모델링이 현실적으로 불가능해 감가상각에 취약하다.

2024년 두 자릿수 경쟁률을 기록한 단지의 주요 공통점은 초역세권, 직주근접 환경 우수, 대단지 주상복합 단지다. 가장 높은 경쟁률(97.20대 1)을 기록한 판교밸리자이 2단지 오피스텔은 강남·판교 직주근접 입지에 전용면적 59㎡(25평형), 84㎡(34평형)로 구성되어 아파트 대체재로서 높은 관심을 끌었다. 경희궁 유보라 오피스텔(90.82대 1) 역시 3호선 독립문역 초역세권, 광화문·을지로 우수한 통근 환경, 이미 수요가 검증된 아파트의 주상복합 오피스텔 이점에 수요가 몰렸다.

오피스텔은 주요 실수요자인 2030세대의 수요와 연계하여 교통·생활 편의시설을 잘 갖춘 대학가나 업무지구 등 배후 임차 수요가 풍부해 공실 위험이 적은 입지를 가려내는 것이 중요하다.

지방 오피스텔은 여전히 겨울

월세가 상승 흐름을 타면서 서울 오피스텔 시장이 두 자릿수 경쟁률을 기록하는 가운데, 수도권 및 지방 오피스텔은 여전히 주인을 찾지 못한 빈집이 많은 것으로 나타났다. 전세 사기 여파와 고금리로 인한 이자 부담에 '대출받아 전세에 사느니 월세' 선호도가 커진 최근 움직임과는 전혀 다른 흐름이다.

최근 한국부동산원 청약홈에 따르면 부산시 동구 범일동 e편한세상 범일 국제금융시티(오피스텔)는 총 224가구 청약 모집에 16건이 접수되는 데 그쳤고, e편한세상 동인천 베이프런트 오피스텔도 88가구 모집에 25건이 접수되며 미달하는 사태가 발생했다. 36A, 36B 타입 모두 44가구 모집에 청약 신청이 각각 11건, 14건에 그쳤다. 오피스텔은 청약통장을 쓰지 않고 투자 목적으로 계약하려는 수요가 대부분이다. 원룸이다 보니 실거주 수요가 적고 분양 이후 매매가 상승을 기대하기도 현실적으로 어렵기 때문이다.

이러한 현상은 금리 인하와 월세 상승을 통해 수익성이 개선돼도, 여전히 매수 차익을 기대하기 어려울 것이란 전망이 영향을 끼친 것으로 보인다. 지방의 경우 공실에 대한 우려가 크고 대출이자 대비 위험과 취득세 부담도 여전히 크다.

TIP | **오피스텔 투자 시 주의사항**
- 공급면적과 전용면적의 차이를 확인하라. 전용률이 낮다.
- 주변 임대료 현황을 파악해 분양가가 적정한지 확인하라
- 주차 공간을 확인하라. 자주식주차가 아닌 기계식주차는 피해라.
- 역세권이라고 무조건 투자하면 안 된다. 오피스텔은 대부분 역세권에 있다. 역세권이라고 오피스텔의 가치가 상승하지 않는다.
- 분양받는 것보다 기존 오피스텔의 임대수익을 파악하고 수익률이 좋으면 매입하라.
- 2020년 주택 수 포함 규제로 보유세 부담이 커졌다.

오피스텔

세금  전략

오피스텔 취득세

오피스텔 투자를 통해 안정적인 임대료를 얻고 싶은 사람들이 늘고 있다. 오피스텔 투자의 세금은 양면성이 있다. 건축법상 오피스텔은 업무 시설에 해당한다. 다만, 건축법상 업무 시설이라도 주택 용도로 사용할 수 있고 업무 용도로 사용할 수 있다. 즉, 주거용으로 임대하면 주택을 임대하는 것이고 사무실용으로 임대하면 상가 임대를 하는 것이다. 주택 용도냐 업무 용도냐에 따라 세금이 달라질 수 있다.

🏠 취득할 때 취득세의 세율은?

오피스텔은 건축법상 업무 시설에 해당한다. 주거용이든 사무용이든 관계없이 취득세는 취득가액에 4.6%(농어촌특별세, 지방소득세 포함)다. 오피스텔의 취득세는 실질 사용 목적과 관계없이 상업용 부동산의 취득세율을 적용한다. 다만, 오피스텔의 용도에 따라 새로운 주택을 취득할 때 세율에 영향을 미친다. 가령, 현재 소유하고 있는 오피스

텔(A)을 주거용으로 사용하는 경우 새로운 주택(B: 국민주택)이 조정 지역에 위치한다면 8.4%의 중과세율을 적용한다. 2020년 8월 12일 전에 취득한 오피스텔은 중과세 취득세율을 적용할 때 주택 수에 포함하지 않는다. 주거용으로 사용하고 있는 오피스텔(A)을 2020년 8월 12일 이후 취득한 경우에만 주택 수에 포함한다. 즉, 오피스텔을 취득할 때는 4.6%를 적용하나 2020년 8월 12일 이후 취득한 주거용 오피스텔은 다른 주택을 취득할 때 취득세율에 영향을 미친다.

▌오피스텔의 주택 수 계산 여부

구분	내용
주택 수 계산	주택 취득일 현재 취득하는 주택을 포함해 1세대가 국내에 소유하는 주택, 조합원입주권, 주택분양권, 오피스텔(주택분 재산세 부과대상)의 수를 말함 * 조합원입주권, 주택분양권, 오피스텔(주택분 재산세 부과 대상)은 2020.8.12. 이후 취득분(주택분양권이 당첨되는 경우에는 분양계약일)부터 주택 수 포함, 오피스텔 분양권은 주택 수 불포함. 오피스텔을 거래하는 경우 오피스텔을 주택으로 사용할 것이 미정이므로 오피스텔의 취득세는 4.6%(농특세와 지방소득세 포함)를 적용함

오피스텔을 주거용으로 임대하기 위해서 전용면적 60㎡ 이하 오피스텔을 최초로 분양(수도권은 6억 원 이하, 비수도권은 3억 원 이하)받는 경우 취득세를 100% 면제한다. 만약 취득세가 200만 원을 초과할 경우 85%를 감면한다. 오피스텔을 주택임대사업자 등록(구청과 세무서에 등록)하는 경우 취득세뿐만 아니라 다양한 세금 감면이 있다.

단독명의로 할까? 공동명의로 할까?

오피스텔에 투자한다면 단독명의나 공동명의 중 무엇이 이득일까? 종합소득세, 종합부동산세, 양도소득세는 사람별로 계산을 한다. 공동명의는 재산금액과 소득금액이 분산되므로 절세에 효과가 있다. 다만, 증여에 대한 세금 문제를 고려해 판단해야 한다. 취득세와 재산세는 물건별로 계산하므로 단독이든, 공동이든 전체 세금은 동일하다.

건물분에 대한 부가가치세는 환급받을 수 있다

업무 용도로 임대한다면 부가가치세 과세사업자이므로 부가가치세법상의 사업자등록을 해야 한다. 오피스텔을 분양받고 부가가치세법상 일반과세자로 사업자등록을 한 경우 부가가치세 신고를 해 부담한 부가가치세액(건물 가격의 10%)은 돌려받을 수 있다. 부가가치세는 분양계약금부터 발생하기 때문에 분양계약일로부터 20일 이내에 사업자등록을 해 환급받아야 한다. 또한 과세기간(6개월 단위)마다 부가가치세를 신고·납부해야 한다. 부가가치세법상 임대사업자는 매출(공급가액+부가가치세액)이 연간 4,800만 원 기준으로 일반과세자와 간이과세자로 구분된다. 간이과세자는 약식으로 부가가치세를 신고할 수 있도록 지원하는 과세자다. 일반적으로 일반과세자에 비해 납부해야 할 세금이 적지만 납부한 부가가치세를 돌려받으려면 일반과세자로 사업자등록을 해야 한다. 연간 매출이 4,800만 원 미만일 것으로 예상되면 간이과세자로 사업자등록을 해야 하나 일반과세자로 사업자등록을 할 수 있다. 그 반대(일반과세자가 간이과세자로 등록)는 허용되지 않는다.

┃ 일반과세자와 간이과세자의 차이

구분	일반과세자	간이과세자
적용대상	연간 매출 1억 400만 원 이상 (단, 임대사업자는 4,800만 원 이상)	연간 매출 1억 400만 원 미만 (단, 임대사업자는 4,800만 원 미만)
확정신고	매년 1월 25일, 7월 25일까지(2회)	매년 1월 25일까지(1회)
VAT환급	환급 가능	환급 불가

주거용으로 임대하는 경우 면세사업자이기 때문에 부가가치세법상 사업자등록을 할 필요는 없다. 다만, 소득세법상 면세사업자로 임대사업자 등록을 해야 한다. 면세사업자는 부가가치세 신고를 하지 않는다. 따라서 건물분에 대한 부가가치세액 돌려받을 수 없다. 하지만 면세사업자는 부가가치세를 신고하지 않는 대신 매년 2월 10일까지 사업장현황신고(월세 및 보증금 등)를 해야 한다.

업무용으로 사용하다가 주거용으로 전환한다면?

업무용으로 사용하기 위해 일반과세자로 등록하고 부가가치세를 돌려받은 후 주거용으로 전환하면 돌려받은 부가가치세를 다시 납부해야 한다. 다만, 업무용으로 사용한 지 10년이 지나고 나서 주거용으로 전환하면 돌려받은 부가가치세를 납부하지 않는다. 10년이 지나지 않는 경우 연도로 비례해 납부해야 한다. 가령, 3년이 지난 다음 주거용으로 전환하면 돌려받은 부가가치세의 70%를, 5년 지난 다음 주거용으로 전환하면 돌려받은 부가가치세의 50%를 납부해야 한다.

오피스텔 보유세

 ## 오피스텔에 대한 재산세와 종합부동산세

재산세는 실제 용도에 따라 과세된다. 주거용으로 사용하는 경우 주택에 대한 재산세가 부과되고 주거 외 용도로 사용하는 경우 업무용 부동산에 대한 재산세가 부과된다. 일반적으로 주택으로 계산된 재산세가 업무용 부동산에 대한 재산세보다 적다. 재산세는 매년 6월 1일이 과세기준일이므로 6월 1일 전에 임차인이 전입신고를 하거나, 전입신고를 할 수 없는 경우에는 구청 세무과 주거용 사용확인서 등을 제출하면 주택으로 재산세를 부과받을 수 있다.

종합부동산세도 재산세와 마찬가지로 실제 용도에 따라 과세된다. 주거용으로 사용하는 경우 주택에 대한 종합부동산세가 부과되고 주거 외 용도로 사용하는 경우 업무용 부동산에 대한 종합부동산세가 부과된다. 재산세가 주택분으로 과세됐다면 종합부동산세도 해당 오피스텔의 공시가격과 다른 주택의 공시가격과 합산돼 부과된다. 업무용으로 과세됐다면 오피스텔의 토지에 대해서만 종합부동산세가 과세된다. 해당 오피스텔의 토지 공시가격과 보유하고 있는 업무용 부동산의 토지 공시가격을 합산해 80억 원이 초과되면 종합부동산세가 부과된다. 실무적으로 큰 규모의 다른 상가 등이 없다면 업무용으로 사용하는 오피스텔에 대해서 종합부동산세는 발생하지 않을 것이다.

업무의 용도로 임대하는 경우에는 무조건 종합소득세 신고를 해야 한다. 월세와 보증금 모두 과세 대상이다. 타 소득이 있는 경우 합산해 다음 연도 5월에 종합소득세 신고·납부를 해야 한다. 따라서 타 소득이 많은 경우 세금 부담이 늘어날 수 있다.

주택의 용도로 임대하는 경우에는 부부 합산 주택 수를 계산해야 한다. 부부 합산 1주택을 보유한 자가 소유 주택을 월세로 임대한 경우 고가주택(기준시가 12억 원 초과)이 아닌 경우 소득세를 과세하지 않는다. 부부 합산 2주택 이상을 보유한 자가 월세로 임대한 주택은 소득세가 부과된다. 따라서 1주택을 소유하고 있는 상태에서 오피스텔을 구입해 주거 용도로 월세를 수령하면 2주택자가 되기 때문에 소득세가 부과된다. 다만, 연간 임대료가 2,000만 원 이하인 경우에 타 소득과 합산하지 않고 분리과세(15.4%)를 선택해 신고할 수 있다. 참고로 전세금에 대해서는 3주택 이상이 돼야 과세가 된다.

오피스텔 양도소득세

 오피스텔에 대한 양도소득세

양도소득세는 실질에 따라 과세한다. 주거용 용도인 경우 주택으로 보아 과세하고 주거 외 용도인 경우 상업용 부동산 양도에 준해 과세한다. 다른 주택이 없고 오피스텔을 주거용 용도로 사용하는 경우 1세대 1주택 비과세 요건을 갖춰 주택을 양도하는 경우 세금이 없다. 주택의 용도로 임대하는 경우 오피스텔은 주택으로 간주하기 때문에 기존 주택 수와 합산해 과세 여부를 판단한다. 따라서 1주택을 소유하고 있는 상태에서 오피스텔을 구입해 주거용으로 임대하는 경우 1세대 2주택이 된다.

업무의 용도로 임대하는 경우 오피스텔은 상업용 부동산으로 간주하기 때문에 주택 수에 합산되지 않는다. 따라서 1주택을 소유하고 있는 상태에서 오피스텔을 구입해 업무용으로 임대하는 경우 계속 1세대 1주택의 상태가 유지된다.

주거용으로 사용하다가 공실인 상태인 경우에는 어떨까? 오피스텔 내부에 세탁기, 싱크대, 옷장 등 언제든지 주거용으로 사용할 수 있는 시설이 있고, 이러한 내부 구조가 주거용으로 적합한 형태라면 주택으로 판단해 과세한 사례(조심 2021서 3175, 2021.9.1.)가 있으니 조심해야 한다. 언제든지 주거용으로 사용 가능하고 일시적인 공실인 경우 주택으로 본다는 취지다.

간혹 이런 경우가 있다. 실제 사무용으로 임대를 했는데, 세입자가 임대인에게 말하지 않고 주거용으로 사용하는 경우이다. 분명히 오피스텔을 사무실로 임대했기에 주택 수에 포함되지 않는 것으로 알고 있었다. 기존에 보유하고 있던 주택을 1주택자로 양도소득세 신고하고 세금을 납부했다가 3년 뒤에 세무서로부터 2주택자로 세금을 추징받는 경우를 보았다. 원래 내야 하는 세금보다 10배 이상 나오는 경우도 있다. 꼼꼼히 챙겨서 다시 한번 확인해야 한다. 오피스텔이 양도소득세 폭탄의 원인이 될 수 있다.

> **TIP** | **오피스텔 절세 핵심 포인트**
> - 오피스텔을 주거용으로 사용하면 주택이고, 사무실로 사용하면 주택이 아니다.
> - 오피스텔을 주거용으로 사용하더라도 취득세는 상가의 취득세율을 적용한다.
> - 오피스텔을 주거용으로 사용하면 주택에 대한 재산세와 종합부동산세, 양도소득세를 적용한다.

지식산업센터·생활숙박시설 등

투자 전략

지식산업센터 투자 위축

 지식산업센터의 몰락

지식산업센터는 정보기술(IT), 엔지니어링, 경영컨설팅 등 지식·기술 기반 산업 벤처와 스타트업 등이 입주하는 아파트형 공장이다. 2017~2018년부터 수도권을 중심으로 지어졌고 2020~2022년 부동산 호황기 때는 아파트 규제가 강해지자 대체 투자처로 떠올랐다. 지식산업센터는 최근 몇 년간 각광받았지만 최근 상황은 심각하다. 2022년부터 수요에 비해 공급이 과도하게 늘면서 공실률이 높아졌다. 코로나19 이후 금리까지 높아지자 이자를 감당하지 못하기 시작했고 인구가 적은 지역의 지식산업센터는 폐업해도 새로운 세입자를 구하지 못하면서 세 없이 대출 이자와 관리비를 감당하는 상황에 놓였다.

초저금리로 최고 활황기였던 2021년과 비교하면 고금리로 경매가 속출한 2024년에는 거래건수와 거래 금액 모두 심각하게 위축된 상태다. 지식산업센터의 매년 3분기 거래건수와 거래금액을 확인해 보면 3년 연속 감소했다. 2024년 3분기 거래건수도 전년 동분기 대비 21% 감소한 699건, 거래 금액도 28% 감소한 2,869억 원의 부진한 실적을 기록했다.

수도권에 워낙 단기간에 많은 물량이 공급돼 공실률이 50% 이상 치솟은 사업장도 흔하다. 한때 분양가격의 80%까지 대출해 주던 주요 은행도 몸을 사리며 대출한도를 대폭 축소하고 있다. 호황기에 주변의 권유로 10억 원에서 20억 원 가까운 하이엔드 지식산업센터를 묻지마 투자한 투자자들이 입주시점이 다가오자 힘들어하는 이유다.

2025년 공실 폭탄이 몰고온 지식산업센터의 불황이 은행권 연체율 상승으로 이어지고 있는 것으로 나타났다. 2020년대 초 창업의 산실이자 유망한 투자처로 주목받았으나 과잉 공급에 고금리·경기침체가 더해지면서 미회수 대출이 발생하고 있다. 은행들은 지식산업센터 담보 대출의 한도를 보수적으로 취급하는 등 관리에 들어갔다. 지식산업센터 입주 사업자들이 내수 부진과 고금리를 버티지 못하면서 폐업하고 연체가 발생하기 시작했다. 입주 사업자들이 안정적인 사업을 영위하고 싶어도 장기간 내수 부진에 투자자들의 발길이 끊겼다. 이 같은 문제들을 해결하고자 지식산업센터 입주 가능 업종을 확대하고 인센티브를 주는 등 혜택을 강화했으나 여전히 전망은 밝지 않다.

최근 지식산업센터 분양 시장에서 허위·과장 광고와 불법 임대로 인한 피해 사례가 속출하고 있어 주의가 요구된다. 지식산업센터는 공장이나 업무시설로 이용하도록 규정된 만큼 주거시설로 사용하는 것은 엄연한 불법행위다. 온오프라인 광고에서는 지식산업센터를 주거용으로 홍보하는 문구를 쉽게 찾아볼 수 있다. M씨는 저금리에 대출금 80%와 전매까지 가능하다는 좋은 조건에 이끌려 지식산업센터 계약을 완료했다. 하지만 이후 업종 제한으로 인해 임대가 불가능하다는 사실을 알게 되면서 큰 충격에 빠졌다. 투자 목적으로 매입했기에 본래 소개됐던 취득세 감면 혜택마저 취소되며 추가적인 세금을 납부해야 할 상황에 놓였다. 결국 1억 원의 손해를 감수하고 매각하면서 큰 손실을 입었다.

'아파트형 공장'이라 불리는 지식산업센터는 산업집적활성화 및 공장 설립에 관한 법률에 근거해 건립되는 철저한 정부 관리의 특수 건물이다. 대도시에서 공업용지가 절대적으로 부족한 문제를 해결하기 위해 설립된 고도화된 공장이다. 취득세 최대 50% 감면, 법인세 4년간 100% 면제, 분양가의 최대 80%까지 대출 가능 등의 정부 혜택이 제공된다. 그러나 최초 수분양자가 본연의 실질적인 사업을 하지 않고 임대업을 하면 3년 이하의 징역형이나 3,000만 원 이하의 벌금형에 처해진다.

그럼에도 불구하고 분양 시 까다로운 규제 조건을 숨기고 이를 주거용으로 속여 판매한 사례가 속출하고 있다. 전국 지식산업센터 사기분양피해자대책위원회에 따르면 주거용으로 임대사업하기 위해 투자했다가 피해를 본 사례는 수천 건에 달하는 것으로 알려졌다. 최근 당근 플랫폼에서도 광고가 노출되는 경기도 구리갈매지구에 현대엔지니어링이 시공한 현대 테라타워 구리갈매 역시 지식산업센터지만 라이브 오피스로 소개됐다. 해당 건물 홍보 관계자는 불법임에도 불구하고 주거용이라 소개하고 임대가 가능하다고 밝혔다. 또한 김포시 소재 지식산업센터는 홍보 전단지에 '라이브 오피스'로 소개하면서 임대수익률 20%, 주택 수 종부세 무관, 저금리 대출 80%, 취등록세·재산세 감면 등 많은 혜택을 제시했지만 해당되는 업종·업태가 명확하지 않았다. 이런 경우가 지식산업센터의 특성을 제대로 이해하지 못한 투자자들이 과장 광고에 속아 피해를 입는 사례다.

지식산업센터, 텅 빈 공실에 '마피'에도 안 팔린다

부동산 경기 침체와 대출 규제 강화에 직격탄을 맞은 데다 경기 불황으로 임차인을 구하지 못하면서 계약금 포기 매물이 쏟아지고 경매나 공매로 넘어가는 지식산업센터도 늘고 있다. 고양 덕은지구에는 2026년까지 12개 업무용지 가운데 6개 필지에 지식산업센터 2000실이 입주할 예정이다. 나머지 6개 필지에도 공급이 이뤄지면 덕은지구에만 약 5000실 규모 지식산업센터가 들어설 것으로 예상된다. A지식산업센터는 총 800여실 규모로 지난해 8월부터 입주를 시작했지만 현재 절반이 비어 있는 상태다. 지식산업센터 1층 입구에 자리한 상가들도 아직 임차인을 구하지 못하고 있다. 분양 당시 한강을 남쪽으로 조망할 수 있다는 이유로 인기가 많았다는 가장 높은 고층에서도 14실 가운데 5실만 근무를 하고 있었다. 나머지 9실은 광고지만 수북이 쌓여 있고 임대 문의 현수막만 붙어 있는 채로 텅텅 비어 있다. 다른 층도 마찬가지다. 업무 공간에 한강뷰는 큰 의미가 없다. 한강뷰에 현혹되면 안 된다.

생활숙박시설은 2012년 1월 공중위생관리법 시행령 개정 이후 도입되어 숙박용 호텔과 주거형 오피스텔이 합쳐진 개념으로, 호텔, 모텔 등의 숙박시설과 달리 취사가 가능해 레지던스라고도 불린다. 생활숙박시설은 주택법이 아닌 건축법의 적용을 받기 때문에 청약저축 없이 누구나 분양받을 수 있다는 장점과 숙박시설이기 때문에 주택 수에 포함되지 않는다는 점, 종부세를 적용받지 않는 등 다양한 장점이 있다. 현실은 주거용으로 생각하고 분양받는 경우가 많다. 그러나 생활숙박시설을 주거용 오피스텔로 용도변경하지 않을 경우 법적인 제재를 받을 수 있다.

 ## 생활숙박시설의 규제

생활숙박시설을 주거용으로 사용하려면 주거용 오피스텔로 용도변경을 해야 한다. 여기서 문제는 오피스텔로 전환이 쉽지 않다는 점이다. 오피스텔로 변경하려면 주차장 요건을 맞춰야 하며, 분양자들이 용도변경에 100% 동의해야 하는 등 전환이 쉽지 않다.

생활숙박시설은 2021년 1월부터 주거용으로 사용하지 말라는 법안이 나왔기 때문에 전입신고를 할 수 없다. 예외 조항으로 임대인이 사정이 있어 30일 이상 거주할 곳이 없는 경우에 절차에 따라 전입신고가 가능하다. 또한 생활숙박시설 보유자가 주택 임대 사업자를 내고 세입자에게 임대를 하는 경우에도 전입신고가 가능하다. 세입자가 생활숙박시설 보유자에게 아무런 통보 없이 전입신고를 하게 될 경우, 소유자는 생활숙박시설이 주택 수에 포함된다.

국토교통부는 2021년 10월 14일 생활숙박시설을 주거용으로 사용하지 못하게 3년 2개월의 계도기간을 가지고 규제를 시작했다. 생활숙박시설을 숙박업 영위 목적으로 사용 중인데도 공중위생관리법에서 정하고 있는 숙박업 신고의무를 이행하지 않을 경우 위생관리법 위반으로 2년 이하의 징역에 처해질 수 있다. 그리고 생활숙박시설을 주거용 오피스텔로 용도변경을 하지 않은 채 주거용으로 사용 시 공시지가의 10%를 이행강제금으로 내야 한다. 이행강제금은 이행할 때까지 매년 부과되며 최대 연 2회까지 부과될 수 있다.

🏠 생활숙박시설을 아파트나 오피스텔로 오인해 분양받는 사례

생활숙박시설은 아파트 규제가 강했던 시기 부동산 시장 틈새를 파고들어 호응을 얻었다. 주택이 아니라는 점에서 상대적으로 대출 규제로부터 자유롭고 종합부동산세와 양도소득세 중과가 되지 않아 인기가 매우 높았다. 2021년 부산에서 공급된 롯데캐슬 드메르는 평균 356대 1의 청약 경쟁률을 기록했고, 뜨거운 청약 열기로 홈페이지 접속이 지연되기도 했다. 같은 해 분양한 힐스테이트 청주 센트럴도 862대 1의 경쟁률을 보이는 등 수요가 몰렸다. 그러나 고금리로 부동산 경기가 위축된 데다 거주가 불가능한 점, 예상보다 낮은 수익률, 숙박업 운영의 어려움 등으로 자리가 줄어든 상황이다.

생활숙박시설이 저금리로 유동성이 풍부했던 과거와는 전혀 다른 세상이 되었다. 서울 마곡에 들어서는 생활숙박시설 롯데캐슬 르웨스트 전용면적 74㎡는 분양가 15억 원보다 3억 원 낮은 12억 원에 매물이 나왔으나 거래는 안 되고 있다. 정부가 오피스텔로 용도변경을 유도했으나, 이도 쉽지 않다. 수분양자 동의율 100%와 주차장 확보 등 요건이 까다롭기 때문이다. 주거가 가능하다는 분양대행사의 말에 속아 분양받는 일이 없도록 주의해야 할 것이다.

투자에 주의가 필요한 생활숙박시설

안산 반달섬 인근에 준공 중인 한 생활숙박시설의 소유주들이 전입신고도 하지 못한 채 한숨을 쉬고 있다. 30년 교사 생활을 마감하고 은퇴 이후 연금 형태의 수익을 얻고자 투자한 60세 H씨는 최근 생활숙박시설 규제로 인해 안산 반달섬 인근 준공 중인 한 생활숙박시설의 전입신고도 하지 못한 채 발만 구르는 상황에 놓여 있다.

생활숙박시설은 외국인 관광객과 장기 체류 숙박 수요에 대응하기 위해 도입됐지만, 2017년 이후 부동산 규제를 피할 수 있는 '아파트 대체재'로 여겨지며 투자 수요가 급등했다. 전용률이 아파트보다 낮은 것 외에는 아파트와 다를 바가 없기 때문이다. 하지만 정부는 2021년 건축법 시행령을 개정해 생활숙박시설을 숙박업으로 신고하거나 오피스텔로 용도 전환하지 않으면 이행강제금을 부과하기로 했다. 2025년 9월까지 숙박업 또는 용도변경 신청을 하지 않으면, 2027년 연말까지 이행강제금 부과가 유예되지만 미신청 시 즉시부과대상이 된다.

생활숙박시설의 공급과잉

생활숙박시설은 숙박업으로 신고하거나 오피스텔로 용도 전환하는 게 현실적으로 어렵다. 숙박업으로 신고하려면 30호실 이상 소유해야 하는데 반달섬의 경우 여러 개를 소유한 사람도 있지만 실제 주거를 하겠다는 생각에 1개만 계약한 사람들이 많다. 실소유주들이 협동조합을 만들어 위탁사를 선정하는 방법도 있지만 위탁 후에는 소유자의 권리를 주장할 수 없다.

H씨가 반달섬에 계약한 생활숙박시설의 경우 중형 평수부터 대형 평수까지 다양하게 구성되어 있었고 일반적인 아파트단지보다 큰 3,745호실 규모였다. 반달섬에는 H씨가 계약한 생활숙박시설 외에도 8곳에서 신축 공사가 진행되고 있다. 규모는 작게는 200여 실에서 많게는 400여 실까지로 다양한 형태의 건물들이 주상복합 형태로 공사가 진행 중이다. 반달섬에 진행 중인 생활숙박시설 신축 공사가 완료될 경우 9,631실이 생긴다.

▎공동주택·오피스텔·생활숙박시설 비교

구분	공동주택	오피스텔 (준주택)	생활숙박시설
종합부동산세	과세		배제
다주택자 양도소득세 중과	중과		배제
청약통장	필요	불필요	불필요
분양권 전매제한	투기과열지구, 조정 지역 등 적용		없음
1대 주차 기준	세대당 1대		시설면적 200㎡당
복도 폭	1.8m 이상		1.5m 이상
주거지역 입지가능 여부	주거지역 가능	일반주거지역 가능	입지 불가

▌공급과잉 생활숙박시설 사용승인 추이

* 호텔식 시설서비스를 제공하면서 취사도 가능한 숙박시설(레지던스)

2015년	3,483호
2017년	9,730호
2019년	1만 6,324호
2021년	1만 8,799호
2022년	9,350호

자료: 국토교통부

정부는 생활숙박시설이 2015년 3,483실에서 2021년 1만 8,799실로 폭증하자 2021년 5월 건축법 시행령을 개정해 숙박업 등록을 의무화했다. 오피스텔로도 사용할 수 있게 특례기간을 두고 용도 기준도 완화했다. 그럼에도 주거용으로 사용하면 이행강제금을 부과하기로 했다. 하지만 지난 2년간 생활숙박시설 용도변경이 이뤄진 것은 극소수다. 오피스텔로 변경한 생활숙박시설은 1,996실로, 기존 생활숙박시설 9만 6,000실의 2.1% 수준에 불과하다. 이는 오피스텔로 전환하려 해도 주차장, 방화설비 등의 기준을 충족하는 데 장애물이 많기 때문이다. 오피스텔 주차 기준은 가구당 1대, 생활숙박시설은 시설면적 200㎡당 1대다.

용도변경은 더 힘들어질 것으로 보인다. 이번 발표에서 생활숙박시설을 주거용 오피스텔로 용도변경할 때 2년간 한시 적용됐던 발코니 등에 대한 완화 기준을 오는 10월 14일부로 종료하기로 했기 때문이다. 이 때문에 실제 주택으로 보고 생활숙박시설을 구입해 살고 있는 소유자들은 숙박용으로 신고가 어렵다고 말한다. 헐값에 팔거나 편법으로 거주해야 하는 기로에 놓인 것이다.

지식산업센터 취득세, 보유세, 양도소득세

지식산업센터는 도심 지역 또는 신도시 등에 중소기업이나 중견기업 공장과 사무실이 입주할 수 있는 아파트형 공장을 말한다. 건축물에 제조업, 지식산업 및 정보통산산업을 영위하는 자와 지원시설이 복합적으로 입주할 수 있는 다층형 집합건축물이다. 오피스(사무실) 빌딩은 내부에 생산시설을 설치할 수 없지만 지식산업센터는 생산시설을 설치할 수 있다.

지식산업센터의 취득세와 부가가치세

지식산업센터는 기본적으로 상업용 부동산의 취득세율인 4.6%(농어촌특별세, 지방소득세 포함)를 적용한다. 다만, 지방세특례제한법과 지방자치단체 감면 조례에 따라 35% 등 다양한 감면이 있다. 업무용 오피스텔과 마찬가지로 주거용이 아닌 용도이므로 건물분에 대한 부가가치세 환급도 가능하다.

지식산업센터의 재산세와 종합부동산세 및 종합소득세

지식산업센터의 재산세는 업무용 오피스텔과 동일하다. 매년 6월 1일 기준으로 소유자에게 재산세가 부과된다. 다만, 재산세도 취득세처럼 다양한 감면이 있다.

종합부동산세는 별도합산대상토지와 종합합산대상토지를 대상으로 한다. 업무용 오피스텔의 토지는 별도합산대상 토지이므로 다른 업무용 부동산의 부수토지를 합산해 80억 원을 초과하면 종합부동산세 대상이다. 반면 지식산업센터는 업무용 오피스텔의 토지와 다르게 분리과세대상 토지로 분류된다. 따라서 종합부동산세는 대상이 아니다.

지식산업센터는 주거 외 용도로 임대하는 경우이므로 무조건 종합소득세 신고를 해야 한다. 월세와 보증금 모두 과세 대상이다. 타 소득이 있는 경우 합산해 다음 연도 5월에 종합소득세 신고·납부를 해야 한다.

 지식산업센터의 양도소득세

지식산업센터의 임대는 주거 외 용도이므로 상업용 부동산 양도에 준해 과세한다.

상업용 부동산에 준하는 생활숙박시설

생활숙박시설이란 숙박용 호텔과 주거형 오피스텔이 합쳐진 개념의 숙박시설이다. 생활숙박시설은 주택이 아니므로 주택 수에 포함하지 않는다. 취득세와 보유세, 양도소득세는 상업용 부동산에 준해서 적용한다.

고시원 취득세, 보유세, 양도소득세

 고시원의 취득세와 부가가치세

고시원은 2종 근린생활시설로 분류된다. 주택이 아니므로 상업용 부동산의 취득세율인 4.6%(농어촌특별세, 지방소득세 포함)를 적용한다. 업무용 오피스텔과 마찬가지로 주거용이 아닌 용도이므로 건물분에 대한 부가가치세 환급도 가능하다.

 고시원의 재산세와 종합부동산세 및 종합소득세

고시원의 보유세는 업무용 오피스텔과 동일하다. 매년 6월 1일 기준으로 소유자에게 재산세가 부과된다. 고시원은 근린생활시설로 분류되므로 고시원의 토지에 대해서는 종합부동산세가 과세된다. 해당 고시원의 토지 공시가격과 보유하고 있는 다른 업무용 부동산의 토지 공시가격을 합산해 80억 원이 초과되면 종합부동산세가 부과된다. 실무적으로 큰 규모의 다른 상가 등이 없다면 종합부동산세는 발생하지 않을 것이다.

고시원은 주거 외 용도로 임대하는 경우이므로 무조건 종합소득세 신고를 해야 한다. 월세와 보증금 모두 과세 대상이다. 타 소득이 있는 경우 합산해 다음 연도 5월에 종합소득세 신고·납부를 해야 한다.

　고시원의 임대는 근린생활시설로 주거 외 용도로 보기 때문에 상업용 부동산 양도에 준해 과세한다. 다만, 주의해야 할 내용이 있는데, 양도소득세에서는 주택의 정의를 다음과 같이 규정한다. '주택'이란 허가 여부나 공부상의 용도 구분과 관계없이 세대의 구성원이 독립된 주거 생활을 할 수 있는 구조로서 세대별로 구분된 각각의 공간마다 별도의 출입문, 화장실, 취사 시설이 설치돼 있는 구조를 갖추어 사실상 주거용으로 사용하는 건물을 말한다.

　각방에 취사 시설, 화장실, 출입구 등이 독립적으로 설치돼 임차인이 독립된 주거 생활을 할 수 있는 구조이면 원룸형 주택으로 볼 수 있다. 현재는 다주택자 중과세율이 적용되지 않지만 중과세율이 적용되는 경우 근린생활시설이냐 주택이냐에 따라 상당히 세금 차이가 날 수 있으므로 주의해야 한다.

부동산 임대소득

절세 전략

개인 소득세에 대한 과세체계 알아두기

　거주할 목적의 부동산이 아니면 임대를 둘 것이다. 부동산 임대소득은 사업소득에 속한다. 상가, 주택, 오피스텔 등을 임대해 사업소득이 발생하면 종합소득세 신고를 해야 한다. 우선 임대소득의 세금 계산에 앞서 개인 소득세에 대한 과세체계를 알 필요가 있다.

종합과세란?

　개인의 소득은 총 8가지로 구분된다. 은행 예금에 대한 이자소득, 주식 배당에 대한 배당소득, 계속적·반복적으로 하는 사업에 대한 사업소득, 직장을 다니면서 받는 근로소득, 연금 수령에 대한 연금소득, 복권 소득과 일시적으로 강의를 하여 얻은 기타소득, 퇴직할 때 받는 퇴직소득, 부동산을 양도할 때 얻은 양도소득이 있다. 이 중 퇴직소득과 양도소득을 제외한 나머지 6가지 소득을 합산한 소득을 종합소득이라고 한다. 종합소득은 개인이 1년간(1.1~12.31)간 발생한 6가지 소득을 합산해 다음 년도 5월 달에 관할 세무서에 신고하는 것이 원칙이다.

개인 소득세율은 8단계 초과 누진세율(6~45%)이다. 소득이 많으면 많을수록 세금이 증가하는 구조다. 아무래도 퇴직소득은 직장을 그만 둘 때 발생하는 소득이고 오랜 기간 축적된 소득이 일시에 발생하는 것이므로 다른 소득과 합산하면 세금 부담이 크다. 마찬가지로 부동산 양도소득도 오랜 기간 보유했다면 이익이 매우 클 것이다. 다른 소득과 합산하여 계산하면 세부담이 크다. 이런 이유로 퇴직소득과 양도소득은 다른 소득과 합산하지 않고 따로 분류해서 과세한다. 종합소득으로 합산해 신고하는 것을 종합과세, 따로 분류해서 신고하는 것을 분류과세라고 한다.

▌종합소득세 과세표준 및 세율

과세표준	세율(%)	누진공제액(원)
1,400만 원 이하	6	-
1,400만 원 초과~5,000만 원 이하	15	1,260,000
5,000만 원 초과~8,800만 원 이하	24	5,760,000
8,800만 원 초과~1.5억 원 이하	35	15,440,000
1.5억 원 초과~3억 원 이하	38	19,940,000
3억 원 초과~5억 원 이하	40	25,940,000
5억 원 초과~10억 원 이하	42	35,940,000
10억 원 초과	45	65,940,000

분리과세란?

　은행에 예금을 맡기고 이자를 받으면 은행에서 15.4%(지방소득세 포함)의 세금을 떼고 지급한다. 직장에서 급여를 받으면 회사가 일정금액의 세금을 떼고 지급한다. 이렇게 소득을 지급하는 자가 약식으로 세금을 계산해서 떼는 것을 원천징수라고 한다. 분리과세란 원천징수로서 세금이 종결되는 것을 말한다.

　금융소득이 연간 2,000만 원 이하가 되면 소득을 지급하는 자가 원천징수로 세금을 종결한다. 로또 등 복권 당첨금도 원천징수로 종결한다. 일용근로자 등 아르바이트 소득도 원천징수로 종결한다. 분리과세 대상 소득은 5월에 다른 소득과 합산해 종합소득세를 신고할 필요가 없다.

종합소득세 계산은?

　이자 및 배당소득인 금융소득은 필요경비가 없다. 연금소득금액은 연금수령금액(총연금액)에서 연금소득공제를 차감하고 근로소득금액은 근로수입금액(총급여)에서 근로소득공제를 차감한다. 사업소득금액과 기타소득금액은 총수입금액(매출액)에서 필요경비를 차감한다. 이렇게 6가지의 소득금액을 계산해 합산한 소득이 종합소득금액이다.

　종합소득금액에서 종합소득공제를 차감해 과세표준(세율을 적용하기 전 금액)을 계산한다. 종합소득공제의 가장 큰 비중을 차지하는 것이 인적공제다. 부양 가족에 대해서 일정 요건(소득, 나이)을 충족하면 본인의 기본공제 대상자로 부양가족공제(기본공제 1인당 150만 원, 추가공제 50만 원에서 200만 원)를 받을 수 있다. 일반적으로 부양가족공제는 소득이 많은 사람이 공제받는 것이 유리하다. 따라서 다른 가족들보다 본인의 종합소득금액이 많다면 가족들과 협의해 본인이 공제를 받는 것이 절세의 방법이다.

기타 종합소득공제로 근로자인 경우 적용 가능한 신용카드소득공제, 우리사주조합공제, 일정 요건을 충족한 자영업자가 가입 가능한 노란우산공제 등이 있다. 이렇게 종합소득공제를 종합소득금액에서 차감하고 난 금액이 과세표준이다. 과세표준에 8단계 초과 누진세율을 곱하여 산출세액을 계산한다. 산출세액에서 일정 세액을 공제해주는데 세액공제라고 한다. 자녀 수에 따라 공제하는 자녀세액공제가 있고, 근로자만 가능한 보험료, 의료비, 교육비 등 세액공제가 있다. 또한 자영업자가 가능한 연금저축 및 IRP 세액공제가 있다. 연금저축과 IRP는 연간 납입금액 기준으로 최대 900만 원을 한도로 13.2% 또는 16.5%를 곱하여 세액공제한다. 특히 연금 저축과 IRP는 세제 혜택을 받을 수 있는 금융상품이고 운영도 예금, 펀드 등 다양하게 포트폴리오를 구성할 수 있다. 시간을 두고 길게 투자한다면 종합소득세 절세 효과도 누릴 수 있고 장기적인 투자 수익도 얻을 수 있다.

마지막으로 원천징수한 세금과 중간예납(사업소득이 있는 자는 매년 11월에 직전 연도 세금의 50%를 미리 납부)을 차감해 최종 납부하는 세금을 계산한다.

| 종합소득세 세율 계산

이자소득금액	[필요경비 인정 안 됨]
(+) 배당소득금액	[필요경비 인정 안 됨]
(+) 사업소득금액	[총수입금액 - 필요경비]
(+) 근로소득금액	[근로수입금액 - 근로소득공제(2,000만 원 한도)]
(+) 연금소득금액	[연금수령액 - 연금소득공제(900만 원 한도)]
(+) 기타소득금액	[총수입금액 - 필요경비공제]
= 종합소득금액	
(-) 소득공제	[기본공제, 추가공제, 연금보험료공제 등]
= 과세표준	
(×) 세율	[6~45%의 초과 누진세율]
= 산출세액	
(-) 세액공제	[자녀세액공제, 보장성보험료세액공제,
	연금계좌세액공제 등]
(-) 기납부세액	[원천징수세액, 중간예납세액]
= 자진 납부할 세액	

　　주거용 임대인 주택 임대는 주택 수, 임대 유형(월세, 보증금) 및 임대 면적에 따라 종합소득세 과세 여부 및 계산 방식이 달라진다. 그리고 임대수입금액의 2,000만 원 초과 여부에 따라 종합소득세 신고 방법도 달라진다. 이에 반해 상가와 같은 비주거용 임대는 임대 면적 및 임대 유형(월세, 보증금)에 관계없이 무조건 과세 대상이고 종합과세한다. 세부적으로 살펴보자.

▎주거용 임대 여부에 따른 종합소득세 신고 방법

구분	주거용 임대	비주거용(상가 등) 임대
과세대상	주택 수, 임대 유형(월세, 보증금) 및 임대 면적에 따라 과세 대상 여부 결정	임대 유형(월세, 보증금) 및 임대 면적에 관계없이 과세 대상
계산 방법	수입금액(2,000만 원)에 따라 분리과세와 종합과세 신고	수입금액에 관계없이 종합과세 신고

비주거용으로 임대할 경우

부동산 임대수입금액은 매월 받는 임대료 및 관리비와 보증금에 대한 소득세법상 간주임대료를 가산한 금액을 말한다. 임대료를 미리 받은 경우에는 계약기간으로 안분하여 과세기간별 수입금액을 계산한다.

사업소득인 임대소득금액은 임대수입금액(매출)에서 필요경비를 차감해 계산한다. 이 경우 필요경비를 차감하는 방법은 2가지다. 실제 지출한 경비를 차감하는 방법(장부작성)과 수입금액에 일정률(수입 규모와 업종에 따라 단순경비율, 기준경비율이 정해져 있음)을 곱한 금액을 필요경비로 간주해 차감하는 추계 방법이 있다. 부동산임대의 종류에 따라 매년 국세청에서 경비율을 고시하고 있다. 수입규모가 일정금액 미만(연간 2,400만 원)이면 단순경비율을 적용하고 수입규모가 일정금액 이상(연간 2,400만 원)이면 기준경비율을 적용한다.

단순경비율과 기준경비율로 계산하면?

단순경비율은 장부를 작성하지 않는 소규모 사업자의 사업소득금액을 계산하기 위하여 기준경비율과 함께 각 업종별로 국세청이 정한 경비율을 말한다. 국세청 홈페이지에서 업종별 단순경비율과 기준경비율을 확인할 수 있다. 단순경비율을 적용하여 사업소득금액을 산정하는 산식은 다음과 같다.

$$사업소득금액 = 총수입금액 - 총수입금액 \times 단순경비율$$

기준경비율을 적용하여 사업소득금액을 산정하는 산식은 다음과 같다.

$$사업소득금액 = 총수입금액 - (인건비 + 재고 매입비용 + 고정자산 임차료)$$
$$- 총수입금액 \times 기준경비율$$

인건비를 경비로 인정받으려면 매월 관할 세무서에 급여에 대한 원천징수 신고를 해야 하며, 재고자산 매입비용과 고정자산(사무실 등) 임차료는 세금계산서를 받아야 한다.

🏠 장부를 작성해 계산하면?

장부를 작성하면 임대와 관련된 모든 경비가 인정된다. 수리비, 공인중개사비, 이자, 감가상각비, 재산세, 종합부동산세 등이 있다. 어느 방법으로 신고할 지는 꼭 비교를 해야 한다. 추계 방식으로 계산한 경비와 실제 지출한 경비를 비교해 실제 지출한 경비가 더 많으면 장부작성해 지출한 경비를 공제하는 방법이 유리하다. 가령 추계 방식으로 해서 필요경비로 계산된 금액이 800만 원이고 실제 지출한 경비가 500만 원이라면 추계로 신고하는 것이 유리하다. 반대로 실제 지출한 경비가 1,000만 원이라면 장부작성해 신고하는 것이 유리하다.

수입규모에 따라 간편장부가 있고 복식부기장부가 있다. 간편장부
란 회계장부를 근거로 과세하기 위해 개인사업자가 수입과 지출 내용
을 쉽게 작성할 수 있는 장부다. 매입장과 매출장 등 여러 개의 장부작
성이 필요한 복식부기와 달리 단일장부에 수입과 지출을 발생일자 순
으로 기록하는 약식 장부다. 회계 지식이 없는 사람도 누구나 쉽고 간
편하게 수입과 지출을 장부에 기재할 수 있다는 장점이 있다.

장부 작성과 추계 신고

구분	장부 작성	추계 신고
총수입금액	총수입금액(매출)	총수입금액(매출)
(-) 필요경비	사업 관련 실제 지출된 비용을 필요경비로 계산	단순경비율 기준경비율
(=) 사업소득금액	총수입금액 - 필요경비(지출된 비용)	총수입금액 - 필요경비(총수입금액 × 경비율)

직전 연도 부동산임대의 수입금액이 연간 4,800만 원 미만인 임대
사업자는 추계로 신고하더라도 별도의 가산세가 없으나 연간 4,800만
원 이상인 임대사업자는 추계로 신고하는 경우 무기장가산세(대략 산출
세액의 20%)가 있으니 이 부분도 함께 고려해서 판단해야 한다.

직전 연도 수입금액이 복식부기의무자에 해당하는 개인사업자는
당해 연도 6월 말일까지 사업용 계좌를 개설해 관할 세무서에 신고해
야 한다. 사업용 계좌는 사업자 본인 명의의 통장이면 된다. 공동사업자
는 그중 1인 명의의 계좌로 신고할 수 있다. 매출대금의 회수, 인건비
지급, 임차료 지급 등 사업과 관련된 수입과 지출이 사업용 계좌에서
이루어져야 한다.

간편장부대상자와 복식부기대상자

업종	직전 연도 수입금액(연 환산하지 않음)		
	간편장부대상		복식부기대상
	단순경비율	기준경비율	
농업, 임업, 어업, 광업, 도소매업, 부동산매매업 등	6,000만 원 미만	6,000만 원 이상~ 3억 원 미만	3억 원 이상
제조업, 숙박, 음식점업 등	3,600만 원 미만	3,600만 원 이상~ 1억 5,000만 원 미만	1억 5,000만 원 이상
부동산임대업 등	2,400만 원 미만	2,400만 원 이상~ 7,500만 원 미만	7,500만 원 이상

주택 수에 따라 과세 여부가 결정된다

비주거용 임대의 경우 임대유형(월세, 보증금)에 관계없이 종합소득세 대상이지만, 주거용 임대의 경우에는 임대유형(월세, 보증금)에 따라 종합소득세 과세여부가 결정된다.

월세는 2주택자부터 종합소득세 과세대상이다. 다만, 1주택자라도 주택공시가격이 12억 원을 초과하는 고가주택에 해당하거나 국외에 소재하고 있으면 과세대상에 해당한다. 보증금은 소형주택(전용면적 40㎡ 이하이고 주택공시가격이 2억 원 이하의 주택)을 제외한 3주택자부터 종합소득세 과세대상에 해당한다. 3주택 이상 주택 소유자(단, 2026년부터는 주택공시가격 12억 원 초과 2주택자 이상 소유자)가 받은 보증금의 합계금액이 3억 원을 초과하는 경우 다음 산식에 의한 간주임대료를 임대수입금액에 가산한다.

|(임대보증금 - 3억 원)의 적수 × 60% × 1/365 × 이자율 - 보증금 이자(배당금)|

* 추계로 신고하는 경우에는 보증에서 발생한 이자, 배당 등 금융수익은 차감하지 않는다.
* 2025년 현재 이자율은 3.1%이다.

주택 수 계산은 부부의 주택을 합산해 계산한다. 양도소득세를 계산할 때는 세대 합산해 주택 수를 산정하지만 임대소득을 계산할 때는 본인과 배우자의 주택만 합산한다. 예를 들어 부모와 차남이 함께 살고 있다고 하자. 부친 1채, 모친 1채, 차남 1채를 보유하고 있으면 양도소득세 계산할 때는 세대 합산 3주택자지만, 임대소득세를 계산할 때는 부부 합산 2주택자다. 따라서 보증금을 부친의 주택에서 수령했다고 하더라도 부부 합산 2주택자이므로 보증금에 대해서는 과세하지 않는다.

┃ 주택 수 및 임대 유형에 따른 과세 여부

구분	월세	보증금
1주택	비과세 (고가주택, 국외 주택은 과세)	비과세
2주택	과세	비과세
3주택	과세	과세

참고로 양도소득세, 종합부동산세, 종합소득세를 계산할 때 주택 수의 산정 방법을 요약하면 다음과 같다.

┃ 양도세, 종부세, 종합소득세 주택 수 비교

구분	종합소득세(임대)	양도소득세	종합부동산세
주택 수 계산	부부 합산	세대 합산	본인 합산
주택 수 영향	임대소득 과세 여부	1주택자 비과세 여부	중과세율 여부

주택임대수입금액(매출)이 연간 2,000만 원 초과 여부에 따라 신고 방식이 달라진다

주택임대수입금액이 연간 2,000만 원을 초과하면 무조건 다른 종합소득과 합산하여 5월에 종합소득세를 신고해야 한다. 연간 2,000만 원 이하이면 종합과세와 분리과세를 선택할 수 있다. 즉, 연간 2,000만 원 이하의 주택임대수입금액이면 종합과세해 다른 소득과 합산해 종합소득세를 신고해야 하나 다른 소득과 분리해 따로 신고할 수 있다는 의미다. 종합과세해 신고하는 방식은 비주거용 임대소득과 같은 방식이다. 추계해서 신고할 수 있고 장부작성해서 신고할 수 있다.

▌주택임대수입금액에 따른 신고 방법

주택 수입금액	2,000만 원 초과	2,000만 원 이하
신고 방법	종합과세	분리과세와 종합과세 중 선택

 주택임대수입금액(매출)이 연간 2,000만 원 이하이면 분리과세로 신고할 수 있다

월세 수입과 보증금에 대한 간주임대료 합계액이 연간 2,000만 원 이하이면 분리과세를 해 종합소득세 신고를 할 수 있다. 이때 필요경비는 실제 지출한 경비를 차감하지 않고 수입금액에 50%(세무서와 지자체에 주택임대사업자로 등록한 경우에는 60%)를 필요경비로 간주해 차감한다. 가령, 수입금액이 연간 2,000만 원이면 필요경비가 1,000만 원(2,000만 원 × 50%)이다.

연간 2,000만 원 주택임대수입일 때 분리과세 신고

구분	임대사업자 미등록
임대료 수입금액	20,000,000원
필요경비율	50%
임대소득금액	10,000,000원
기본공제금액	2,000,000원
과세표준	8,000,000원
세율	14%
소득세 산출세액	1,120,000원
지방소득세(소득세 × 10%)	112,000원
총 부담세액	**1,232,000원**

　여기에 추가로 기본공제를 해주는데, 기본공제는 주택임대소득 이외에 종합소득금액이 2,000만 원 이하인 경우에 적용한다. 세무서와 지자체에 모두 주택임대사업자로 등록한 경우에는 400만 원, 미등록한 경우에는 200만 원을 공제한다. 주택임대수입금액이 연간 2,000만 원이고 주택임대사업자등록을 하지 않았으며, 주택임대 외에 다른 소득이 2,000만 원 이하라고 하면 세액 계산은 다음과 같다. 아래의 세액을 5월 종합소득세 신고할 때 따로 분리해 신고해야 한다.

　일반적으로 주택임대수입금액이 연간 2,000만 원 이하이고 다른 종합소득(이자, 배당, 근로소득 등)이 많다면 종합과세해 신고하는 것보다 분리과세해 신고하는 것이 세부담 측면에서 유리하다. 하지만 다른 소득이 없고 이자 비용, 종합부동산세, 재산세, 수리비 등 실제 지출한 비용이 많다면 장부기장해 종합과세로 신고하는 것이 세부담이 적을 수 있다. 꼭 어떤 방법으로 신고하는 것이 더 유리한지 비교할 필요가 있다.

▎주택임대소득 종합과세와 분리과세 세율 적용

구분	종합과세	분리과세
신고 방법	이자·배당·근로·연금·기타 소득과 합산하여 종합소득세 계산	다른 소득과 합산하지 않고 주택임대소득만으로 종합소득세 계산
적용세율	6~45% (8단계 누진세율)	14%(단일 세율)

참고로, 주택임대소득을 분리과세로 신고할 경우 연간 100만 원을 초과하더라도 부양가족공제(기본공제 150만 원) 대상에서 제외되지 않는다.

PART 3

부동산 정책과
부동산 시장 흐름

부동산 정책 파악은 부동산 투자의 성공 열쇠다

부동산은 정부 정책이 가장 큰 변수다. 부동산 정책에 맞서 무모하게 투자하기
보다는 때를 기다리는 게 현명할 수 있다. 그러나 부동산 정책도 부동산 시장의
흐름을 이기기는 어렵다. 규제 정책과 무관하게 부동산 시장이 우상향 시에는
우상향한다.

청약 흥행 단지와
실패 단지의 양극화 현상

서울 거주 회사원 J씨는 최근 청약을 신청하면서 분양 가격에 깜짝 놀랐고 청약경쟁률이 높아 또 한 번 놀랐다. 자금 마련 걱정과 청약에 당첨될 수 있을지도 불안하다.

최근 청약을 활용해 내 집 마련을 하고자 하는 수요가 증가하고 있다. 중도금 대출 제한이 없어지고, 분양가 상승이 빨라지면서 고분양가 논란에도 서울 분양에 수요자가 몰리고 있다. 정부의 대대적인 부동산 규제 완화로 강남권과 용산을 제외한 전국이 같은 규제를 적용받게 되면서, 실수요와 투자수요 모두 수도권으로 쏠리는 양극화 양상이 기존 주택시장은 물론 분양시장에서도 나타나고 있다. 서울 청약 열기가 다시 살아나고 있지만 지방 청약은 좀처럼 기지개를 펼치지 못하고 있다. 전면적인 규제 완화 후 실수요는 물론 투자수요가 서울 등 수도권으로 쏠리면서 지방 부동산 시장이 침체되고 있다.

2024년 8월 기준 전국 1순위 청약경쟁률은 20.3 대 1로 서울과 경기 지역, 대전 등 지방 대도시에서 강세를 보였다. 다만 지방 중소형

건설사 브랜드와 서울에서 떨어진 경기도 외곽 지역의 분양 성적은 크게 미달하는 등 아파트 청약의 양극화 현상이 이어졌다.

청약자가 몰리면서 당첨가점도 상승하고 있다. 서울 아파트의 2024년 평균 당첨가점은 61점(만점 84점)인데, 8월에는 70점으로 나타났다. 향후 평균 당첨가점은 더 높아질 것으로 예상된다. 반면 서울 외 지역은 부진을 벗지 못하고 있다. 경기도에서는 2024년에 34개 단지가 분양을 시도했는데, 약 47%인 16개 단지가 정원을 채우지 못했고, 같은 수도권인 인천의 청약 미달률은 무려 80%. 지방에서는 64개 분양 단지 가운데 42개가 미달된 것으로 나타났다. 대전과 부산, 제주 등은 1대 1에도 미치지 못했다.

신혼부부는 특별공급으로 접근하라

신혼부부는 내 집 마련을 특별공급으로 접근하면 청약당첨에 조금 더 확률이 높아질 수 있다. 특별공급은 '주택공급에 관한 규칙'에 의거 국가유공자, 장애인, 신혼부부, 다자녀가구, 노부모 부양자 등 정책적 배려가 필요한 사회계층의 주택 마련을 지원하기 위해 일반공급과의 청약 경쟁 없이 별도로 분양받을 수 있도록 하는 제도로 1회로 제한한다. 신혼부부 특별공급은 분양 가격에 관계없이 주거전용면적 85㎡ 이하만 청약 가능하다. 다만 예비 부부는 국민주택 청약이 가능하고, 민영주택은 신혼부부만 청약이 가능하다. 세대주를 포함한 세대원 모두 무주택자여야 하고 무주택 기준은 혼인신고일을 기점으로 계산한다. 혼인 기간은 입주자 모집 공고일 기준 7년 이내로 제한된다. 청약통장

가입 기간은 6개월 이상, 납입 횟수는 6회 이상이며 다음의 소득 기준을 초과하면 지원이 불가하다. 소득 기준을 잘 확인해야 한다.

▎신혼부부 특별공급 종류(공공주택/ 민영주택)별 소득 기준

구분	공급 비율 (100%)	소득 기준
공공주택	우선(70%)	도시근로자 월평균 소득의 100%(맞벌이 120%) 이하
	일반(30%)	130%(맞벌이 140%)
민영주택	우선(50%)	도시근로자 월평균 소득의 100%(맞벌이 120%) 이하
	일반(20%)	140%(맞벌이 160%)
	추첨(30%)	소득은 초과하나, *자산기준 충족

* 자산 기준: 소유 부동산 가액 3억 3,100만 원 이하
* 예비 부부는 모집공고일로 1년 이내 혼인관계증명서 제출 필요

🔍 당첨 확률이 높은 평형을 선택하라

청약을 통한 내 집 마련은 불경기 및 금리 인상 리스크가 여전한 상황에서 분양 가격이 상대적으로 저렴한 중소형 평형을 찾는 수요가 높아지는 추세다. 그러나 2023년 4월부터 가점제 및 추첨제 비율 기준이 개선돼 당첨 확률을 높이는 전략으로 접근하는 것이 필요하다.

비규제 지역에서 가점이 낮은 분들은 청약 당첨을 높이기 위해서는 가점보다는 추첨제 전략과 주거전용면적 85㎡ 초과를 청약하는 것이 좋다. 1순위 공급량의 60%를 추첨제로 당첨자를 선정해 가점이 낮은 젊은 수요층도 당첨을 노려볼 수 있을 뿐 아니라 규제 지역이 해제돼 다주택자도 1순위 가점제 청약이 가능해 갈아타기를 원하는 유주택자들의 당첨도 노려볼 수 있다. 청약 열기가 높아지고 있는 원인이다.

규제 지역의 투기과열지구에서는 주거전용면적 60㎡ 이하는 추첨제를 추천한다. 반면 가점 84점을 기준으로 가점이 높은 60점 이상은 60㎡ 초과~85㎡ 이하와 85㎡ 초과 평형에 당첨을 노려보는 것이 좋겠다.

아파트 청약 시 분양가는 물론 철저한 입지 분석이 선행돼야 하고, 금융 비용을 꼼꼼히 계산한 뒤 청약해야만 당첨의 기쁨을 누리며 입주할 수 있음을 잊지 말아야 한다.

▍민영주택 가점제, 추첨제 적용 비율

면적	비규제 지역	조정 지역	투기과열지구
60㎡ 이하	가점 40% 이하, 추첨 60%	가점 40%, 추첨 60%	
60~85㎡		가점 47%, 추첨 30%	
85㎡ 초과	추첨 100%	가점 50%, 추첨 50%	가점 50%, 추첨 50%

TIP │ **청약 시 확인 내용**
- 입지를 파악한다.
- 계약금을 비롯한 자금 계획을 파악한다.
- 당첨 가능성을 파악한다.
- 주거전용면적을 고려한다.
- 커뮤니티 시설을 파악한다.
- 실거주의무가 남아 있는 단지인지 확인한다.

공공분양주택으로
내 집 마련 전략

공공분양주택은 한국토지주택공사(LH), 서울주택도시공사(SH)에서 무주택 서민들의 내 집 마련을 돕기 위해 주로 공급하는 주택이다. 뉴:홈은 수도권에서만 진행된다. 공공분양주택 뉴:홈은 신혼부부나 다자녀가구, 노부모 부양가구, 청년 등에게 특별공급을 배정한다. 특히 물량의 최대 35%를 신생아 특공에 배분한다. 신생아 특공 우선 공급 물량은 뉴:홈 3만 가구, 민간 분양 1만 가구, 공공임대 3만 가구를 합쳐 연간 7만 가구 수준이다. 입주자 모집 공고일로부터 2년 이내 임신, 출산했다는 사실을 증명하면 혼인 여부와 관계없이 특별공급 자격을 얻을 수 있다. 신혼부부 및 신생아 특별공급 등으로 내 집 마련 전략을 알아보자.

나눔형	선택형	일반형
청년 15%	청년 15%	신혼부부 10%
신혼부부 15%	신혼부부 10%	신생아 20%
신생아 35%	신생아 30%	생애 최초 15%
생애 최초 15%	생애 최초 10%	다자녀 10%
일반 공급 20%	다자녀 10%	기관 추천 10%
	기관 추천 10%	노부모 5%
	노부모 5%	일반 공급 30%
	일반 공급 10%	

공공분양주택 ── ## 나눔형

　나눔형은 공공주택 공급 물량의 50%로 비중이 높은 편이다. 시세의 70% 이하로 분양받은 후 공공으로 다시 환매할 때 차익의 70%를 보장하는 형태이며, 수분양자와 공공이 차익 또는 손실을 7:3으로 나눠 가지는 형태라 이익공유형이라고도 한다. 1.9~3.0%의 저금리, 만기 40년 장기모기지 상품을 통해 집값의 80%(한도 5억 원)까지 지원받을 수 있어 3가지 방식 중 자금 부담이 상대적으로 덜한 편이다.

　나눔형은 할인된 분양가의 최대 80%를 장기모기지로 지원받아 초기 부담을 최소화할 수 있다. 예를 들어 시세 5억 원짜리 주택은 시세 70% 수준인 3억 5,000만 원에 분양받고, 그중 2억 8,000만 원을 대출받을 수 있기에 초기 부담금은 7,000만 원까지 낮아지는 것이다.

　맹점은 나눔형은 토지임대부 형식으로 이루어진다는 점이다. 즉, 건물에 대한 소유권만 있고 땅에 대한 소유권이 없어 재개발 등이 이뤄질 수 없고, 매달 토지임대료를 내고 살아야 한다. 예컨대, 토지임대료는 고덕강일3단지(500가구)의 전용면적 59㎡ 추정 분양가는 3억 5,537만 원이다. 분양가만 보면 '반값 아파트'가 맞지만, 여기에 추정 토지임대료가 월 40만 1,000원이고, 마곡 10-2(260가구)의 59㎡ 추정 분양가는 3억 1,119만 원이며 추정 토지임대료는 월 69만 7,600원이다.

나눔형 공공분양주택 환매 및 처분 손익 정산 기준은 거주의무기간인 5년 이후에는 언제든 환매를 요청할 수 있지만 일반인에게 양도하는 것이 아닌 반드시 공공에 넘겨야 하는 조건이며, 만일 5년 이내 환매 시에는 납부한 입주금과 입주금에 1년 만기 정기예금 평균 이자율을 적용한 이자만 반환해 주니 의무 기간을 지키는 쪽이 유리하다.

공공분양주택 ## 선택형

저렴한 임대료로 6년간 거주한 다음 분양 전환을 신청할 수 있는 유형이다. 일정 기간 먼저 살아보고 해당 주택을 내 명의로 돌릴지 스스로 결정할 수 있다는 점이 큰 장점이며, 현재 주택 구입 여력은 부족하지만 나중에 내 집 마련 계획이 있거나 앞으로도 계속 거주해야 할지 불분명한 사람들에게 유리한 유형이다.

선택형 공공분양주택은 6년 거주 후 전환 신청을 하면 입주 시 감정가와 분양 시 감정가의 산술 평균 가격으로 취득할 수 있으며, 6년 거주 후 전환 신청을 하지 않아도 임대로 4년간 더 거주할 수 있다. 입주 시점의 임대료는 입주 시 분양가의 50%를 보증금과 인근 시세의 70~80% 수준의 월세이며, 임대로 거주하는 기간에는 전세자금대출을 이용할 수 있고, 장기모기지로 주택 구입 자금을 지원받을 수 있다.

일반형

일반형은 기존 공공분양주택과 동일한 방식이지만 분양가 상한제가 적용돼 시세의 80%라는 저렴한 가격으로 내 집을 마련할 수 있다는 점이 매력적이다. 연령대에 상관없이 모두에게 공평한 기회를 주기 위해 공급 물량을 2배로 늘렸고, 청약 가점에 불리한 청년층을 위해 추첨제의 물량도 20%로 확대했다. 기존 디딤돌 상품을 이용해 2.15~3.0% 저금리(최대 30년)로 집값의 70%(한도 4억 원)까지 주택 구입 자금을 지원받을 수 있으며, 청년이나 신혼부부라면 금리 우대를 받을 수 있다.

> **TIP**
>
> **공공분양주택 뉴:홈의 나눔형, 선택형 차이점**
>
> - 나눔형 25만 호
>   처음부터 분양/의무거주기간 이후 공공에 환매/처분 손익 70% 귀속
> - 선택형 10만 호
>   저렴한 임대료로 6년간 거주/임대 종료 후 분양 여부를 자유롭게 선택/우선 거주 후 내 집 마련 선택권 부여

인구구조의 변화에 따른
주택시장 바로 알기

인구는 사회를 변화시키는 원동력이다

인구변화는 주택시장에도 큰 영향력을 행사한다. 인구에 따라 주택수요를 증가시키기도 하고 감소시키기도 한다. 향후 인구구조의 변화는 주거의 방식과 형태, 주거에 대한 개념을 포함해 주택시장에 많은 변화를 예고하고 있다. 우리나라는 저출산 및 고령화 속도가 전 세계적으로 1위에 해당되는 나라다. 세계 최저 수준의 출산율을 기록하고 있으며 1955~1963년에 태어난 베이비부머가 노인 연령에 진입하는 2018년 이후에 고령화사회에 접어들었고, 2026년에는 65세 이상 인구가 20.8%로 1,000만 명을 돌파해 초고령화사회에 진입한다고 한다.

영국의 문화이론가이자 인구학자인 폴 윌리스는 고령화사회의 충격을 지진에 빗대어 에이지퀘이퀘이크(age-quake)라는 신조어를 만들어냈다. 베이비부머가 은퇴하는 2020년경에는 지진 가운데 리히터 9.0에 달하는 강도의 엄청난 충격이 올 것이라고 하며 그 피해를 가장 먼저 경험할 나라로 우리나라를 지목했다. 폴 윌리스의 예측이 정답인지 오답인지의 문제를 떠나 고령화사회는 우리나라 주택시장에 큰 변화를 가져올 것이다.

한국보건사회연구원의 조사 결과에 따르면 고령인구는 자산소득보다는 사적이전소득에 의존하고 있다고 한다. 고령인구의 소득은 주로 자식들의 용돈에 의지한다고 볼 수 있다. 그러므로 노인가구의 소득은 노인가구 외 소득에 비해 매우 적어진다. 베이비부머의 은퇴는 급격한 소득 감소로 이어지고 부족한 소득에 대응하기 위해 자산매각을 초래하게 돼 궁극적으로는 주택수요가 감소한다. 이러한 급격한 수요 감소가 부동산 버블 붕괴에 버금가는 자산가치의 하락으로 이어지는 현상이 베이비부머의 고령화 강진이다.

우리보다 20년 앞서 고령화가 진행된 일본은 부동산 버블을 경험했다. 일본과 같은 부동산 버블이 발생할 확률은 매우 낮아 보이나 한국의 베이비부머들은 은퇴 이후 경제 활동이 위축됨에 따라 수입 감소가 발생한다. 이에 대한 대책으로 자산의 70%를 차지하고 있는 부동산을 처분하거나 부동산의 비중을 줄여나갈 것이다. 또한 저성장사회가 전개되면서 소득이 전반적으로 줄어들고 부동산에 대한 기회비용이 줄어들어 부동산에 대한 선호도가 지금보다 낮아지는 결과를 초래할 것이다.

그 결과 고령화사회는 고가의 주택과 관리 비용이 부담스러운 대형주택은 큰 타격을 받을 수 있으며 저출산으로 수요 감소가 예상돼 부동산 거래량이 줄어들면서 환금성이 떨어질 수 있다. 그러므로 고령화사회에서는 내 집을 새롭게 구입하려는 실수요자의 중소형 선호도가 높아질 것으로 보인다. 또한 부동산을 운용·관리하는 방법도 변할 것이다. 부동산을 소유해서 단순히 시간에 따라 자산가치의 상승만을 기대하기보다는 현금 흐름을 중시하는 수익형 부동산에 관심이 높아지고 부동산에 대한 인식이 소유의 개념에서 거주의 개념으로 변모해 나갈 것이다.

통계청 자료에서는 우리나라 인구는 2018년 4,934만 명으로 정점에 도달한 이후 감소할 것으로 예상했다. 그러나 1인 가구수는 급증하고 있고 이러한 추세는 계속돼 1~2인 가구는 2030년 52%까지 증가할 전망이다. 세대당 가구원 수의 감소는 전 세계적인 추세다. 가구원의 감소 원인은 자녀로 인한 경제적인 부담의 증가, 여성 인력의 사회 진출 증가와 더불어 이혼의 증가 등이 주요 요인이다.

1~2인 가구 수의 지속적인 증가도 주택시장에 영향을 미칠 것이다. 현재 소형주택의 수급 불균형이 나타나고 있다. 1~2인 가구의 주거 형태는 50㎡ 이하의 아파트나 원룸형 도시형생활주택을 선호할 것으로 예상되는 상황에서 작고 효용성이 좋은 주택의 수요는 높아질 전망이다. 특히 1~2인 가구의 주거 선호 기준은 직장과 거주의 연관성과 생활 편리성을 중요시하는 경향이 높게 나타난다. 그러므로 거주 지역에서 출퇴근 교통이 편리한 역세권을 중심으로 거주 지역의 선호도는 지금보다 더 높아질 것으로 보인다.

TIP
- 1~2인 가구의 변화와 인구변화 추이를 지켜보자.
- 1~2인 가구의 증가로 도시형생활주택(원룸형 주택)의 수요 증가를 예상한다.

토지거래허가구역 해제와 재지정에 따른 부동산 시장

토지거래허가구역의 해제·확대 재지정 이후

최근 토지거래허가구역 해제 이후 강남권 아파트값이 반년 만에 최대폭으로 오르는 등 상승세가 무섭다. 다시 토허제를 확대 재지정했다. 토허제 재지정 이후 아파트시장의 변화를 전망해 보자.

2025년 3월 서울 아파트 매매 9,349건, 강남4구 주택 매매 3,238건. 2025년 1월부터 서울 아파트 거래 시장이 회복 조짐을 보인 가운데 한동안 침체했던 비강남권의 거래량 증가가 토지거래허가구역 해제 영향으로 두드러졌다. 서울시는 2025년 2월 12일부터 3월 23일까지 강남3구(서초·강남·송파)에 대한 토지거래허가구역을 해제했다. 이때 서울 부동산으로 매매 수요가 몰렸다. 2월과 3월 거래량은 각각 전월 대비 88.1%, 47.7%가 늘었다. 특히 3월 거래량은 2020년 7월(1만 1,139건) 이후 4년 8개월 만에 가장 많은 것으로 나타났다.

토허제 해제 효과로 집값이 상대적으로 높은 강남3구 등 지역에서 신고가 매매가 늘었고 이는 서울 아파트의 평균 거래 금액을 올리는 결과로 이어졌다. 2025년 2월 서울 부동산 평균 거래금액은 14억

327

6,676만 원으로 서울부동산정보광장에 자료가 공개된 2005년 7월 이후 최고를 기록했다. 서울선호도가 매우 높다는 것을 다시 한번 입증했다.

🏠 토지거래허가구역 확대 재지정 이후 거래 건수 급감

토허제 확대 이후 2025년 4월 26일 국토교통부 실거래가 공개시스템에 따르면 서울시가 강남3구(강남·서초·송파구)와 용산구에 있는 아파트 전체를 토지거래허가(토허) 대상으로 지정한 이후, 서초구에서 그간 계약된 아파트 매매 거래 수는 3건에 불과하다. 이는 같은 강남권인 송파구 44건, 강남구 41건보다 월등히 적으며, 주거시설이 상대적으로 적은 용산구(6건)에도 못 미치는 수치다. 국토교통부 실거래가공개시스템에 따르면 토지거래허가제 확대 지정한 지난 3월 24일부터 한 달간(4월 23일 기준) 노도강 지역에서 체결된 아파트 거래는 472건으로 집계됐다. 확대 지정 전 한 달(2월 21일~3월 23일) 동안 노도강 지역 아파트가 854건 거래된 것과 비교해 약 44% 감소한 수치다.

🏠 정부-서울시, 업무처리기준 마련 입주권도 토허제 적용

토지거래허가구역 내 주택을 취득한 사람은 취득 시점부터 2년간 실거주를 이행해야 한다. 입주 시기는 허가일로부터 4개월 이내로 제한한다. 허가 신청부터 허가, 계약 체결, 잔금 완납, 등기까지 보통 4개월 정도 소요되는 점을 감안한 기한이다. 토지거래허가구역 주택에 입주하지 못하는 부득이한 사유가 있으면 이를 소명해야 한다. 구청이 인정하면 필요한 범위 내에서 취득 및 입주시기를 유예할 수 있다. 구청마다 각각으로 운영되던 유주택자의 허가 기준도 통일되었다. 유주택자는 토지거래허가구역으로 지정된 지역에 거주해야 하는 사유를 구체적으로 알리고 기존 주택은 6개월 이내에 매매 또는 임대한다는 처리 계획을 제출해야 한다. 이를 충족하면 허가가 가능하다.

아파트 입주권도 토지거래허가 대상에 해당한다. 재개발·재건축 사업지에서 관리처분계획인가로 아파트 분양이 예정된 입주권의 경우 종전 부동산의 유형 및 멸실 여부와 무관하게 신축되는 아파트의 소유권을 취득할 수 있는 권리가 포함돼 있기 때문이다. 최초로 주택을 분양받는 분양권은 토지거래계약 허가대상에 해당하지 않지만 제3자에게 분양권을 전매하는 경우는 허가 관청의 허가를 받아야 한다.

입주권과 분양권은 구청이 관리처분계획인가 등에 따른 공사 일정과 입주 확약, 실거주 의무 등 신청인의 토지이용계획을 확인한 뒤 허가 여부를 정한다. 관리처분인가 후 입주권을 구입한 매수자는 2년 이내 철거로 이주하는 경우 실거주 2년 의무를 지키지 못하는 상황이 발생할 수 있어 아파트 준공 후 2년간 실거주한다는 확약을 하면 허가가 가능하다.

예컨대 관리처분인가 이후 종전 부동산이 멸실되기 전 1년을 거주한 경우, 향후 실제 입주 가능 시점부터 잔여 이용 의무 기간인 1년을 거주하는 요건으로 허가를 받을 수 있다. 이미 철거됐다면 준공 후 입주 가능 시점부터 2년간 거주 확약을 해야 한다.

향후 강남3구와 용산구 내 모든 아파트가 토지거래허가구역으로 묶이면서 거래량은 축소되고 아파트 가격도 안정될 것으로 예상되지만 풍선효과로 경매시장과 분양권으로 투자자의 눈길이 쏠릴 것으로 보인다. 경매 낙찰 물건과 청약시장에서 당첨된 최초 분양권만 허가 대상에서 제외되기 때문이다. 재개발·재건축 입주권도 허가 대상으로 묶인 만큼 관리처분인가 직전 단계의 빌라, 단독주택도 인기를 끌 것으로 예상된다. 토허제 해제와 재지정으로 정책적인 변수가 아파트 가격과 거래량에 많은 영향을 준다는 것을 파악했다. 향후 정책적 변수를 파악하며 내 집 마련에 접근해야 한다.

TIP │ 토지거래허가구역 거래 시 신청서류

- 토지거래계약허가 신청서
- 토지이용계획서
- 주택 추가취득 사유 등 소명서(기존 주택의 처리 계획, 임대 등 계획)
- 임대차계약 종료 확인서
- 토지취득자금조달 계획서
- 행정정보공동 이용 사전동의서
- 부동산거래신고 위임장(신분증사본): 법무사, 공인중개사 대행

새 정부의 부동산 정책에 따른 부동산 시장 변수들

부동산 정책은 공급 확대·금리·대출 규제로 차별화

이재명 정부 5년 국정 과제를 설계할 국정기획위원회가 본격적인 활동에 들어가며 부동산 시장 향방을 두고 투자자들의 관심이 뜨겁다. 아파트선호도가 매우 높은 상태에서 아파트의 공급 부족 우려와 향후 금리 인하가 부동산 시장을 좌우할 것으로 보인다.

첫 번째 변수, 공급 로드맵의 변수

우선 공급 부족 불안 심리를 해소하기 위해 빠른 시간 내에 공급에 대한 로드맵을 제시해야 한다. 수도권 지역에서 수요자가 원하는 지역에 얼마나 빠르게, 얼마나 저렴하게 공급계획을 발표하고 실행하는지의 여부가 가장 중요해 보인다.

최근 서울 지역의 아파트 가격 상승 원인은 공급 부족이 예상되기 때문이다. 통상 연간 3만 5,000가구 안팎을 기록하던 서울의 아파트 입주 물량은 2025년 2만 5,700가구, 2026년 1만 가구까지 줄 것이란 전망이 나온다. 공급 부족은 향후 집값 상승에 걸림돌이 된다.

🔍 두 번째 변수, 금리 인하의 시기와 최저금리 변수

한국은행이 기준금리를 인하할 것이라는 전망은 가계대출 증가와 경기 부진이라는 두 요소 중 경기 부진에 더 큰 비중을 두고 있기 때문이다. 저금리는 분명 집값에 영향을 미칠 것이다. 향후 국내 기준금리 인하 시점이 도래했을 때, 증가하는 유동성이 부동산 부문으로 과잉 공급돼 부채 증가, 자산 가격 상승으로 이어질 수 있다. 특히 서울 아파트를 인플레이션 헷지 차원에서 안전자산으로 보는 시각이 확산되어 향후 금리 인하는 부동산을 자극할 우려가 높다.

🔍 세 번째 변수, 비아파트 시장의 침체 변수

최근 아파트 쏠림 현상이 집값을 올리고 있는 상황이다. 2022년 전세 사기가 불거지면서 빌라가 소멸되고 있다. 부족한 아파트 수요를 감당할 만한 수준의 비아파트 주택 공급이 이뤄지지 않으면 아파트 가격은 상승 압력을 받을 수밖에 없다. 빌라 기피 현상이 아파트 전셋값 상승으로, 상승한 전셋값이 다시 아파트 매매 가격을 밀어 올리는 현상이 나타나고 있다. 아파트 가격 상승세가 한동안 지속될 가능성이 높은 이유이다.

네 번째 변수, 대출 규제 변수

기습적이고 강력한 6.27 대출 규제 대책이 시행되었다. 6.27 대책으로 주택담보대출 최대한도가 6억 원으로 강화되고 7월부터 3단계 스트레스 DSR 시행되었다. 대출 규제 역시 집값 상승을 억제하거나 하락시킬 요인이 될 수 있다. 아파트를 매수할 때 필요한 만큼의 대출이 나오지 않으면 단순히 기준금리가 하락해도 아파트 매수로 이어지기는 어렵다. 고가 아파트의 가격 안정이 예상된다.

❙ 6.27 대출 규제

정부 부동산 대출 규제 강화 주요 내용	기준	규제 강화
주담대 최대 한도	없음	6억 원
주담대 시 전입 의무	없음	6개월 내
주담대 최대 만기	40년	30년
갭투자용 전세대출 제한	없음	금지
유주택자 추가 주택 구입 시 LTV	규제 지역: 60% 비규제 지역: 30%	0%
생애 최초 주택 구입 시 LTV	80%	70%
1주택자 생활안정자금 목적 주담대 한도	없음	1억 원
신용대출 한도	없음	연소득 이내
전세대출 보증 비율	90%	80% (7월 21일 시행)

자료: 금융위원회

* 수도권 주택 시 적용. 전세대출 보증 비율 제외한 나머지는 28일 시행. 규제 지역은 서울 강남 3구 및 용산구

정부가 종합부동산세의 공정시장가액비율을 현행 60%에서 80%로 상향 조정하는 방안을 검토 중이라고 한다. 공정시장가액비율은 보유세 과세표준을 산정할 때 공시가격에 곱하는 기준율로, 상향 시 실질 종부세 부담도 커진다. 종부세 세율이나 공제금액은 건드리지 않는 '핀셋 조정'이라지만, 결과적으로는 증세와 다를 게 없다. 서울 아파트값 상승으로 공시가격이 급등한 상황에서 이 비율까지 높아지면 세부담이 폭증할 수밖에 없다. 단기적으로는 효과를 볼 수 있지만, 장기적으로는 시장 왜곡과 국민 부담만 키울 수 있다.

그리고 용산구, 서초구, 강남구, 송파구에만 적용되는 투기과열지구, 조정 지역의 확대 가능성이다. 토지거래허가구역도 확대 지정할 수 있어 보인다. 확대 대상 지역으로는 서울은 마포구, 성동구, 광진구, 동작구 등으로 예상되며 경기도는 과천과 성남시 분당구가 예상된다. 앞으로 내 집 마련을 위해서는 허가받고 사야 한다는 것이다. 규제지역에서는 내 집 마련이 더욱 힘들어질 것이다.

세금 규제와 규제 지역의 확대는 급한 불은 끌 수 있겠지만 풍선효과로 다른 지역으로 잔불이 넓게 번져서 확대될 수 있다. 잔불이 확대되면 정부의 다음 대책이 무엇일지 궁금하다.

TIP

- 주택담보대출 최대 한도가 6억 원으로 강화되었다. 주택담보대출 시 6개월 이내 전입 의무 규제는 임차인을 두고 집을 구매하는 갭투자를 사실상 전면 금지하는 것이다. 그러나 현금 부자는 갭투자가 가능하다.

9.7 부동산 대책에 따른 부동산 시장 전망

"부동산과의 전쟁"
공공택지 개발, 노후 시설·유휴부지 등
총동원 공급과 추가 대출 규제

6.27 부동산 대책 발표 이후 둔화되었던 가계부채 증가세가 8월에 다소 확대되고 있으며, 금리 인하 기대감 등으로 부동산 가격 상승에 대한 시장의 기대 심리도 높아지고 토지거래허가구역인 용산구, 서초구, 강남구, 송파구를 제외한 갭투자 가능 지역에 풍선효과가 나타나면서 마포구, 성동구, 광진구, 강동구, 동작구 등의 아파트 가격이 지속적으로 상승하고 있다. 이에 9.7 부동산 대책에서는 6.27 대책의 관리 기조하에서 일부 내용을 보강해, 공급 대책과 함께 규제 지역 LTV 50%에서 40%로 강화, 주택매매·임대사업자 대출 제한, 1주택자 전세대출 2억 원 일원화, 20억 원 이상 신고가부터는 특별세무조사, 30억 원부터는 전수조사 등 수요 관리를 우선적으로 강화하는 내용을 담고 있다.

수도권 주택 공급 규모

정부가 제시한 연간 27만 가구 주택 공급은 최근 3년 공급 실적 대비 1.7배 수준으로, 연 기준 11만 가구가 늘어난 수치다. 주택 공급 수단을 규모별로 정리하면, 먼저 정부는 공공택지 개발을 통해 37만 2,000가구를 공급하기로 했다. 신속한 사업 추진을 위해 한국토지주택공사(LH)가 공동주택용지를 민간에 매각하지 않고 직접 주택 건설에 나설 계획이다.

▌수도권 공급 현황 및 계획(착공 기준)

(단위:만호)		연평균			향후 5년					
		'22~'24	'26~'30	(순증)	합계	'26	'27	'28	'29	'30
합계	수도권	15.8	27.0	(+11.2)	134.9	26.9	24.6	25.0	24.9	33.5
	서울	3.9	6.7	(+2.8)	33.4	6.8	6.3	6.1	5.9	8.3
공공택지 공급 확대·조기화	수도권	2.0	7.4	(+5.4)	37.2	5.2	6.0	6.0	6.8	13.2
	서울	0.1	0.5	(+0.4)	2.7	0.4	0.6	0.6	0.5	0.6
노후 시설·유휴부지 재정비[1]	수도권	0.1	0.8	(+0.7)	3.8	0.3	0.4	0.4	1.2	1.5
	서울	-	0.7	(+0.7)	3.3	0.2	0.4	0.3	1.2	1.2
도심지 주택 공급	수도권	3.5	7.3	(+3.8)	36.5	7.9	5.9	6.7	7.0	9.0
	서울	1.5	3.0	(+1.5)	15.0	3.2	2.8	2.9	1.9	4.2
민간 공급 여건 개선[2]	수도권	3.1	4.4	(+1.3)	21.9	6.4	5.2	4.8	2.8	2.7
	서울	0.7	0.9	(+0.2)	4.4	1.4	0.9	0.7	0.7	0.7
기타 주택 사업[3]	수도권	7.1	7.1	(+0)	35.5	7.1	7.1	7.1	7.1	7.1
	서울	1.6	1.6	(+0)	8.0	1.6	1.6	1.6	1.6	1.6

1) 국유지 2만 호 물량(국유재산심의위 발표분 중 '26~'30년 착공분)은 기재부에서 별도 관리
2) 신축매입임대, 공공지원 민간임대, 공공택지 민영주택 등
3) 기타 주택사업(민간 비아파트 등)은 지난 3년간 평균치(수도권 7.1만 호, 서울 1.6만 호) 유지 가정

그리고 재개발·재건축 등 정비사업 활성화를 통한 공급 확대 대책도 내놓았다. 정비사업 신규 후보지를 발굴하고 역세권 용적률 1.4배 완화 규정을 확대하는 등 공공 도심복합사업 제도 개선을 통해 2030년까지 수도권에 5만 가구를 착공한다. 공모 방식으로 선정한 1기 신도시 선도지구에 주민 제안 방식을 전면 도입하고, 물량 확대와 사업 절차 개선 등을 통해 6만 3,000가구를 착공할 계획도 함께 제시했다.

🏠 부동산 시장 질서 확립과 투기 수요 억제 대책

투기와의 전쟁이다. 첫째, 관계기관과 공조 강화 및 세무조사다. 부동산 시장 감독 기능 강화를 위해 정부는 국토부, 금융위원회, 국세청, 경찰청, 금융감독원 등이 참여하는 부동산 시장교란·불법행위 조사·수사 조직을 신설하고, 이상 거래에 대한 기획조사, 세무조사 등을 적극 추진할 계획이다.

둘째, 자금조달계획서 개정 및 자금조달계획서 제출 의무 확대다. 자금조달계획서의 양식을 세분화하고, 대출 실행 시 금융기관명을 직접 기재하도록 했다. 원래 투기과열지구 내 주택 거래 시에만 자금조달계획서 제출 의무가 있었으나 토지거래허가구역 내에서 주택을 거래하는 경우에도 제출하도록 했다.

셋째, 세무조사 중점 대상 구체화다. 신고가를 경신하고 있는 강남 4구, 마용성(마포·용산·성동구) 등과 같이 시장 불안정성을 확산시키는 지역의 30억 원 이상 초고가 주택 거래뿐만 아니라 그 외에 자금 출처가 의심되는 거래까지 빠짐없이 전수 검증한다. 특히 대출 규제 강화로 자금 조달이 어려워진 상황을 틈타 일부 현금 부자들이 자녀에게 취득 자금을 편법 지원하는 탈세를 방지하기 위해서 미성년자, 사회 초년생 등 고가 아파트를 취득하는 30대 이하는 한층 강화된 기준을 적용해 엄격하게 점검한다. 그리고 사업체로부터 탈루한 소득으로 부동산 취득 자금을 마련한 것으로 의심되는 경우에는 관련 사업체까지 강도 높게 검증하겠다고 예고했다.

🏠 자금 출처 강화 및 세무조사와 부동산 시장 전망

첫째, 향후 의심 사례가 관계기관에 실시간으로 공유되어 전방위적인 조사가 가능해지므로 법인자금 유용이나 사업소득 누락 등 부동산 취득 자금과 연계된 사업체의 탈루 혐의까지 조사가 확대될 가능성이 높아졌다. 자금 출처 소명이 어려운 투기적 거래는 위축될 가능성이 있다.

둘째, 국세청이 자금의 원천과 흐름을 초기 단계부터 더욱 정밀하게 파악할 수 있게 되어 사업자 대출을 이용하거나 해외 자금을 통한 편법 증여, 친족간 차입을 위장한 증여 등이 어렵게 되어 거래가 줄어들 것이다.

셋째, 세무조사 중점 대상 구체화로 30억 원 이상이라는 구체적인 기준으로 고가주택 취득자 및 그 가족은 조사 범위가 확대될 위험이 높아졌다. 세무조사에 대응할 수 없다면 고가주택의 매입은 매우 신중하게 접근해야 한다.

LTV 규제는 부동산 시장의 유동성을 조절하여 거래량과 가격에 영향을 준다. 투기 수요 억제 대책으로는 주택담보대출 담보인정비율(LTV) 상한을 규제 지역 50%에서 40%로 강화하고, 수도권·규제 지역 1주택자의 전세대출 한도를 2억 원으로 줄였다.

	구분	현행	개선	조치 사항	시행 시기
가계대출 주택담보대출 LTV (무주택자·처분조건부 1주택자)	규제 지역	50%	40%	행정지도 → 감독규정 개정	9월 8일
	비규제 지역	70%	좌동		

주택 매매·임대 사업자 주담대는 사실상 전면 제한(LTV 0%)한다. 사업자 대출을 통한 대출 규제 우회를 방지하기 위해 수도권·규제 지역 내 주택 매매·임대 사업자의 주담대 취급을 제한한 것이다. 주요 조치는 2025년 9월 8일부터 즉시 시행된다.

	구분	현행	개선	조치 사항	시행 시기
주택 매매· 임대사업자 대출 (주담대) LTV	규제 지역	30%	0%*	행정지도 → 감독규정 개정	9월 8일
	비규제 지역	60%	수도권 0%* / 지방 60%		

*국토부장관 인정 시 예외적 허용

자기자본이 부족한 갭투자 등 레버리지를 활용한 투기적 수요를 억제하고, 대출 한도 축소로 매수 심리가 위축되어 거래량이 감소될 것이다. 이러한 수요 관리 강화는 투기적인 매수세를 진정시키고 시장

건전성을 높이는 데 긍정적인 영향을 줄 것이다. 다만, 강남이나 용산 등 핵심지역의 희소가치에 대한 수요로 집값 상승 압력이 재차 꿈틀거릴 가능성은 여전히 존재한다. 똘똘한 한 채는 여전히 유효해 보인다.

- 새 정부는 첫 부동산 대책으로 '6.27 대출 규제'를 내놓았다.
- 두 번째로 나온 '9.27 공급 대책'도 공급 로드맵보다 규제가 더 부각되면서 시장에서는 수요 억제 대책으로 평가하고 있다.
- 정부의 부동산 옥죄기 정책은 앞으로 계속될 것으로 보인다.
- 부동산 투자는 부동산 정책과의 심리게임이다.

이재국 교수와 박정국 센터장의

부동산

투자 전략과
세금 전략

초판 1쇄 인쇄 2025년 9월 17일
초판 1쇄 발행 2025년 10월 15일

지은이 이재국, 박정국

펴낸이 정용수
책임총괄 강선혜
편집장 차인태
영업·마케팅 정경민, 이은혜
제작 김동명 **관리** 윤지연
진행 김민영
표지 디자인 정은진
본문 디자인 onmypaper

펴낸곳 ㈜예문아카이브
출판등록 2016년 8월 8일 제2016-000240호
주소 경기도 파주시 광인사길 79 4층(문발동)
문의전화 02-2038-3372 **주문전화** 031-955-0550 **팩스** 031-955-0660
이메일 archive.rights@gmail.com **홈페이지** ymarchive.com **인스타그램** yeamoon.arv

ISBN 979-11-6386-508-7(13320)